新时代班组文化理论与实践

XINSHIDAI BANZU WENHUA LILUN YU SHIJIAN

乔　东◎著

中国出版集团有限公司
研究出版社

图书在版编目 (CIP) 数据

新时代班组文化理论与实践 / 乔东著. —北京 :
研究出版社，2025. 7（2025. 9重印）. -- ISBN 978-7-5199-1913-9

Ⅰ. F273

中国国家版本馆 CIP 数据核字第 202581KE29 号

出 品 人：陈建军
出版统筹：丁　波
策划编辑：寇颖丹
责任编辑：寇颖丹

新时代班组文化理论与实践

XINSHIDAI BANZU WENHUA LILUN YU SHIJIAN

乔东　著

研究出版社 出版发行

（100006　北京市东城区灯市口大街100号华腾商务楼）

北京建宏印刷有限公司印刷　新华书店经销

2025年7月第1版　2025年9月第2次印刷

开本：710毫米 × 1000毫米　1/16　印张：16.25

字数：256千字

ISBN 978-7-5199-1913-9　定价：78.00元

电话（010）64217619　64217652（发行部）

PREFACE ▶序言

班组管理的前世今生

作为《工人日报》曾经的记者、“班组天地”专刊主编以及现任中国安全生产协会班组安全建设工作委员会的主任委员和《班组天地》杂志主编的我，几十年来，一直以宣传报道、研究、探索企业最基层的班组建设、班组管理，挖掘班组典型为己任。

如果说企业是一棵枝繁叶茂的大树，那么，班组就是这棵大树深扎于沃土的根须；如果说企业是一座巍峨高耸的大厦，那么，班组就是支撑这座大厦坚如磐石的地基；如果说企业是一副健硕有力的肌体，那么，班组就是肌体中充满生命力的细胞。——这，不仅是当前管理研究领域专家的共识，也是企业管理层和操作层的共识！在当今企业生产经营和管理中，班组建设与管理已成为企业各项工作的出发点和落脚点，是安全生产的第一道防线，班组建设管理水平，直接关系到一个企业的稳定和发展。仅从班组建设被定义为企业的“一把手工程”“企业细胞建设工程”这一点，就足见其重要性。班组，这个企业最小的行政单位，在当今的被重视度和对其力量、作用的认知度已达到前所未有的历史高度。

然而，许多人不知道的是，班组今天的美好状态，是伴随中华人民共和国的成长、企业的发展、经历过近百年风雨冲刷磨砺才形成的，是一代代班组管理者生生不息地探索和一代代班组长辛苦实践的结果。

（一）

早在20世纪30年代，中国共产党为发展革命根据地的经济建设，支援战争前线，就在中央苏区革命根据地创立了一系列苏维埃公营工厂，专门颁布了《苏维埃国有工厂管理条例》和《苏维埃国家工厂支部工作条例》，开始从领导体制、生产管理以及财务管理三方面探索国营企业的管理思想和管理方法，针对当时生活用品匮乏、生产方式落后、支援前线物资紧张等一系列问题，中央苏区企业和解放区的大生产机构便轰轰烈烈地开展了"生产模范队""经济核算队"及"生产突击队"班组竞赛活动，在一系列"增产立功"竞赛中，企业生产一线涌现出大批先进集体和模范人物，这些先进集体和模范人物很快就成为中央苏区革命根据地经济建设的旗帜和榜样，各根据地迅速掀起向他们学习的热潮——学习模范职工赵占魁运动，学习模范工人甄荣典运动和学习模范工人张秋凤运动在革命大后方风起云涌，这就是班组建设活动的雏形，其推动者是企业班组管理最早的践行者。

新中国成立后，工人阶级当家作主，职工们投身社会主义革命和建设的生产积极性空前高涨。从20世纪50年代起，广大职工围绕保卫新中国、建设新中国开展了清仓查库、献纳器材、创造新纪录和先进生产者运动。在红红火火的比学赶帮超活动中，大家不仅比数量，更比质量，质量管理应运而生！如何在完成产量的同时保证质量、不返工、减少残次品，成为当时班组建设、班组管理的主要工作之一，各企业基层涌现出大批先进集体和先进人物，如著名的孟泰仓库、大庆油田1205钻井队、马恒昌小组、郝建秀小组、"毛泽东号"机车组等，尤其是马恒昌小组，曾因在全国第一个试行班组民主管理、第一个组织工人技术研究会倡导班组技术革新、第一个倡议开展全国劳动竞赛、第一个制定和完善班组管理制度、第一个实行岗位责任制而享誉全国工业战线，被誉为"我国班组建设的摇篮""中国工人阶级的一面旗帜"。

进入20世纪60年代后，在党中央的号召下，全国掀起工业学大庆运动的热潮，同时在工业、交通企业中开展了“五好”企业和“五好”职工竞赛活动，通过学大庆和“五好”竞赛，全国又涌现出一大批像铁人王进喜所带领的1205钻井队那样的基层先进集体，而由他们创造的班组管理形式、方法和经验通过报纸和广播广为传扬，成为各行各业争相看齐、努力学习的标杆和榜样。至此，人们看到了班组这个企业中最小的细胞在新中国社会主义革命和建设中立下的汗马功劳，真切感受到了小班组的强大力量。就像20世纪初美国科学管理之父泰勒首次提出科学管理的概念一样，我国的企业管理者和一些专家甚至学者，开始思考和研究班组的概念、属性和作用，开始探讨如何管理企业，如何管理班组，如何让职工们在班组这个集体里拧成一股绳，形成凝聚力和战斗力。尤其是一些脱下军装放下枪、穿上工装拿起扳手的复转军人，开始尝试用部队中管连队的思路和方法去管班组，企业班组管理之舟就此扬帆远航！此后，随着各个历史时期企业生产经营中心的不断挪移，班组管理也在历史的风雨行程中形成自己独特的轨迹。班组是与时代发展同频共振、与共和国成长血脉相连，一步步成长起来的。

（二）

1986年中华全国总工会和原国家经委在北京召开第一次全国班组工作会议，标志着我国的班组建设工作，在工作目标、工作内容、工作标准、工作方法和活动内容、活动形式等方面逐步进入规范化管理。会议交流了上海市和太原钢铁公司等一批先进班组的经验，表彰了296个全国先进班组和119名全国先进班组长。以这次会议为契机，我国班组建设工作开始进入全面恢复和全面建设的新阶段。中华全国总工会和原国家经委于1986年9月18日作出决定，集中命名296个班组为“全国先进班组”，并由中华全国总工会颁发“五一劳动奖状”，以表彰他们在社会主义现代化建设中作出的卓越贡献。

1987年，中华全国总工会、原国家经委、中央电视台、《工人日报》、《经济日报》5家单位联合举办了全国班组建设优秀成果发布会，选择了20多项班组建设优秀成果对外发布，这一发布，对全国企业的班组管理产生了强有力的推动作用，在全国班组建设史上具有划时代的意义。

1992年9月，由中华全国总工会和原国家经委在北京联合召开了第二次全国班组建设工作会议。这次会议是在企业改革不断深化、企业经营机制转换的重要时刻召开的，是一次继往开来的全国班组工作会议。会议总结了自第一次全国班组工作会议以来我国班组建设发展情况，交流了一批地方和企业改革特点鲜明的班组建设的成功经验。会上，由当时的全国人大常委会副委员长、全国总工会主席倪志福，原国家经委副主任陈清泰，先后作了重要讲话和报告。原国家经委副主任袁宝华在会上提出了班组建设的新思路。

2001年中国加入世界贸易组织（World Trade Organization，WTO）后，很多大型国有企业都进入了国际市场。在这种新形势下，现代企业的组织变革对班组建设与管理提出了新要求，要求企业管理要站在以人为本的战略高度，以创建和谐企业为指导思想，以全面应对企业组织变革和管理变革为重点，紧紧围绕企业核心竞争力的构建和巩固、企业自主创新能力的提升，重新认识和理顺班组与企业、职工与班组等一系列关系，着力塑造学习型、团队型、创新型、安全型、自我管理型的高效能班组，培育高素质、高技能、高适应性的职工队伍，使之朝着现代化、规范化、有序化、人性化的方向发展，不断适应企业组织变动和企业管理水平提高对班组的要求。这个时期的班组工作更加注重科学化、制度化、人文化建设，其标志性班组有全国优秀学习型班组许振超班组，东风汽车公司国华班、王涛班，中国航天科技集团公司唐建平班组、一院余梦伦班组，还有创造出闻名全国的“白国周班组管理法”的中国平煤白国周班组等。

2009年，国务院国资委印发《关于加强中央企业班组建设的指导意见》，专门就“班组长队伍建设”提出要求，包括班组长的任职条件、选拔培训、管理使用、待遇等。2010年，中华全国总工会、工业和信息化部、国务院国资委、中华全国工商业联合会四部门联合印发《关于加强班组建设的指导意见》，专门就“选拔、培养好班组长”提出要求，该意见指出：“班组长是班组的领头人。

要根据企业实际，建立班组长培养、选拔、任用机制，选配具有一定文化程度、责任心强、作风正派、技术熟练、敢于管理、善于团结人的优秀职工担任班组长。注重班组长岗前培训和在职培训，加强班组长之间的学习和交流，不断提高班组长的工作能力和综合素质。既要支持班组长履行职责、行使职权，又要加强对班组长的管理教育和监督。要拓宽班组长的发展渠道，为他们的成长创造有利条件。”

从2011年到今天，班组管理顺应企业优质高效科学管理的需求，由传统型班组管理向创新型班组管理转型，在引进消化吸收国外先进基层管理思路和方法的基础上，开始针对企业特点和岗位需求，探索创新更适合自己的管理方法。这一时期的班组管理，要求做到工作内容指标化、工作要求标准化、工作步骤程序化、工作考核数据化、工作管理系统化，要有很强的市场意识和为客户服务的意识。同时，该时期也要求班组长适应建立现代企业制度的总体要求，成为政治强、业务精、懂技术、会管理和具有现代企业意识的企业基层管理者；提升班组成员的综合素质，把班组职工培育成有理想、有道德、有纪律、有文化，敬业、勤奋、创新、踏实，热爱本职岗位的劳动者。要努力把企业班组建设成“安全文明高效、培养凝聚人才、开拓进取创新、团结学习和谐”的企业基层组织，要为职工搭建不断提升技能水平、充分展示自身能力和抱负的平台。

在中华人民共和国成立70周年之际，2019年12月30日，中国工人出版社、中国工业报社主办，《中国工人》杂志社和《班组天地》杂志社承办的“新中国70年最具影响力班组”发布暨第一届新时代班组高峰论坛在北京举办，马恒昌小组、王进喜1205钻井队、赵梦桃小组、余梦伦班组等10个班组入选“新中国70年十大经典班组”，邓建军科研组、马景来班组、王涛班、白国周掘进班、张黎明配电抢修班等10个班组入选“新时代最具影响力班组”，王海班组、刘丽工作室、肉孜麦麦提·巴克采油六班等50个班组入选“新时代特色品牌班组”。这些深刻烙印在历史幕墙上的名字和精神，这些矗立在班组管理之巅的典型经验和实践典范，彰显了我国班组建设与新中国成长一脉相通、密不可分的关系，显示了新时代继续推进班组建设、提升班组现代化管理水平和管理质量的重要意义和价值。

2023年9月1日，习近平总书记在给中国航发黎明发动机装配厂“李志强班”职工的回信中指出，希望你们牢记使命责任，坚定航空报国志向，弘扬劳模精神、工匠精神，努力攻克更多关键核心技术，加快航空发动机自主研制步伐，让中国的飞机用上更加强劲的“中国心”，为建设航空强国、实现高水平科技自立自强积极贡献力量。习近平总书记的“回信”既是对“李志强班”提出的要求，更是对全国企业班组长及其班组寄予的希望。这就要求，新时代企业班组长要大力弘扬劳模精神、劳动精神、工匠精神，为全面建成社会主义现代化强国、推动新质生产力发展贡献智慧和力量。

（三）

有人说，中国企业班组管理存在两个问题：第一个是基础管理问题，第二个是基层管理者问题。企业基础管理工作大致包括数据处理、资料管理等信息工作，以及标准化工作、制定规章制度、定额工作、计量和检测工作、教育培训等，特别是建立以责任制为基础的规章制度和职工技术业务培训工作等尤为重要。一些新兴的管理理论与实践，如企业信息化、流程管理和知识管理，也都与企业管理基础工作密切相关。而这些基础管理工作的质量，都取决于人的因素，所以，基层管理者问题才是至关重要的问题。于是，就有人通过现象看实质地总结说：一般企业看决策层，优秀企业看中层，卓越企业看基层。这个总结客观地告诉我们，基层管理者素质和管理能力的高低，不仅是衡量企业优劣的一把尺子，而且是企业能否决胜于市场的重要因素。

基层管理者，一般就是指被叫作“兵头将尾”的班组长。在几十年的记者生涯和主编工作中，我接触并采访过数不胜数的企业班组和班组长，对一个班组的强弱取决于班组长综合素质和管理能力的高低这一点深信不疑。无数发生在企业的管理案例足以证明，一个优秀的班组长可以把一个落后班组带入优秀行列，而一个平庸的班组长也可以把一个优秀班组拖入平庸行列。所以，基层管理者的问题，必须一个个面对，一个个解决。那么，基层管理者的问题到底在哪儿呢？依我所见，基层管理者的常见问题大致有：1. 不会带领组员建设昂扬向上的班组文化，不会对组员进行正确的价值观引导，未能把团队精神、团队目标和愿景清晰地告诉组员，导致组员行动缺乏方向感和目标感，以致其不求有功但求无过，最终导致班组缺乏向心力、凝聚力、战斗力；2. 与组员沟通不畅或者信息传递不及时，造成彼此误解、冲突甚至分裂，组员间缺乏合作互信，很难建立和谐关系，进而影响工作效率和绩效；3. 不会及时给组员以正向激励，对组员重使用轻培训培养，致使一些组员技术能力不尽如人意，工作不积极不主动，不愿担责，对工作缺乏责任心、能动力和投入感、认同感，因而，挖掘潜能和创造力也就成了空谈，劳模精神、劳动精神、工匠精神也就只是墙上的口号；4. 管理粗放，较为依赖惩罚控制和指令性管理，导致班组规章制度流于形式，执行效率甚微，进而导致组员缺乏主动性和创造性，并对工作产生抵触情绪；5. 缺乏全员安全管理意识，不能用班组安全管理标准化激发组员安全管理的责任意识和积极性，组员的习惯性违章难以遏制，班组安全风险分级管控和隐患排查治理处于薄弱状态甚至失控；6. 班前班后会缺重点少主题，随意性强，班前会给组员派活不说流程和标准，班后会总结又不说过程和细节，导致组员不知道活怎么干，干完活也不清楚哪些做得对、哪里有问题，下次该如何纠正或者避免，班组里总有清不了零的残次品、堵不住的工作漏洞以及让人提心吊胆的安全隐患，其生产和工作质量可想而知。

那么，基层管理者的问题该如何面对、如何解决？尽管越来越多的企业将解决基层管理者的问题特别是班组文化问题提上议事日程，也采取了相应的办法和措施，但还是有相当多的班组长在苦恼、困惑、迷茫和束手无策中工作。乔东教授所著《新时代班组文化理论与实践》一书，就是在这样的现实中为帮助更多的企业班组长扫清苦恼困惑、释疑解难而来。乔东教授长期从事有关企业班组和班组长尤其是班组文化的教学和研究工作，长年为全国优秀企业班组长培训班授课，与很多担任企业班组长的全国劳模、大国工匠交流合作，取得了一些具有全国影响力的相关企业班组和班组长尤其是班组文化的学术成果，在企业中反响甚好。

合抱之木，生于毫末；九层之台，起于累土。

当前，我们都在努力为发展新质生产力而奋斗，毫无疑问，先进的生产力，特别需要高质量的基层、基础、基本功，需要高素质的劳动者和有创造性的劳动，更需要现在的班组管理者启用创新性思维，在继承优秀传统管理经验的基础上，加速迈入科学管理和新质管理道路，班组准备好了吗？班组长准备好了吗？

我相信，本书对于全面了解新时代班组文化的重要意义和科学内涵，学习和掌握新时代班组文化建设的基本方法和路径，全面了解新时代班组党建文化、班组安全文化等最新发展动态，有效提升广大企业班组长的综合素质，大力弘扬劳模精神、劳动精神、工匠精神，推动产业工人队伍建设改革发展，培养更多高技能人才和大国工匠，充分发挥我国工人阶级在新质生产力发展中的主体作用等，有着重要的参考价值和启发意义。

夏晓凌

中国安全生产协会班组委主任委员，《工人日报》“班组天地”专刊原主编，《班组天地》杂志主编。

2025年2月10日

CONTENTS ▶ 目录

绪　论

在强国建设、民族复兴的新时代，在实现第二个百年奋斗目标的新征程上，新时代班组[①]建设特别是新时代班组文化建设，因其对于提高企业竞争力和提升职工队伍整体素质有着特殊的战略价值和时代意义，不仅越来越受到社会的关注，还成为近年的全国"两会"热点。2021年全国"两会"召开期间，王建清、王晓菲、郭锐、张金海等全国人大代表，建议国家加强顶层设计，适时出台新时代班组文化建设的相关政策文件。[②]全国人大代表黄春燕在2024年全国"两会"召开期间特别指出，不少企业班组还存在管理不规范、不科学等问题，有的班组只注重完成生产指标和安全生产任务，班组成员缺乏主动参与班组管理、班组提升的积极性，尤其是班组文化建设相对缺乏，等等。[③]笔者通过研究发现，截至目前，我国关于班组建设的国家顶层设计的最新政策文件是2010年中华全国总工会、工业和信息化部、国务院国资委、中华全国工商业联合会四部门印发的《关于加强班组建设的指导意见》，其特别强调"加强班组文化建设，培育爱岗敬业、争创一流，团结互助、文明和谐的团队精神"[④]。

可喜的是，笔者通过与一些全国人大代表的交流了解到，国家相关部门已

---

① 我们在本专著中研究的班组特指企业的班组，是企业最基础、最基本、最小的行政管理机构，一般由从事同工种或者性质相近、协同作业不同工种的一群职工，为了完成共同生产经营任务而组成的独立群体或机构。

② 刘佰生：《四位全国人大代表建议：加强新时代班组文化建设需国家出台指导意见》，《班组天地》2021年第3期。

③ 邓崎凡：《［一线代表委员心声］加强班组培训，推进"五型"班组建设》，《工人日报》2024年3月6日第1版。

④ 中华人民共和国中央人民政府官网：《四部门联合印发〈关于加强班组建设的指导意见〉》，https://www.gov.cn/gzdt/2010-10/13/content_1721703.htm，2010-10-13。

经向他们反馈，并采纳了他们的建议，表示会加强顶层设计，适时出台新时代班组建设的指导意见，尤其是加强新时代班组文化建设，大力弘扬劳模精神、劳动精神、工匠精神，充分发挥模范班组的示范引领作用等。更可喜的是，近年来，新时代班组建设取得的理论成果和实践成果非常丰硕，笔者也积极参与其中。2016年我国唯一国家级的班组类杂志《班组天地》创刊，笔者在该杂志2018年第1期开设班组文化专栏至今。2019年中国工人出版社、中国工业报社主办，《中国工人》杂志社和《班组天地》杂志社承办的“新中国70年最具影响力班组”发布暨第一届新时代班组高峰论坛在北京举行。同年，中国工业报社还开展了全国“班组创新工作室”评选活动，笔者和大国工匠许振超、首届大国工匠年度人物高凤林等受邀担任评委。中国企业文化研究会还主办了首届“班组建设与班组文化管理——2019全国班组管理论坛”，2023年中国企业文化研究会成立班组文化专家委员会，并于2024年发布国家团体标准《企业班组文化建设星级评价标准》（T/CCCI002—2024）[①]，笔者受邀担任该专家委员会副主任委员和该团体标准评审专家。中国安全生产协会在2023年发布团体标准《安全管理标准化班组评定规范通用要求》（T/CAWS 0007—2023）[②]，笔者也受邀担任中国安全生产协会班组安全建设工作委员会副主任委员。2024年中华全国总工会、吉林省人民政府联合主办首届全国“红旗杯”班组长大赛，决赛中10个赛道的第一名授予全国五一劳动奖章，所在班组授予全国工人先锋号，笔者受邀担任大赛初赛课程“新时代班组文化建设”主讲专家和复赛裁判，等等。

本学术专著将基于新时代班组建设的重要性及其越来越受到社会的关注，特别是近年来新时代班组建设取得的丰硕理论成果和实践成果，以及笔者8年来一直致力于新时代班组文化研究，进一步深化新时代班组文化的学理

---

① 参见全国团体标准信息平台：《企业班组文化建设星际评价标准》，https://www.ttbz.org.cn/standard?searchType=3&key=%E7%8F%AD%E7%BB%84。

② 参见全国团体标准信息平台：《中国安全生产协会关于发布〈安全管理标准化班组评定规范通用要求〉团体标准公告》，https://www.ttbz.org.cn/Pdfs/Index/?ftype=stn&pms=79086，2023-03-20。

化研究、系统化研究、规范化研究，构建中国自主的新时代班组文化知识体系，助力我国世界一流企业建设，担负起推动文化繁荣、建设文化强国、建设中华民族现代文明这一新时代新的文化使命。从建设世界一流企业方面看，班组是企业最小的基本单元，更是企业发展和职工发展的基石。对于人的身体来讲，细胞健康，身体就健康；细胞不健康，身体健康乃至生命就会受到威胁。企业也一样。班组发展的质量不仅决定着企业发展的质量，更决定着职工发展的水平。从新时代新的文化使命方面看，文化对于一个企业、一个民族乃至一个国家来讲，都是至关重要的。文化兴国运兴、文化强民族强，国内外几乎所有的优秀企业都有一个共同的特点，那就是重视企业文化。美国哈佛大学商学院教授约翰·科特和詹姆斯·赫斯克特在《企业文化与经营业绩》一书中指出，通过他们多年的实证研究发现，重视企业文化与不重视企业文化的企业经营业绩有着天壤之别。而班组文化也是班组建设中最重要的因素，是班组发展的灵魂，决定着班组发展的质量和水平，体现着班组的管理水平和职工的素质水平等。

第一节　研究的价值

我们研究新时代班组文化的时代背景是新时代新征程。我国在新时代新征程发展的目标就是建设社会主义现代化强国，实现中华民族伟大复兴的中国梦。而我国要由大国发展为强国，就必须有一大批具有全球竞争力的世界一流企业和高素质的产业工人队伍。2017年，习近平总书记在党的十九大报告中首次提出培育具有全球竞争力的世界一流企业的要求。同年，中共中央、国务院印发《新时期产业工人队伍建设改革方案》；2022年，中央全面深化改革委员会第二十四次会议审议通过《关于加快建设世界一流企业的指导意见》；2024年《中共中央、国务院关于深化产业工人队伍建设改革的意见》发布。党的二十届三中全会又明确提出“加快建设更多世界一流企业”“建设一流产业技术工人队伍”的要求，等等。[①]由此可见，建设世界一流企业和建设一流产业技术工人队伍是党和国家的重大战略。

俗话讲，基础不牢，地动山摇。这两个“一流”建设都要从班组着手。没有世界一流的班组，就很难有世界一流的企业。因为，企业产品和服务的质量、安全、创新等都取决于班组。上面千条线，下面一根针。企业几乎所有的生产经营任务都要由班组完成。因此，班组是建设世界一流企业的基础。同时，绝大多数产业工人都在班组，世界一流的班组离不开一流的产业技术工人队伍，很多劳模工匠等优秀产业技术工人代表也是优秀班组长代表。我国有很多以优秀班组长名字命名的班组。譬如马恒昌小组、赵梦桃小组、郝建秀小组、高凤林班组等。《中共中央、国务院关于深化产业工人队伍建设改革的意见》在“强化思想政治引领，团结引导产业工人坚定不移听党话跟党走”部分提出“加强产业工人队伍党建工作”时强调“持续解决国有企业党员空白班组问题”，在“搭建建功立业平台，发挥产业工人主力军作用”部分提出“激发产业工人创新创造活力”时强调“完善发挥企业班组作用的制度”等[②]。由此可见，加强班组的思想政治建设以及通过班组建设激发产业工人创新创造活力是党和国家对深化产业工人队伍建设改革提出的明确要求。而新时代班组文化是班组的灵魂，对于班组思想政治建设以及通过班组建设激发产业工人创新创造活力，特别是对于建设一流产业技术工人队伍，从而推动世界一流企业建设，有着重要而特殊的意义。

一、丰富中国企业管理理论本土化研究的内容

改革开放初期，为了全面提高我国企业的国际竞争力，我们重点学习和吸收了很多西方的先进技术和先进管理经验。40多年过去了，我国企业的技术水平和管理水平都得到了大幅提升，特别是培育出一批具有全球影响力的优秀企

① 《中共中央关于进一步全面深化改革、推进中国式现代化的决定》，人民出版社2024年版，第8、17页。

② 中华人民共和国中央人民政府官网：《中共中央 国务院关于深化产业工人队伍建设改革的意见》，https://www.gov.cn/zhengce/202410/content_6981894.htm，2024-10-21。

业。2024年美国《财富》杂志公布的世界500强榜单中，我国企业数量排世界第二位，特别是其中的华为、阿里巴巴、腾讯、比亚迪、吉利控股、宁德时代等一批民营企业发展势头迅猛。我国这些优秀企业经过40多年的改革开放积累了独具特色的管理经验和品牌优势。近年来，关于探索中国特色企业管理经验和做法的中国企业管理理论本土化研究成为学术界的热点。而新时代班组管理是中国特色企业管理的重要内容，班组文化则是新时代班组管理的灵魂。新时代班组文化更充分体现了中国企业管理的特色，具体表现在三个方面：首先，新时代班组文化要坚持正确政治方向，加强对班组成员的思想政治引领。其次，新时代班组文化要坚持全心全意依靠工人阶级的根本方针，充分发挥班组成员的主体性和能动性，依靠职工发展班组，发展班组为了职工。最后，新时代班组文化要履行新时代新的文化使命，通过文化强班，助推文化强企乃至文化强国建设，在建设世界一流企业过程中推动强国建设、民族复兴。这就是我们研究新时代班组文化要实现的第一个目标。

二、加大深化产业工人队伍建设改革研究的力度

党和国家先后于2017年、2024年两次出台关于产业工人队伍建设改革的政策文件。2023年全国“两会”期间，有31位全国人大代表向大会提交联名议案，建议国家制定《产业工人队伍建设改革促进法》，为深化产业工人队伍建设改革提供法治保障。[①]据了解，产业工人队伍建设改革已经进入立法程序。这充分体现了产业工人队伍建设改革的重大政治意义和时代价值。产业工人队伍建设改革是习近平总书记亲自谋划、亲自部署、亲自指导的重大改革，是新时代新征程党和国家夯实党执政的阶级基础和群众基础，推动制造强国建设以及全面提升产业工人队伍整体素质，为强国建设、民族复兴提供强大的人才支撑和科技支撑。而深入推进产业工人队伍建设改革，必须聚焦企业班组建设，推动产业工人队伍建设改革在班组落实落地。班组是产业工人队伍建设改

① 裴龙翔、陈晓燕：《代表委员针对化解产业工人队伍建设改革堵点和难点建言——打通“产改”的“最后一公里”》，《工人日报》2023年3月11日第7版。

革的“最后一公里”。因为班组是产业工人最集中的地方，也是产业工人成长、成才的重要平台，更是展现产业工人风采的重要阵地。这就要求，通过班组建设推动产业工人队伍建设改革，把产业工人队伍建设改革融入班组日常管理特别是班组文化体系中，让班组成为深化产业工人队伍建设改革的具体载体。譬如，湖北省专门出台《关于推动产业工人队伍建设改革在企业基层班组有效落地的指导意见》，[①]为解决产业工人队伍建设改革“最后一公里”提供了有益参考。我们研究新时代班组文化就是为了加大深化产业工人队伍建设改革研究的力度，探索产业工人队伍建设改革“最后一公里”的理论逻辑和实践逻辑，重点分析作为班组灵魂的新时代班组文化如何将产业工人队伍建设改革纳入班组管理的理念和发展的目标，以此提高班组成员整体素质以及班组整体竞争力。

三、构建我国新时代班组文化自主知识体系

2024年11月29日，习近平总书记在对新时代马克思主义理论研究和建设工程作出重要指示时强调：“扎根中国大地、赓续中华文脉、厚植学术根基，深入研究以中国式现代化全面推进强国建设、民族复兴伟业实践中的重大问题，加快构建中国哲学社会科学自主知识体系。”[②]我国新时代班组文化自主知识体系也是中国哲学社会科学自主知识体系的重要组成部分。我们研究新时代班组文化就是扎根中国大地，研究新时代优秀班组的先进管理经验和先进思想，特别是深入研究新时代班组文化作为中国特色社会主义先进文化的重要组成部分，在以中国式现代化全面推进强国建设、民族复兴伟大实践中遇到的重大理论和实践问题。譬如，我们在后面研究新时代班组文化的科学内涵时提出，

① 参见张翀、陈凯、黎甜：《湖北全省产业工人队伍建设改革现场观摩交流活动举办》，https://www.workercn.cn/c/2024-03-16/8188135.shtml；张锐、王建宏、谢玲：《湖北：搭建技能人才舞台》，《光明日报》2024年12月30日第10版。

② 中华人民共和国中央人民政府官网：《习近平对新时代马克思主义理论研究和建设工程作出重要指示强调：扎根中国大地赓续中华文脉厚植学术根基 为推进马克思主义中国化时代化作出更大贡献》，https://www.gov.cn/yaowen/liebiao/202411/content_6990047.htm，2024-11-29。

新时代班组文化不仅需要企业文化指明班组发展方向，更需要职工文化提供班组发展动力。其中，企业文化理论是20世纪80年代由西方传入我国的管理理论，反映了企业文化作为企业的管理理念和经营思想对于提高企业管理水平和市场竞争力的重要性。而职工文化理论是土生土长的中国自己的管理理论，体现了职工文化作为职工群众自我管理和自我提升的工具对于提高职工素质水平和职工竞争力的重要意义。习近平总书记指出："要坚持以社会主义核心价值观引领职工，深化'中国梦·劳动美'主题教育，打造健康文明、昂扬向上、全员参与的职工文化。"[①]所以，新时代职工文化作为职工群众整体素质和精神面貌的全面展现，要以社会主义核心价值观为指导，以弘扬劳模精神、劳动精神、工匠精神为重点，实现以文化人、以文育人的目的。从这个意义上讲，我们构建新时代班组文化自主知识体系就是为了赓续中华文脉、厚植学术根基，在新时代班组文化学理化研究上体现中国特色，坚持中国立场，研究中国问题，提出中国方案。这也是我们研究新时代班组文化要实现的最终目的。

第二节 国内外研究状况

班组作为企业的最基本单位和最小行政细胞，受到国内外学术界的高度关注。班组起源于工业革命前的近现代工厂，而严格意义上的班组出现在第一次工业革命之后。[②]被誉为科学管理之父的美国管理学家泰勒（F.W.Taylor，有人翻译为泰罗）就担任过班组长，而且在其代表作《科学管理原理》一书中有多处关于班组的阐述，"几个月以后，我被选派为车床班组长""车间由工人自己管理，而不是由班组长管理""我刚被任命为班组长，一个接一个的工人就找上门来""我被任命为一个又一个班组长，直至提拔为车间主任""在一个班组里工作的工人不能超过4个""听到伯利恒已组建成了优秀的铲运班组"，

① 中华人民共和国中央人民政府官网：《习近平同中华全国总工会新一届领导班子成员集体谈话并发表重要讲话》，https://www.gov.cn/xinwen/2018-10/29/content_5335515.htm，2018-10-29。

② 参见张小峰：《从班组1.0到班组5.0：末端组织的管理进化史》，华夏基石e洞察微信公众号，2017年8月28日；张小峰：《班组：末端组织的蜕变之路》，《人力资源》2018年第1期。

等等。[1]担任企业班组长的丰富经历成为泰勒完成《科学管理原理》一书的重要素材。而该书的出版也是管理学作为一门科学产生的重要标志。

为班组文化确定发展方向的企业文化最早受到学术界关注是在20世纪七八十年代的美国。1979年，美国哈佛大学教授傅高义（Ezra F.Vogel，有人译作沃格尔）出版的《日本第一：对美国的启示》（有人译作《日本第一：美国要吸取的教训》）一书，研究的核心问题就是企业文化。一般认为，《日本企业管理艺术》、《Z理论》、《追求卓越》（有人译作《寻求优势》）、《企业文化》这四本书是20世纪80年代在世界上影响最大的企业文化著作，被誉为企业文化“四部曲”。[2]美国麻省理工学院教授艾德佳·沙因（Edgar H.Schein）、哈佛大学教授约翰·科特（John P.Kotter）、密歇根大学教授罗伯特·奎恩（Robert E.Quinn）等是国际上研究企业文化最杰出的代表。

我们研究新时代班组文化主要是基于中国国情和特定的社会历史政治背景，将班组文化看作展示我国工人阶级主力军风采、发挥劳模工匠示范引领作用，特别是弘扬劳模精神、劳动精神、工匠精神的重要载体。实际上，“班组”是一个具有中国特色的管理词汇，不同于“team”“group”“unit”，有其独特的含义。[3]我国企业的班组是社会主义劳动和技能竞赛的产物，是我国工会开展群众性经济技术创新活动的重要内容之一。我们在国家图书馆官网搜索以“班组”为名字的图书超过1000本，以“班组文化”为名字的图书有30多本。其中，中国煤炭工业协会组织编写的《新时代班组建设：管理与创新》一书指出：“班组建设凝聚了千百万劳动者的热血与智慧，创造着一个个奇迹。在这个瞬息万变的世界中，班组建设成为推动中国特色社会主义事业发展的一项重要任务。”[4]我们在中国知网搜索以“班组”为名字的期刊论文超1万篇，以“班组

① ［美］弗雷德里克·泰勒：《科学管理原理》，马风才译，机械工业出版社2015年版，第39、41—42、59页。

② 赵志军、赵瀚清：《中外管理思想史》，吉林人民出版社2010年版，第411、412页。

③ 参见张小峰：《从班组1.0到班组5.0：末端组织的管理进化史》，华夏基石e洞察微信公众号，2017年8月28日；张小峰：《班组：末端组织的蜕变之路》，《人力资源》2018年第1期。

④ 中国煤炭工业协会、陕西省煤炭工业协会、陕西煤业化工集团有限责任公司等编：《新时代班组建设：管理与创新》，应急管理出版社2024年版，第1页。

文化”为名字的期刊论文有300多篇；而以“班组”为名字的博硕士学位论文近300篇，以“班组文化”为名字的学位论文不到10篇。这些班组文化的博硕士学位论文基本上都是基于某一个企业的实证研究。譬如，最新的班组文化博硕士学位论文是电子科技大学的硕士论文《B公司班组文化建设研究》。该论文指出，班组文化作为企业文化的重要组成部分，也是企业文化在基层落地的具体体现，该论文重点研究了B公司的“全价值维度”班组文化建设，提出了班组文化建设的具体优化路径和落地方略等。[①]但是，与其他主题的班组研究成果相比，班组文化的研究还相对薄弱，特别是基于新时代新征程背景下的班组文化研究更亟须加强。

一、关于我国班组发展历史的研究

学术界一般认为，我国班组产生的主要社会历史政治背景是新中国成立后，人民翻身做了主人，工人阶级成为我国的领导阶级。为了建设新中国，全面展现我国劳动人民和工人阶级的主人翁风采，发挥主力军作用，发扬革命战争年代群众性劳动竞赛的优良传统，党和国家发起了爱国主义主题的劳动竞赛活动，涌现出马恒昌小组、赵梦桃小组等闻名全国的企业班组。“新中国成立初期，各国营工厂企业以医治战争创伤、迅速恢复国民经济为目的，广泛开展劳动竞赛。以‘创造新纪录’为主要内容的增产节约运动从东北发起，陆续推广至全国。抗美援朝战争开始后，全国总工会于1951年2月作出在全国开展马恒昌小组竞赛运动的决议，并将劳动竞赛逐步扩展到私营工厂企业。”[②]《班组天地》杂志在2019年新中国成立70周年时，将我国班组发展历史划分为4个阶段。第一个阶段是1949年到1978年的社会主义建设发展初期，产生了孟泰仓库、马恒昌小组、大庆油田1205钻井队、郝建秀小组、赵梦桃小组、“毛泽东号”机车组等著名班组。第二个阶段是1978年到2001年的改革开放时期，产生了包起帆带领的上海国际港务集团吊装班、上海电气李斌班、许振

① 郭芷岑：《B公司班组文化建设研究》，电子科技大学，硕士学位论文，2023年，第1页。

② 郭秋萍、邹卫民：《我国劳动竞赛的发展历程与经验启示》，《工人日报》2023年3月27日第6版。

超带领的青岛港前湾集装箱码头吊桥队等优秀班组。第三个阶段是2001年到2009年我国企业登上国际经济舞台，产生了全国优秀学习型班组王洪军班、东风汽车公司国华班、中国航天科技集团唐建平班组、江铃汽车集团袁政海班组、中铁一局窦铁成班组等优秀班组。第四个阶段是2009年到2019年我国企业进入高质量发展阶段，产生了我国第一个以院士名字命名的余梦伦班组、中国平煤白国周班组、国家电网天津市电力公司张黎明班组、东风商用车有限公司王涛班组、中石油抚顺石化公司王海班等优秀班组。①同年，《中国工人》杂志从三个时间节点角度梳理了新中国班组简史。第一个时间节点是1949年新中国成立，产生了马恒昌小组、“毛泽东号”机车组、赵梦桃小组、王进喜带领的1205钻井队等优秀班组。第二个时间节点是1978年改革开放开启，产生了邓建军科研组、王涛班、白国周班组、雷锋车组等优秀班组。第三个时间节点是2019年新中国成立70周年，产生了余梦伦班组、张奕群班组、黄大年研发团队、鄂电铁军带电班等优秀班组。②其中，马恒昌小组曾因在全国第一个试行班组民主管理、第一个实行岗位责任制而享誉全国工业战线，被誉为“我国班组建设的摇篮”“中国工人阶级的一面旗帜”。③

二、关于我国班组建设的中国特色研究

新中国成立以来，班组建设成为发挥我国工人阶级主力军作用的重要载体，是中国特色企业管理的具体表现。“中华人民共和国一成立，就着手恢复和发展国民经济。怀有强烈翻身感的工人群众满腔热情地响应党和政府的号召，掀起了一场以班组为单位的爱国主义劳动竞赛。”④周和平在2021年《现代班组》杂志连续刊发中国企业班组建设系列文章指出，班组建设是以马恒昌及马恒昌小组为代表的我国工人阶级产生主人翁意识，而自发开展的具有

① 参见本刊：《我们见证：冲波逆折70载班组巨变——新中国70年我国班组建设四个阶段的回顾与总结》，《班组天地》2019年第9期。

② 参见李瑾：《新中国班组简史1949—2019：当历史撞见未来》，《中国工人》2020年第1期。

③ 渠宏卿：《“班组建设的摇篮”迎来60周年华诞》，《新华每日电讯》2009年4月29日第6版。

④ 郑海航：《我国工业企业群众性的班组管理》，《中国工业经济学报》1984年第1期。

中国特色的企业基层职工自主管理、技术改善和劳动竞赛活动，“班组建设及活动产生的社会原因是，中国工人在新社会具有了主人翁的价值认知与情感体验”[①]。周和平还指出，“具有主人翁意识的中国工人阶级把劳动赋予了价值，通过班组建设及活动建设社会主义国家”[②]。周和平特别强调，企业是西方文化的产物，在人和资本的关系中，人是工具，人为资本服务；而我国班组建设及活动是中国文化的产物，在人与劳动的关系中，人通过劳动创造自己的价值。[③]周和平进一步强调，西方传统管理学较多从企业绩效（资本增值）角度看待工人劳动，而我国班组建设及活动是劳动者从自己的角度看待自己的劳动。[④]实际上，周和平指出了西方管理学和我国班组建设的本质区别在于，西方管理学坚持资本的立场或企业的立场，而我国班组建设坚持劳动的立场或职工的立场。因此，周和平认为，班组建设及活动是班组职工从劳动立场角度，在认可并服从资本需要的前提下，积极扬弃异化劳动、构建自由劳动的过程。在新时代中国工人阶级积极开展班组建设及活动的本质意义是中国工人阶级积极扬弃异化劳动及在此思想基础上开展实践活动。[⑤]周和平还站在构建具有中国文化特点并符合新时代发展的管理理论体系和思想体系的角度，提出了班组建设之所以为“班组建设”的依据是什么，产生班组建设的原因是什么，班组建设的普遍必然性是什么等学术问题。他认为，学术界对这些很少有系统思考与深入研究。他还提出了建构具有我们中国人自己文化特点并符合新时代发展的班组建设思想体系和理论体系的设想。[⑥]他还特别指出，新时代班组建设及活动体现了新时代中国特色社会主义建设的本质意义，凸显了我国工人阶级在企业中的主体性地位等。[⑦]从这个意义上讲，我国班组建设不仅具有重要的管理学意义，是管理学的范畴；也具有重要的政治学意义，是政治学的

---

① 周和平：《关于中国企业班组建设历程的记忆与思考》（一），《现代班组》2021年第1期。
② 周和平：《关于中国企业班组建设历程的记忆与思考》（二），《现代班组》2021年第2期。
③ 周和平：《关于中国企业班组建设历程的记忆与思考》（三），《现代班组》2021年第3期。
④ 周和平：《关于中国企业班组建设历程的记忆与思考》（五），《现代班组》2021年第5期。
⑤ 周和平：《关于中国企业班组建设历程的记忆与思考》（六），《现代班组》2021年第6期。
⑥ 周和平：《关于中国企业班组建设历程的记忆与思考》（七），《现代班组》2021年第7期。
⑦ 周和平：《关于中国企业班组建设历程的记忆与思考》（八），《现代班组》2021年第8期。

范畴，充分体现了我国社会主义国家性质和人民当家作主的政治立场。因此，张小天指出，我国的班组建设与其他国家不同。[①]而班组建设的中国特色以及与其他国家的不同，还需要学术界做深入系统的研究。

三、关于我国班组建设重要性的研究

班组建设的重要性受到学术界的充分肯定。学术界普遍认为，班组管理的好坏，在很大程度上决定着企业的成败兴衰。所以，班组建设总是受到企业家和管理专家以及国家的高度重视。早在1986年，全国总工会和原国家经委就联合举行了全国班组工作会议，1987年，全国总工会、原国家经委等还联合举行了新中国成立以来第一次全国性班组建设优秀成果发布会。[②]有人指出，班组遍布企业的最基层，类似于企业肌体的细胞，关乎企业的发展与壮大。[③]有人指出，班组是企业管理中最基础的一级管理组织，是企业一切工作的立足点，要提高企业的核心竞争力，就必须激活班组这个最基本的细胞。[④]有人指出，班组是企业所有经营目标和发展战略的最终落脚点，加强班组建设是增强企业活力、提高企业竞争力的力量源泉，是成就卓越企业的迫切需要，而班组建设的内容主要包括班组文化建设、班组队伍建设与班组管理建设等三大核心模块。[⑤]有人认为，正是因为班组在企业管理中具有基础性地位，科学管理之父泰罗才将管理现代化的起点放在以班组为核心的生产基层。企业最基层的劳动组织就是班组，班组是为实现企业的组织运行目标，根据劳动分工与协作的需要，按照工艺或产品（劳务）而划分的基本作业单位。我国在改革开放前，形成了一套适用于计划经济体制的，以行政权力为中心的，自上而下、等级森严的班组运行规范，以班组劳动竞赛、班组民主管理和岗位练兵等为重点的班组建设与管理活动，成为我国企业管理的特色和组织传统；改革开放之后，

---

① 张小天：《班组长的行为：如何对待班组成员》，《社会学研究》1992年第5期。

② 李生祯：《浅谈企业班组管理》，《宁夏大学学报（社会科学版）》1988年第4期。

③ 张逸鹤：《浅说企业班组管理的三个细节性突破》，《经济师》2019年第6期。

④ 唐鑛：《战略劳动关系管理视角下的企业班组建设》，《中国劳动》2012年第10期。

⑤ 金春华、李晓非：《新时期企业基层班组建设研究》，《企业经济》2013年第2期。

为适应企业转换经营机制、增强活力、提高效益和市场竞争力的基本要求，班组建设与管理打破僵化的思维定式、走出传统的运转氛围成为必然趋势。①也有人指出，班组工作对企业的两个文明建设影响极大。②还有人指出，只有抓好班组建设，企业才会有活力和后劲，才能发掘出蕴藏在广大职工群众中的积极性和创造性。③学术界对我国班组建设重要性的肯定，说明班组建设研究的必要性和迫切性，特别是新时代班组建设的规律更值得加强研究。

四、关于我国班组文化的研究

班组文化作为班组的灵魂，也是学术界研究的重点和热点。我国班组建设具有鲜明的中国特色，班组文化同样具有鲜明的中国特色，既体现了班组的管理思想，也展现了班组成员的综合素质，还反映了班组的政治立场。有人指出，我国班组文化是具有中国特色的概念，与国外有着本质的区别。④有人认为，班组文化是企业文化的最基本单元，是企业文化落地的有力抓手。⑤有人认为，班组文化是班组成员在长期生产实践中形成的共同价值观和行为规范，源于班组自发的行为、意志、精神和理念，是班组成员工作习惯、爱好的升华，是班组成员骨子里早已融入的那份班组内部的无形激励和约束，而且企业文化归根结底要落地到班组文化上，没有班组文化的繁荣与发展，就不可能形成真正可持续、有生命力的企业文化。⑥有咨询公司指出，班组文化是在统一的企业文化理念指导下形成的基层文化，是企业文化的重要组成部分，是企业文化在基层落地的具体表现。⑦也有人指出，班组文化是企业文化的一个基础性层级，搞好企业文化关键是要在正确理解优秀企业理念的基础上把企业文化之根深深扎进班组层面，结合班组和职工的工作实际，采取多种形式，使之融入

---

① 罗仲伟：《面向未来的现代企业班组建设与管理》，《经济管理》2007年第24期。

② 许浩、叶厥恭：《生产一线班组党建工作探讨》，《江西社会科学》1991年第6期。

③ 王纪年、欧阳俊：《企业班组运行机制的完善和设想》，《中州学刊》1989年第1期。

④ 王允：《济南长途汽车总站班组文化建设研究》，山西大学，硕士学位论文，2011年，第10页。

⑤ 杨佳霖、刘家辉：《班组文化建设使文化管理接地气》，《施工企业管理》2016年第9期。

⑥ 张晟：《班组文化建设的融入和落地》，《企业文明》2014年第5期。

⑦ 普智经盛管理咨询（中国）有限公司：《班组文化建设实践与思考》，《中外企业文化》2009年第11期。

职工的内心，这就要求企业领导高度重视班组文化建设，突出班组职工全员参与的特色，增强班组长综合素质，展现班组成员业务优势，发挥班组文化融合功能，建设富有亲情的班组文化。[①]还有人指出，班组文化是以班组全员为主体，以业务文化活动为主要内容，以班组内部为主要空间，以班组精神为主要特征，以生产效益为主要目标的一种小群体文化，是班组精神文化和物质文化的结合体。没有班组文化，职工文化就成为少数人的事情，从而失去了职工文化的本义。班组文化既拓宽了企业职工文化的领域，又扩大了它的覆盖率，更奠定了它的工程基础，班组文化成为企业职工文化的热门话题。[②]总的来看，当前学术界关于班组文化的研究更多是关于某一个企业的实证研究，专门系统深入的学理化理论研究成果较少。这正是我们研究新时代班组文化要努力的方向。我们将在已有相关学术成果研究的基础上，加强学理化的理论研究，深化实践领域经验的梳理总结和提升，注重理论性和实践性的紧密结合，提出我们的研究观点和思路，进一步丰富我国班组建设特别是班组文化研究理论体系，为我国班组建设尤其是班组文化建设提供理论指导、思想启发和实践借鉴。

第三节　研究思路、研究内容和研究方法

我国历史上出现过很多闻名全国的优秀班组和班组长，尽管有些班组长不在了，但以他们名字命名的班组直到今天还有着深远的影响力，譬如马恒昌小组、赵梦桃小组等。其影响力在本质上指的就是这些优秀班组长的先进思想及以此为基础形成的班组文化。马恒昌当年经常说的一句话“喊破嗓子，不如做出样子”成为马恒昌小组的座右铭，更是马恒昌小组精神的生动体现。[③]

---

① 孟令军、靳中宝：《企业文化在班组生根方得正果——关于以班组文化推进企业文化的分析与建议》，《中国劳动关系学院学报》2010年第1期。

② 徐连发、刘瑞莲：《班组文化探微》，《工会论坛》1997年第4期。

③ 新华网：《“马恒昌小组”精神由他们接力传》，http://xhpfmapi.zhongguowangshi.com/vh512/share/11486442，2023-5-1。

赵梦桃提出的“高标准、严要求、行动快、工作实、抢困难、送方便”和“把困难留给自己、把方便送给别人”“不让一个伙伴掉队”等思想，被概括为梦桃精神，也是赵梦桃小组的灵魂。[①]马恒昌小组、赵梦桃小组留给我们的最大财富就是他们的班组文化及其班组的优良传统。班组文化不仅是他们能够创造重大价值并成为我国有着重大历史影响力品牌班组的根本原因，也是他们能够培养出一批又一批劳模工匠等优秀职工并展现我国工人阶级伟大品格的精神动力。因此，班组文化对于造就优秀班组进而打造优秀企业，以及成就优秀职工进而展示职工群众智慧能量，有着重大的战略意义和管理价值。在我国进入新时代、迈向新征程的今天，要实现第二个百年奋斗目标以及中华民族伟大复兴的中国梦，必须建设一批世界一流企业和世界一流职工队伍。这都需要加强新时代班组建设特别是新时代班组文化建设。我们研究新时代班组文化的目的就在于探索新时代新征程对新时代班组文化提出的新要求，以及新时代班组文化的新价值、新内容、新特点等。

一、研究思路

我们研究新时代班组文化主要是基于新时代新征程的历史背景。我国新时代的主要目标是从“站起来”“富起来”到“强起来”，最终实现社会主义现代化强国建设和中华民族伟大复兴的中国梦。我国在新时代呈现一系列“新”特征，譬如新常态、新发展阶段、新发展理念、新发展格局以及新质生产力等。这些“新”特征对新时代班组文化也提出了一系列“新”要求，譬如，为建设世界一流企业及其一流班组注入强大精神动力，为建设一流产业技术工人队伍营造文化氛围，大力弘扬劳模精神、劳动精神、工匠精神等。这是我们首先要研究的内容，即新时代班组文化的新价值。新时代班组文化是我国新时代的产物，具有我国新时代的基本特征，要适应我国新时代发展的要求。以新时代新征程为历史背景和研究基础，我们重点研究了体现鲜明中国特色的新时代班组

---

① 马玉侠：《梦桃精神 代代相传》，《中国妇女报》2023年4月25日第5版。

文化的新内容和新发展。譬如，我们提出新时代班组文化既需要企业文化指明发展方向，也需要职工文化提供发展动力；新时代班组文化要从中华优秀传统文化中汲取营养和价值，为班组成员营造具有中国特色的文化氛围；新时代班组文化既要具有管理属性以提高班组管理水平和提升职工素质水平，又要体现思想政治引领功能以确保班组正确的政治方向和职工思想政治素养；等等。另外，我们又基于思想政治引领的方向性作用和安全生产的保障性作用的特殊性和重要性，重点对新时代班组党建文化、新时代班组安全文化进行了深入系统的研究，丰富了新时代班组文化的学术体系和理论框架。

二、研究内容

我们研究新时代班组文化的主要内容是从新时代班组文化的新价值和新内涵开始的。新时代班组文化具有新时代的“新”价值和新时代的“新”内涵。“新”价值的核心在于为强国建设、民族复兴注入强大的精神动力，“新”内涵的重点在于提升班组管理水平和职工素质水平。我们还深入研究了新时代班组文化与中华优秀传统文化。习近平总书记提出“两个结合”尤其是“第二个结合”，即“把马克思主义基本原理同中华优秀传统文化相结合”的重要性，而新时代班组文化又具有鲜明的中国特色和深厚的中华优秀传统文化底蕴。我们将从中华优秀传统文化中发掘对新时代班组文化建设有价值的思想内容。然后，我们还系统研究了新时代班组文化与企业党建文化的内容，提出了新时代班组党建文化的基本思想，最后我们对新时代班组安全文化做了深入思考。

（一）新时代班组文化的新价值研究

新时代班组文化的新价值主要有时代价值、管理价值和政治价值。其中的时代价值是指新时代班组文化对于我国新时代新目标的价值，包括对于实现中华民族伟大复兴的中国梦、建设世界一流企业、建设一流产业技术工人队伍等的价值。管理价值体现在新时代班组文化对于激发班组活力和职工积极性以及提高班组管理水平的价值。政治价值强调的是新时代班组文化要以习近平文化思想为指导，弘扬社会主义核心价值观，坚持正确政治方向，尤其是要大力弘扬劳模精神、劳动精神、工匠精神等。

（二）新时代班组文化的新内涵研究

新时代班组文化的新内涵要纳入我国新时代企业的文化建设框架内去理解。我国新时代企业的文化建设要以宣传中国特色社会主义文化为使命，推进企业文化和职工文化建设。企业文化与职工文化是我国新时代企业发展的“车之两轮”“鸟之两翼”。企业文化是“要我做”的文化，为企业指明发展方向，体现企业的管理水平和管理要求；职工文化是“我要做”的文化，为企业提供发展动力，展现职工的素质水平和发展要求。所以，我们提出，新时代班组文化需要企业文化为班组指明发展方向，需要职工文化提供发展动力，二者是新时代班组文化的“左膀右臂”，缺一不可。①这就是新时代班组文化的新内涵，与过去单纯将班组文化视为企业文化在班组中具体表现的传统认知有着本质区别。我们还进一步探讨了新时代班组文化的新内容、新特点以及新时代班组文化建设新路径。

（三）新时代班组文化与中华优秀传统文化研究

新时代班组文化的中国特色不仅体现在新时代的新要求和中国特色社会主义文化的引领方面，更体现在中华优秀传统文化的滋养和传承方面。中华优秀传统文化有很多值得新时代班组文化发扬光大的优良传统，譬如，注重家庭、重视人际和谐与伦理秩序、重视集体的力量、讲求仁义礼智信、孝老爱亲、厚德载物、明德弘道等。为此，我们重点研究了家庭、人际“关系”、集体的力量等对新时代班组文化的影响。譬如，中华民族历来重视家庭，而班组就像一个家庭，班组成员之间要营造互敬互爱的“家庭氛围”，构建和谐的人际“关系”。这里的“关系”是具有中国特色的概念和社会现象，因为中国人重视人情

① 中华全国总工会于2020年印发《关于加强新时代职工文化建设的指导意见》，为新时代职工文化建设提供基本思路。

世故、爱“面子”、有“人情味”等。新时代班组文化就要鼓励班组成员像家人一样相互关心和关爱，构建充满人文关怀的班组文化氛围等。

（四）新时代班组文化与企业党建文化研究

新时代班组文化除需要企业文化指明发展方向、职工文化提供发展动力外，还需要企业党建文化确定政治方向。从一定意义上讲，新时代班组文化具有管理属性，是班组管理的灵魂；也具有素质提升属性，是职工素质提升的思想源泉；还具有政治性，体现了班组和班组成员的政治立场与觉悟。新时代班组文化的政治性集中体现在新时代班组党建文化方面。新时代班组党建文化是企业党建文化在班组层面的基层实践载体。对于企业发展而言，企业党建文化与企业文化同为企业发展指明方向：一个指明政治方向，另一个指明经营方向。企业党建文化要引领企业文化方向，保障企业生产经营的正确政治导向；企业文化要以企业党建文化为核心，将党建思想融入生产经营全过程。而新时代班组文化需要企业党建文化指明正确政治方向，需要企业文化指明生产经营方向，二者缺一不可。新时代班组文化在企业党建文化指引下便形成了新时代班组党建文化，这是我们第五章要重点研究的内容。

（五）新时代班组党建文化研究

新时代班组党建文化与班组文化的辩证关系，如同企业党建文化与企业文化的关系，新时代班组党建文化是一种政治文化，要坚持党的领导核心地位；新时代班组文化是一种管理文化，要坚持班组生产经营的中心地位。也就是说，新时代班组党建文化要服务于班组生产经营中心，新时代班组文化要贯穿党的领导核心思想。作为反映我党先进思想和优良传统以及新时代班组党建工作灵魂的新时代班组党建文化，要始终发挥在新时代班组文化建设中的统领作用，总结提炼新时代班组党建工作中形成的先进经验和先进理念，打造新时代班组党建工作品牌。我们重点研究了新时代班组党建文化的新价值、新内涵、新目标。

（六）新时代班组安全文化研究

作为新时代班组文化在班组安全管理实践中的具体表现，新时代班组安全文化如同新时代班组文化需要企业文化指明方向、职工文化提供动力，企业安全文化为新时代班组安全文化指明发展方向并提出安全管理要求，职工安全文化为新时代班组安全文化提供发展动力并提出安全素质要求。从一定意义上讲，企业安全文化是“要我安全”的文化，体现企业安全管理的水平和安全管理的要求；职工安全文化是“我要安全”的文化，展现职工安全素质的水平和安全素质的要求。[①]因此，新时代班组安全文化既要反映班组安全管理的要求和水平，还要体现职工安全素质的要求和水平。我们在这部分重点研究了新时代班组安全文化的新要求、新定位、新内容、新作用和新目标。

三、研究方法

新时代班组文化研究既是一个理论问题，需要对相关的核心概念和理论逻辑进行学理分析；又是一个实践问题，需要通过对大量新时代班组文化管理实践案例进行总结、梳理、提炼，从中归纳出具有普遍性和普适性的先进经验、先进做法、先进思想等，并提出我们的学术思考和理论观点。

（一）文献研究方法

我们通过梳理相关研究文献发现，关于班组研究的文献有很多，但是高水平的理论研究和学术文献相对较少，主要集中在班组案例研究及其经验的梳理和总结；关于班组文化研究的文献与班组研究的文献相比，在数量上相差很多，在质量上也缺乏有一定学术深度的研究文献，纯案例研究的文献相对较多。因此，我们会选择一些更有学术深度的研究文献进行研究，也会兼顾一些有一定理论层次的案例研究文献进行总结，从中发现我国班组发展的基本规

① 中华全国总工会于2023年印发《关于加强职工安全文化建设的指导意见》，对新时代职工安全文化建设提出基本要求。

律和基本特点，这是我们研究新时代班组文化的理论基础和学理保障。

（二）案例研究方法

我们研究新时代班组文化既注重文献研究并提出我们的理论思考和学理分析，更注重从班组案例的实证研究中提炼学术思想和独到见解，体现了我们在研究方法上突出理论和实践相结合的特点。与其他班组文化案例研究不同的是，我们不仅梳理总结案例中的先进经验和先进方法，更会以班组文化的相关理论以及一些政策为指导，提出我们的学术思想和理论框架，为我们构建新时代班组文化理论体系奠定基础。实际上，我们研究大量班组文化管理案例都是以构建我国新时代班组文化自主知识体系为目的，从中提出我们的学术观点，形成我们的学术思想，构建新时代班组文化理论框架，从而为新时代新征程背景下我国班组文化管理实践提供理论指导和实践参考。

（三）比较研究方法

我们在研究新时代班组文化理论与实践中会频繁使用比较研究方法，从中探寻新时代班组文化的新价值、新特点、新内容、新路径等。譬如，我们会对新时代班组文化与传统的班组文化、企业文化与职工文化、企业党建文化与企业文化、企业班组党建文化与班组文化、企业安全文化与职工安全文化等进行比较研究，从中探寻内在的逻辑关系和科学内涵。在比较研究方法中我们还提出传统的班组管理思想和新时代的班组管理思想的区别在于，传统的班组管理思想强调“火车跑得快，还需车头带”的理念，重视班组长在班组管理中的作用，打造“绿皮火车”班组；新时代的班组管理思想则提倡全员管理的理念，重视发挥每一位班组成员的作用，打造“高铁”班组。我们通过比较“绿皮火车”和“高铁”发现，“绿皮火车”靠的是火车头带动所有车厢，而“高铁”则是每一个车厢都有动力。所以，我们运用比较研究方法提出了新时代班组文化管理的很多新思想和新理念。

（四）历史研究方法

我们在研究新时代班组文化理论与实践中，也充分运用历史研究方法，梳理班组产生发展的历史脉络。现代意义上的班组是人类历史上第一次工业革命的产物，被誉为科学管理之父的美国管理学家泰勒就担任过企业班组长并对班组做了深入研究。而我们主要是基于中国国情研究具有鲜明中国特色的新时代班组文化，也梳理了新中国成立以来，尤其是被誉为“我国班组建设摇篮”的马恒昌小组成立以来，我国涌现出无数优秀的企业班组，为党和人民事业发展以及我国社会主义事业作出的突出历史贡献。这些企业班组与西方企业班组不同的是，它们不仅仅是企业最基层的生产经营单位，更是发挥我国工人阶级主力军作用、开展企业最基层职工民主管理以及劳动技能竞赛和劳动技能比武的重要舞台。所以，我们除了研究我国历史上的著名班组——马恒昌小组、赵梦桃小组、郝建秀小组、白国周班组、王涛班等，还研究我国班组建设历史上的重大事件，譬如，1986年9月15日，中华全国总工会和原国家经委在北京召开了第一次全国班组工作会议，并出台了我国班组建设历史上第一个具有法规性指导意义的文件《关于加强工业企业班组建设的意见》；1987年1月，夏晓凌在《工人日报》创办“班组天地”专刊，2016年6月，她又成功创办出版发行《班组天地》杂志；[①]等等。

（五）跨学科研究方法

新时代班组文化的问题涉及多个学科领域，包括管理学、政治学、中共党史党建、马克思主义理论、历史学、心理学、社会学、安全科学、文化学等。譬如，新时代班组文化在本质上属于管理学的范畴，正如企业文化属于企业管理范畴，班组文化则属于班组管理的范畴，需要研究班组管理的规律以及班组文化作为班组的灵魂如何凝聚班组成员的力量和发挥班组成员的积极性、主动

① 参见本刊：《我们见证：冲波逆折70载班组巨变——新中国70年我国班组建设四个阶段的回顾与总结》，《班组天地》2019年第9期。

性、创造性，从而提高班组管理的效率和效果。同时，新时代班组文化也属于政治学的范畴，必须宣传中国特色社会主义文化，尤其是要以习近平文化思想为指导，弘扬社会主义核心价值观以及劳模精神、劳动精神、工匠精神，展现我国工人阶级的伟大品格和精神面貌等。另外，新时代班组文化还要从中共党史党建学角度研究，因为中国共产党是中国工人阶级的先锋队，而发挥工人阶级的主力军作用特别是劳模工匠的示范引领作用，不仅是我国班组建设以及班组文化建设的主要目的，也是我们党治国理政的优良传统，而且劳模精神、劳动精神、工匠精神也是中国共产党人精神谱系的重要组成部分。

第一章

新时代班组文化的新价值

新时代班组文化具有鲜明的政治性、时代性和管理属性，体现了重要的政治价值、时代价值和管理价值。这就要求，新时代班组文化要以习近平文化思想为指导，大力宣传中国特色社会主义文化，尤其是大力弘扬和践行社会主义核心价值观，全面展现我国工人阶级的伟大品格，大力弘扬劳模精神、劳动精神、工匠精神，大力激发新时代班组活力和班组成员的积极性、主动性、创造性，在社会主义文化强国建设中发挥新时代班组的作用。

第一节　新时代班组文化的政治价值

新时代班组文化是中国特色社会主义文化的重要组成部分，是党领导的文化建设在企业最基层单位的生动展现，更是贯彻落实习近平文化思想的重要载体。所以，新时代班组文化要“举旗帜”，大力宣传党的方针政策，教育引导班组成员听党话、跟党走，将伟大建党精神，尤其是劳模精神、劳动精神、工匠精神贯穿新时代班组文化建设各方面、全过程。

一、新时代班组文化要以习近平文化思想为指导

2024年12月3日，新华社以《中共中央宣传部发出关于认真组织学习〈习近平文化思想学习纲要〉的通知》（以下简称《通知》）为题报道，[①]党的十八大以来，以习近平同志为核心的党中央坚持把文化建设摆在治国理政突出位置，作出一系列重大部署，推动文化建设在正本清源、守正创新中取得历史性成就，社会主义文化强国建设迈出坚实步伐。习近平总书记发表一系列重要讲话，作出一系列重要指示，创造性提出一系列新思想新观点新论断，形成了极为丰富的理论成果。2023年10月，党中央召开全国宣传思想文化工作会议，正式提

① 参见《中共中央宣传部发出关于认真组织学习〈习近平文化思想学习纲要〉的通知》，https://www.gov.cn/yaowen/liebiao/202412/content_6990775.htm，2024-12-03。

出并系统阐述了习近平文化思想，在新征程上高举起我们党的文化旗帜。《通知》指出，中央宣传部组织编写的《习近平文化思想学习纲要》（以下简称《纲要》），全面反映习近平新时代中国特色社会主义思想在文化领域的原创性贡献，系统阐释习近平文化思想的基本精神、基本内容、基本要求，是深入学习领会习近平文化思想的权威辅助读物。各级党委（党组）要坚持不懈用习近平新时代中国特色社会主义思想武装头脑、指导实践、推动工作。要组织党员认真读原著、学原文、悟原理，深入学习领会习近平文化思想的核心要义、精神实质、丰富内涵、实践要求，努力掌握贯穿其中的马克思主义立场观点方法，不断深化认识，全面理解把握。

新时代班组文化作为中国特色社会主义文化的重要组成部分，要按照《通知》要求，以《纲要》为指导，从习近平文化思想中汲取智慧和力量。新时代班组文化作为班组的灵魂，在内容上，要以文育人、以文化人，塑造班组成员的精神世界，增强班组成员的文化自信，展示班组成员奋发昂扬的精神面貌，提升班组的凝聚力和向心力，为班组高质量发展提供坚强思想保证和强大精神力量，在新征程上高举我们党的文化旗帜，助力文化强国建设等；在作用上，要顺应时代要求，提高班组管理水平，推动班组文明进步，凝聚强大的班组精神、班组价值、班组力量，满足班组成员的精神文化需求，按照"举旗帜、聚民心、育新人、兴文化、展形象"要求，用社会主义核心价值观引领班组文化，使班组成员在理想信念、价值理念、道德观念上紧紧团结在一起，推动班组文化繁荣，提升班组文化软实力等；在方向上，要用先进思想文化引领班组前进方向，凝聚班组成员奋斗力量，探索班组文化发展道路、推进班组文化建设实践，坚持和发展中国特色社会主义班组文化等；在路径上，要明确新时代班组文化建设的地位作用、目标任务、方针原则、战略路径、实践要求，推动班组成员理想信念教育常态化、制度化，全面推进班组精神家园建设等；在抓手上，要充分发挥班组长"兵头将尾"的作用，总结提炼班组长的先进管理思想和方法，打造班组文化的特色品牌等。具体来讲，新时代班组文化要从以下四个方面汲取习近平文化思想的智慧和力量。

1. 加强班组精神文明建设

新时代班组文化体现了班组的精神力量，是班组精神文明建设的重要内容。新时代班组文化要以习近平文化思想为指导，首先要建设具有强大凝聚力和引领力的社会主义意识形态，加强党对新时代班组文化的领导，引导班组成员以自强不息、奋发有为的精神状态全力推进新时代班组高质量发展，在思想上、精神上增强吸引力和凝聚力，坚持马克思主义指导地位，为班组立心、为班组成员铸魂；其次要提升新时代班组精神文明水平，展现班组的精神力量、文化力量，发挥班组高质量发展的“助推器”“导航灯”“黏合剂”作用，不断提升班组成员思想觉悟、道德水准、精神文化素养和文明程度；最后要传承中华优秀传统文化，汲取天下为公、民为邦本、为政以德、革故鼎新、任人唯贤、天人合一、自强不息、厚德载物、讲信修睦、亲仁善邻等思想智慧，展现中华民族的伟大精神。

2. 担负新时代班组新的文化使命

新时代班组文化要按照习近平文化思想的要求，担负起新时代班组新的文化使命，助力文化繁荣和文化强国建设，用民族精神和时代精神振奋起班组成员的精气神，不断发展具有强大思想引领力、精神凝聚力、价值感召力、社会影响力的新时代班组文化，不断增强班组成员的精神力量，筑牢班组高质量发展的文化根基。因此，新时代班组文化一方面要实现班组精神上的独立自觉，坚定新时代班组文化自信，展现班组精神追求、精神特质、精神脉络，将班组成功管理实践经验提升为班组文化理念，形成班组文化价值体系和精神品质，反映班组思维能力、思想追求、文明素质等；另一方面要培育具有强大引领力的新时代班组核心价值观，为班组高质量发展凝魂聚气、强基固本，夯实班组成员的思想道德基础，培育在思想水平、政治觉悟、道德品质、文化素养、精神状态等方面同新时代相符的时代新人，加强班组成员理想信念教育，弘扬伟大建党精神，践行社会主义核心价值观，培育新时代班组新风新貌，形成适应新时代要求的思想观念、精神面貌、文明风尚、行为规范，推动文明班组建设。

3. 弘扬班组正能量

新时代班组文化要弘扬班组正能量，营造昂扬向上、奋发有为的文化氛围，激发班组成员心往一处想、劲往一处使，塑造班组成员的共同家园、共同价值追求，使班组成员人心归聚、精神相依，用共同理想信念凝心聚魂，树立班组文化符号。新时代班组文化以习近平文化思想为指导，一方面要坚持正确政治方向，提升班组凝聚力和向心力，筑牢班组的精神根基，而且要加强班组文化的宣传，激发班组成员向上向善的精神力量，发挥正面宣传鼓舞人、激励人的作用，培育积极健康、向上向善的网上班组文化，做到正能量充沛、主旋律高昂；另一方面要坚持以职工为中心的文化导向，做到班组文化发展为了职工、依靠职工，成果由职工共享，满足班组成员文化需求和增强班组成员精神力量相统一，提升班组成员的文化获得感、幸福感，尤其是要创作贴近职工精神世界、触及职工灵魂的班组文艺作品，积极传播班组价值观念、体现班组精神、反映班组成员审美追求，讲品位、讲格调、讲责任，让班组成员享有更加充实、更为丰富、更高质量的精神文化生活，更好满足班组成员的精神文化需求，塑造班组成员自信自强的品格。

4. 展现班组品牌形象

新时代班组文化既凝结了班组的历史发展经验，又昭示了班组的未来追求，集中展现了班组品牌形象和精神面貌，是新时代班组的宝贵精神财富，也是传承班组文明、弘扬优良传统、维系精神标识的重要载体。因此，新时代班组文化要以习近平文化思想为指导，构建新时代班组赖以生存发展的价值观和文化内核，反映班组特色、班组风格、班组品牌形象，增强班组成员的志气、骨气、底气。这就要求，新时代班组文化一方面要展现“可信、可爱、可敬”的班组形象，增强班组文化凝聚力和影响力，更加鲜明地展现班组思想，更加响亮地发出班组声音，讲好班组故事，展现班组故事背后的思想力量和精神力量，提高班组文化理念和价值观念的传播力和影响力；另一方面要通过班组间的文化交流和文明互鉴，相互学习、共同进步，既要体现鲜明的班组品牌形象，又要彰显不同班组的共同价值、理想、追求与理念，打造积极向善、合作共赢的班组文化生态，坚持以文载道、以文传声、以文化人，展现班组的思想观念、人文精神、道德规范，提炼班组的精神标识和文化精髓，从不同班组交流互鉴中寻求智慧、汲取营养，增强新时代班组文明生机与活力。

二、新时代班组文化要教育引领班组成员听党话、跟党走

《国企》杂志2019年10月刊以《经验交流：推动“党建植根”打造“红色生命体”班组》为题①，报道了国网山东省青岛供电公司班组文化建设的情况。报道指出，青岛供电公司依托党的建设，积极开展班组文化生态建设实践，深度培育红色班组文化。一是让文化成为融合共进的“指挥棒”，打造特色班组文化理念，推进班组全员爱岗爱班组、敬业奉献；二是让文化成为特色实践的“大舞台”，打造“党建+生命体班组”服务文化，将党建文化与班组文化生态建设有机结合；三是让文化成为意识形态的“主阵地”，以党内政治文化建设引领班组文化建设，打造班组干事创业良好文化环境。青岛供电公司以党的建设保障和推动班组实现了由执行型向智慧型、由细胞群向生命体、由末端业务执行单元向前端价值创造单元的实质性转变，实现了新时代、新形势、新要求下党的建设创新突破和班组建设智慧化迭代升级。新时代班组文化必须“举旗帜”，加强党的建设，教育引领每一位班组成员听党话、跟党走！

党的十九届四中全会通过的《中共中央关于坚持和完善中国特色社会主义制度 推进国家治理体系和治理能力现代化若干重大问题的决定》强调，把党的领导落实到国家治理各领域各方面各环节。新时代班组文化“举旗帜”，是贯彻落实党的十九届四中全会精神的必然要求。我们认为，在一个企业中，有四种文化缺一不可，即党建文化、企业文化、职工文化、班组文化②。党建文化是“举旗帜”的文化，企业文化是“抓管理”的文化，职工文化是“提素质”的文

① 参见卢刚、姜思卓、任杰：《经验交流：推动“党建植根”打造“红色生命体”班组》，https://baijiahao.baidu.com/s?id=1649348061528580642&wfr=spider&for=pc。

② 这四种文化的研究我们也会在后面相关章节中加以阐述。

化，班组文化是“强基础”的文化。班组文化“强基础”的效果，既需要党建文化“举旗帜”，把每一位班组成员紧紧团结在党的周围；也需要企业文化“抓管理”，为每一位班组成员指明奋斗的方向；还需要职工文化“提素质”，激发每一位班组成员的劳动热情和创造活力。其中，党建文化是最重要的。按照党的十九届四中全会精神的要求，把尊重民意、汇集民智、凝聚民力、改善民生贯穿党治国理政全过程。新时代班组文化要“举旗帜”，就要把尊重民意、汇集民智、凝聚民力、改善民生贯穿班组全部工作之中。

1. 尊重民意

尊重民意，是指新时代班组文化是班组成员共同创造的文化，体现了每一位班组成员的主体地位和主观能动性。青岛供电公司推动班组实现由执行型向智慧型、由细胞群向生命体、由末端业务执行单元向前端价值创造单元的实质性转变，就是尊重民意的具体表现。“生命体班组”是国家电网探索出的一条新时代班组发展之路，激发并激活了每一位班组成员的自主性、能动性和创造性。

2. 汇集民智

汇集民智，是指新时代班组文化要汇聚每一位班组成员的智慧，激发每一位班组成员的潜能。每个人都是独一无二的，都可以让自己的生命发出耀眼的光芒。青岛供电公司选树培育班组工作模范，分层分类开展岗位练兵、劳动竞赛和技术比武，通过宣传教育、模范示范、赶超比拼等激励方式，强化“能干事、会干事、干好事”作风建设，打造出班组干事创业的良好文化环境。

3. 凝聚民力

凝聚民力，是指新时代班组文化要充分发挥每一位班组成员的作用，为每一位班组成员展示自己的风采和实现自己的人生价值提供广阔的平台和机会。青岛供电公司开展“做好先行官、架起连心桥”“五大服务”（政治服务、抢修服务、营销服务、志愿服务、增值服务）实践，围绕做优基本服务、做好延伸服务、做亮特色服务；打造党员活动室、创新工作室、实操实训室、班组文化长廊、文化成长印记墙等党建教育和班组文化培育阵地，为每一位班组成员发挥作用提供了充分的展示机会。

4. 改善民生

改善民生，是指新时代班组文化要为每一位班组成员的个人发展和生活改善创造良好的条件，营造良好的氛围。青岛供电公司在打造“五个一”（一班组、一阵地、一小家、一理念、一特色）班组文化的同时，建设班组“四好之家”（爱心之家、活力之家、温暖之家、多彩之家），打造温暖的“职工小家”，持续关注班组全员的身心健康，帮助其解决实际困难，把关怀传递给每一位班组成员。

三、新时代班组文化要以弘扬劳动精神为基础

2020年5月29日，《东方烟草报》以《弘扬劳动精神，勇做工人先锋》为题报道了“山东省工人先锋号”青州卷烟厂卷包车间丙班班组的事迹[①]。近年来，山东青州卷烟厂卷包车间丙班班组（以下简称丙班班组）先后获得“全国质量信得过班组”、山东中烟“安全生产先进班组”、“山东省工人先锋号”等称号。丙班班组能够取得如此优异成绩的原因在于，他们精雕细琢保品质，始终秉承“一切立足于实”的工作理念，积极倡导“第一次就把事情做对”，产品质量综合得分连续多年位居车间第一。他们创新实干勇争先，依托卷包车间技师工作站、工匠与劳模工作室、电气教学实验室等，打造创新阵地，营造创新氛围，先后完成技术创新项目12项，成功申报实用新型专利2项，“追梦泰山”QC（质量控制）小组被中国质量协会授予“全国优秀质量管理小组”称号。他们建好队伍育人才，有11组职工签订了“师带徒”协议，深入推进“传帮带”“结对子”工作，切实发挥老职工的经验优势和青年职工的创新优势，进一步助推职工队伍素质提升，形成了一支“高、精、尖”人才队伍。从丙班班组的以上成功经验中可以看出，他们弘扬的劳动精神，就是品质精神、创新精神、素质精神。这也是新时代班组文化要大力倡导的。

---

① 参见王家慧、张庆元、冷珂锋：《弘扬劳动精神，勇做工人先锋——记“山东省工人先锋号”青州卷烟厂卷包车间丙班班组》，《东方烟草报》2020年5月29日第5版。

2014年4月30日，习近平总书记在乌鲁木齐同劳动模范和先进工作者、先进人物代表座谈时第一次提出劳动精神，“我们要在全社会大力弘扬劳动光荣、知识崇高、人才宝贵、创造伟大的时代新风，促使全体社会成员弘扬劳动精神，推动全社会热爱劳动、投身劳动、爱岗敬业，为改革开放和社会主义现代化建设贡献智慧和力量”[①]。习近平总书记还特别强调：“劳动，是共产党人保持政治本色的重要途径，是共产党人保持政治肌体健康的重要手段，也是共产党人发扬优良作风、自觉抵御‘四风’的重要保障。广大党员、干部要带头弘扬劳动精神，增强同劳动人民的感情，带头在各自岗位上勤奋工作、踏实劳动。”[②]劳动精神不仅展现了广大劳动群众的风采，也体现了共产党人的政治素养。劳动精神是劳动者在实践中形成的劳动理想、劳动责任、劳动信念和劳动态度的总和，也是在劳动实践中展现出的整体精神面貌。新时代班组文化就是为了鼓励和引导每一位班组成员树立劳动理想、端正劳动态度、承担劳动责任、坚守劳动信念等，从而在为企业和社会创造价值的过程中，创造自己的美好生活，体现自己的人生价值。丙班班组弘扬的品质精神、创新精神、素质精神，反映了劳动理想、劳动责任、劳动信念等劳动精神的核心内容。新时代班组文化弘扬劳动精神也应该从劳动理想、劳动责任、劳动信念等方面加以推进。

1. 劳动理想

劳动理想是指劳动者在劳动实践中追求的最高目标，这是新时代班组文化弘扬劳动精神的首要内容。劳动理想在新时代班组文化的内容上表现为班组目标。班组目标为每一位班组成员确定了努力的方向。丙班班组为成员确立的目标是追求一流的产品质量。他们追求精雕细琢保品质，始终秉承“一切立足于实”的工作理念，积极倡导“第一次就把事情做对”，为实现产品质量综合得分连续多年在车间排名第一的目标，提供了充分保障。

---

① 新华社：《习近平在乌鲁木齐接见劳动模范和先进工作者、先进人物代表 向全国广大劳动者致以“五一”节问候》，《人民日报》2014年5月1日第1版。

② 新华社：《习近平在乌鲁木齐接见劳动模范和先进工作者、先进人物代表 向全国广大劳动者致以“五一”节问候》，《人民日报》2014年5月1日第1版。

2. 劳动责任

劳动责任是指劳动者在劳动实践中展现出的担当意识、体现出的劳动价值。劳动创造了人本身和人类社会。因此，劳动的根本意义在于创造和创新。这也体现了生命的本质。新时代班组文化弘扬劳动精神应培育班组成员的创新意识。丙班班组坚持创新实干勇争先，就是丙班班组的劳动责任所创造的劳动业绩。

3. 劳动信念

劳动信念是指劳动者在劳动实践中所坚定的信心和遵守的信条。一般来讲，劳动者的信心越足，其劳动信念就越坚定。新时代班组文化弘扬劳动精神，就要为每一位班组成员增强自信心营造积极向上的氛围，打造良好的发展平台。丙班班组通过打造发展平台，助力班组成员增强自信心。

四、新时代班组文化要以弘扬劳模精神和工匠精神为方向

2017年11月27日，河北共产党员网以《发扬劳模精神和工匠精神 带领大家争创先进》为题，报道了中车唐山机车车辆有限公司铝合金分厂铆钳班的第一任班长、全国劳模张雪松，参加党的十九大时的学习体会。张雪松说："要将劳模精神和工匠精神融入工作中，用劳模精神鼓动带动大家争当劳模，争创先进，更好地为生产服务；工匠精神指导我们把好质量关，把好生产的每个细节，在做好的基础上，干得更细致一点儿，更精致一点儿，出了一个工匠不是一个企业的幸运，出了一百个、一千个工匠才是一个企业走向辉煌的标志。"[①]张雪松对劳模精神、工匠精神的阐述揭示了他能成为全国劳模、党的十九大代表以及打造优秀班组的根本原因在于，用工匠精神成为先进，用劳模精神发挥先进示范引领作用。作为劳模精神、工匠精神的共同基础，劳动精神要求我们以劳模工匠为榜样，不断追求先进、学习榜样。劳模精神、劳动精神、工匠精神被纳入党中央批准中宣部公布的第一批中国共产党人精神谱系中。

① 参见河北共产党员网：《发扬劳模精神和工匠精神 带领大家争创先进》，http://www.hebgcdy.com/ztbd/system/2017/11/27/030297280.shtml，2017-11-27。

新时代班组文化要以弘扬劳模精神、工匠精神为方向，培育越来越多的企业工匠乃至大国工匠，就要用劳模精神带动每一位班组成员争当劳模，争创先进。劳模精神是学习优秀的他人的精神，工匠精神是成为更好的自己的精神。学习优秀的他人永远不可能成为他人，因为每个人都是独一无二的，学习优秀的他人是为了成为更优秀的自己。用劳模精神和工匠精神引领新时代班组文化，应该主要从班组的价值理念、班组的行为规范和班组的精神风貌等几个方面着手：

首先，在班组的价值理念方面，劳模精神和工匠精神应成为新时代班组文化的灵魂。新时代班组文化的核心是班组价值理念，而班组价值理念主要包括班组责任、班组理想和班组信念等内容。确立班组价值理念，应该以挖掘和提炼体现劳模精神和工匠精神，以劳模为代表的先进班组成员、标杆班组成员或明星班组成员的责任、理想和信念等先进思想文化为重点。以劳模为代表的先进班组成员、标杆班组成员或明星班组成员之所以能成为劳模、先进、标杆或明星，他们的人生追求、价值理念和行为习惯等有哪些特点和内容，这些就是新时代班组文化要重点挖掘和提炼的。全国劳模张雪松及其铆钳班涌现出的“金牌员工”、企业工匠的先进思想和行为风格是铆钳班班组文化形成的基础。

其次，在班组的行为规范方面，新时代班组文化应该把弘扬劳模精神和工匠精神作为基本的行为准则。弘扬劳模精神和工匠精神不仅是积极响应和践行党的十九大精神的具体表现，更是新时代班组文化培育企业工匠乃至大国工匠的内在要求。在新时代班组文化建设中，为使班组的价值理念内化于心、外化于行，应该制定体现班组价值理念的班组行为规范。作为新时代班组文化的灵魂，劳模精神和工匠精神要在班组行为规范中有充分体现。班组行为规范是对以劳模为代表的先进班组成员、标杆班组成员或明星班组成员之所以成为劳模、先进、标杆或明星的行为习惯和行为风格的提炼、总结和升华。张雪松所在班组的班组行为规范是以张雪松为代表的“金牌员工”或企业工匠等行为习惯和行为风格的集中反映，是引导每一位班组成员日常行为和培育更多劳模、“金牌员工”和企业工匠乃至大国工匠的行动指南。

最后，在班组的精神风貌方面，新时代班组文化应该把弘扬劳模精神和工匠精神作为各项班组文化活动的主旋律。班组文化不同于班组文体活动，前者是内容，后者是形式要为内容服务。展示班组文化以及班组精神风貌的活动形式多样，譬如，班组文体活动、班组职工书屋、班组劳动竞赛、班组劳模创新工作室等。但是，无论开展何种班组文化活动，弘扬劳模精神和工匠精神都应成为主旋律。展示班组的精神风貌要以“学先进、做先进”为主题，既可以宣传和学习劳模的先进事迹和先进思想，又可以展示每一位班组成员学习和提升的体会，同时还可以融入各项班组文化活动中。以张雪松名字命名的“张雪松金蓝领工作室”，经常开展技术汇报、创新交流、现场演示等活动，截至2017年，其累计完成技术创新600多项。

第二节　新时代班组文化的时代价值

我国新时代新征程的强国建设、民族复兴伟业，需要一大批世界一流企业特别是一流企业班组。“中国是世界上企业班组最多的国家，把企业班组建设好，是生产运行、企业发展、国家崛起的重要基础。”①而新时代企业班组建设离不开新时代班组文化建设，因为班组文化是班组建设的灵魂。所以，新时代班组文化的时代价值主要体现在强国意义、育人价值和班组成员素质的全面提升上。

一、新时代班组文化的强国意义

为了在新时代建设社会主义现代化强国，习近平总书记在党的十九大报告中提出“培育具有全球竞争力的世界一流企业”②的战略要求。在2018年美国

① 李世明：《企业班组建设的国家意义》，《中国工人》2024年第9期。

② 中华人民共和国中央人民政府官网：《习近平：决胜全面建成小康社会 夺取新时代中国特色社会主义伟大胜利——在中国共产党第十九次全国代表大会上的报告》，https://www.gov.cn/zhuanti/2017-10/27/content_5234876.htm，2017-10-27。

《财富》杂志评出的世界500强榜单中，中国上榜企业已达到120家，仅次于美国126家上榜企业的数量。[①]但是，大而不强仍然是我国企业的最大软肋。而要做强企业必须先做强班组，如果没有具有全球竞争力的世界一流班组，就难有具有全球竞争力的世界一流企业。习近平总书记在党的十九大报告中强调，“文化兴国运兴，文化强民族强”[②]。同理，文化兴，班组兴；文化强，班组强。新时代班组文化不仅是企业提高自身竞争力的内在要求，也是培育具有全球竞争力的世界一流企业进而建设社会主义现代化强国的战略需要。从这个意义上讲，新时代班组文化必须具有强国的战略意义。

实际上，班组文化早就受到国家有关部门的重视。国务院国资委曾经在《关于加强中央企业班组建设的指导意见》（国资发群工〔2009〕52号）文件中提出班组文化的具体要求：“要根据本企业文化特点努力塑造独具特色、凝聚员工精神内涵和价值取向的班组理念。要通过大力弘扬改革创新的时代精神，培育个人愿景，加强爱岗敬业、诚实守信、遵章守纪、团结和谐、开拓创新和提升执行力为主要内容的班组文化建设，制定和完善员工行为规范，推行与传播班组文化，塑造班组良好整体形象。”[③]这个政策文件对于班组理念、个人愿景、班组文化建设内容、班组成员行为规范、班组形象等都进行了比较详细的阐述。中华全国总工会、工业和信息化部、国务院国资委、中华全国工商业联合会也曾经在联合下发的《关于加强班组建设的指导意见》（总工发〔2010〕56号）文件中强调：“加强班组文化建设，培育爱岗敬业、争创一流，团结互助、文明和谐的团队精神。”[④]这个政策文件对班组文化中的团队精神提出了具体要求。从以上两个政策文件中可以看出，班组文化受到国家这么多部门的高度重

① 环球网：《2018世界500强出炉　中国120家企业上榜（附完整名单）》，https://m.huanqiu.com/article/9CaKrnKaAUc，2018-07-20。

② 中华人民共和国中央人民政府官网：《习近平：决胜全面建成小康社会　夺取新时代中国特色社会主义伟大胜利——在中国共产党第十九次全国代表大会上的报告》，https://www.gov.cn/zhuanti/2017-10/27/content_5234876.htm，2017-10-27。

③ 参见国务院国有资产监督管理委员会：《关于加强中央企业班组建设的指导意见》，《现代班组》2009年第4期。

④ 参见中华人民共和国中央人民政府官网：《四部门联合印发〈关于加强班组建设的指导意见〉》，https://www.gov.cn/gzdt/2010-10/13/content_1721703.htm，2010-10-13。

视，足以说明班组文化的强国意义。在建设社会主义现代化强国的新时代，班组文化更应该上升到强国的战略高度。

新时代班组文化的强国意义关键在于强企、强人、强品牌。强企就是通过新时代班组文化提升企业的全球竞争力；强人就是通过新时代班组文化提高产业工人的整体素质；强品牌就是通过新时代班组文化增强品牌的全球影响力。我国企业大而不强的根源就在于缺乏具有全球竞争力的世界一流企业：一方面是因为缺乏具有全球竞争力的世界一流大国工匠，另一方面是因为缺乏具有全球竞争力的世界一流品牌。为此，新时代班组文化应该主要从以下三个方面提升强国的战略地位。

1. 新时代班组文化要通过企业文化提升企业竞争力

新时代班组文化提升企业竞争力需要企业文化的引领。企业文化包含企业使命、企业愿景、企业价值观等内容，为企业指明发展方向。新时代班组文化应该按照企业文化指明的企业发展方向确定班组及其班组成员的发展方向。班组文化中的班组理念、班组愿景、班组精神等内容，应该有利于企业文化的落地和执行，从而为企业战略目标的实现提供可靠的基础。没有企业文化的指导，班组文化就缺乏明确的方向；而没有班组文化的支撑，企业文化也难以有效地落地和执行。企业文化与班组文化相互依存，二者既有密切联系，又有相对独立性。

2. 新时代班组文化要通过职工文化提高职工队伍整体素质

新时代班组文化要提高职工队伍整体素质离不开职工文化的有力支撑。企业文化好比汽车的方向盘，为企业发展指明方向；职工文化好比汽车的发动机，为企业发展提供动力。新时代班组文化不仅需要企业文化指明发展方向，而且需要职工文化提供发展动力。习近平总书记在党的十九大报告中提出“弘扬劳模精神和工匠精神”的要求。劳模精神和工匠精神是职工文化的灵魂，为提高职工队伍整体素质注入活力和动力。职工文化是企业文化的重要组成部分，但不等同于职工文体活动。职工文化与企业文化都是企业的战略工具，都应该被纳入党政一把手工程。新时代班组文化既要参考企业文化的要求，又要考虑职工文化的内容。

3. 新时代班组文化要通过品牌文化增强品牌影响力

新时代班组文化要增强品牌影响力就需要重视品牌文化建设。这是一个品牌制胜的时代。国内外具有全球竞争力的世界一流企业大多拥有享誉全球的世界一流品牌。品牌既是宣传出来的，更是打造出来的。没有过硬的产品和技术，任何宣传都不会长久。过硬的产品和技术都是在生产一线研发出来的，而班组就是企业的生产一线。新时代班组文化要为研发出世界一流的产品和技术提供有利的文化氛围和发展环境。这就表明新时代班组文化不仅需要企业文化指明方向、职工文化提供动力，更需要品牌文化塑造价值标准。

二、新时代班组文化的育人价值

习近平总书记在2018年召开的全国宣传思想工作会议上强调，“育新人，就是要坚持立德树人、以文化人，建设社会主义精神文明、培育和践行社会主义核心价值观，提高人民思想觉悟、道德水准、文明素养，培养能够担当民族复兴大任的时代新人”①。新时代班组文化要“育新人”，也应该以文化人，通过新时代班组文化来教化、感化、同化每一位班组成员，全面提升班组成员的整体素质，推动班组管理乃至企业管理水平和竞争力的全面提升。一流的班组才会成就一流的企业，一流的企业才会成就一流的国家。新时代班组文化“育新人”，不仅对班组管理和企业发展有着重大的战略意义，而且对实现中华民族伟大复兴的中国梦和建设社会主义现代化强国也有着重大的现实意义。新时代班组文化“育新人”要从四个“新”入手，即新思、新劲、新貌、新人。

1. 新思

新思是指新时代班组文化培育出的“新人”对班组的发展包括自己的发展有新思想、新思路、新思维、新思考。新时代班组文化是展现每一位班组成员新思想、新思路、新思维、新思考的文化。因此，新时代班组文化建设可以通过

① 参见中华人民共和国中央人民政府官网：《习近平出席全国宣传思想工作会议并发表重要讲话》，https://www.gov.cn/xinwen/2018-08/22/content_5315723.htm，2018-08-22。

班组文化墙将班组成员信息、安全制度、家庭风采、职工誓言等汇集上墙，展现班组成员对本职工作的要求和憧憬，还可以通过职工誓言、工作要求和憧憬等内容充分展现每一位班组成员的新思想、新思路、新思维、新思考。

2. 新劲

新劲来自新思，是指新时代班组文化培育出的“新人”要有新的干劲、创劲、钻劲，敢于、勇于、善于做班组的主人特别是自己的主人。每一位班组成员只要自信、自强、自立，都可以在班组发展中大放异彩。譬如，新时代班组文化可以运用新媒体、自媒体等录制一些微视频、微电影等，将班组风采通过几分钟的影像充分展现出来，增强班组职工文化认同感，激发班组职工战斗力，特别是要在班组风采、文化认同、战斗力等方面展示每一位班组成员的新劲。

3. 新貌

新貌是新思和新劲的集中体现。新时代班组文化培育出的“新人”要有新气象和新作为，推动班组管理理念的转型，实现每一位班组成员由“要我干”到“我要干”以及“我会干”的彻底转变。传统的班组管理理念是“火车跑得快还需车头带”，依靠的是班组长的管理水平。新时代的班组管理理念应该是“高铁理念”，即人人都是有动力的“车厢”。譬如，新时代班组文化可以通过一些安全生产案例教育，促进班组成员“人人讲安全”，增强班组成员的安全意识和安全素养，这就是展现每一位班组成员新貌的具体表现。

4. 新人

新时代班组文化培育的是有新思、新劲、新貌的新人。新思、新劲、新貌指的就是新的心思、心劲、心貌。一个人只有从内心发生了根本转变，这个人本身才会发生根本转变。新时代班组文化培育“新人”，不仅要让班组成员个体发生内心的转变，更要让班组成员间的相互关系发生根本转变，班组成员要相互理解、相互支持和相互鼓励，共同推动班组的发展。譬如，新时代班组文化可以通过开展班组成员之间的沟通和思想交流活动，搭建班组成员间的连心桥，强化组织意识和班组小家集体观念，推动班组成员内心的转变。

三、新时代班组文化要强素质

2020年12月3日，澎湃网以《花心思打造最强班组，金翅岭做到了》为题[①]，报道了招金矿业股份有限公司金翅岭金矿深入推进班组建设，强化班组自主管理，增强班组活力，激发职工工作热情的做法。该矿检测中心取样班以“全员练兵”为出发点，以赛管理、赛降耗、赛安全、赛质量、赛效益为主题，在班组内开展竞赛活动，让班组员工学有方向、赶有目标，并每月开展班组大讲堂活动，邀请各项考核名次靠前的标兵讲课，实现全员共同进步。实验中心鹰雁班组以“缺什么补什么、用什么学什么”为宗旨，以全面提升青年员工的技能水平为出发点和落脚点，采取新老员工搭配、技能强弱员工匹配的班组人员配置方式，全面激发了青年员工的学习热情。二采区采矿一班为提高员工安全素质，每天选择一个与岗位相关的典型事故案例进行剖析，制作安全文化看板，开展星级员工评选活动。金翅岭金矿为打造最强班组而开展的“比学赶帮超”竞赛和讲堂活动、员工传帮带活动、安全教育活动等，大大提升了员工的综合素质，为提高班组综合实力及竞争力奠定了扎实基础。

新时代班组文化的目标就是通过强素质，提高班组综合实力和竞争力。从一定意义上讲，新时代班组文化就是一种素质文化，既展示了班组成员的综合素质，又进一步提升了班组成员的综合素质。也就是说，新时代班组文化一方面要将班组成员的综合素质及其精神面貌，以一定的载体和形式展示出来；另一方面要为班组成员确定发展的方向，营造积极向上的文化氛围。2020年11月24日，习近平总书记在全国劳动模范和先进工作者表彰大会上发表重要讲话时强调，“劳动者素质对一个国家、一个民族发展至关重要。当今世界，综合国力的竞争归根到底是人才的竞争、劳动者素质的竞争。我国工人阶级和广大劳动群众要树立终身学习的理念，养成善于学习、勤于思考的习惯，实现学以养德、学以增智、学以致用。要适应新一轮科技革命和产业变革的需要，密切关

① 参见澎湃网：《花心思打造最强班组，金翅岭做到了》，https://m.thepaper.cn/baijiahao_10251857，2020-12-03。

注行业、产业前沿知识和技术进展，勤学苦练、深入钻研，不断提高技术技能水平”。习近平总书记特别强调，“要增强创新意识、培养创新思维，展示锐意创新的勇气、敢为人先的锐气、蓬勃向上的朝气”[①]。习近平总书记的重要讲话对新时代班组文化提素质有着重要的指导意义。

1. 定方向

新时代班组文化提素质首先应该为班组成员指明发展的方向。这就需要按照习近平总书记强调的，要适应新一轮科技革命和产业变革的需要，引领班组成员密切关注行业、产业前沿知识和技术进展，勤学苦练、深入钻研，不断提高技术技能水平。新时代班组文化要以提高班组成员技能水平为核心，将适应新一轮科技革命和产业变革的需要作为班组成员奋斗的目标。金翅岭金矿检测中心取样班的“全员练兵”以及大讲堂活动，就是让班组员工学有方向、赶有目标，最终实现全员共同进步。

2. 找差距

新时代班组文化为班组及其班组成员确定发展方向之后，就需要引导班组成员寻找自己与他人之间的差距，从而提升自身的综合素质。新时代班组文化应该以习近平总书记的重要讲话精神为指导，引导每一位班组成员树立终身学习的理念，养成善于学习、勤于思考的习惯，实现学以养德、学以增智、学以致用。因此，新时代班组文化就要为班组成员营造良好的学习氛围。金翅岭金矿实验中心鹰雁班组以“缺什么补什么、用什么学什么”为宗旨，开展的员工传帮带活动，让青年员工找到了自己与他人之间的差距，从而激发了他们的学习热情。

3. 提觉悟

新时代班组文化本质上反映的是班组的软实力，集中展现了班组成员的思想觉悟及思维水平。新时代班组文化提素质的关键在于提高班组成员的思想觉悟及思维水平。按照习近平总书记提出的创新意识、创新思维以及锐意创

① 新华网：《习近平：在全国劳动模范和先进工作者表彰大会上的讲话》，http://www.xinhuanet.com//politics/leaders/2020-11/24/c_1126781907.htm，2020-11-24。

新的勇气、敢为人先的锐气、蓬勃向上的朝气要求，新时代班组文化提素质的重点在于提高班组成员的创新意识和创新思维。金翅岭金矿二采区采矿一班开展的安全教育活动，提高的是班组成员的安全意识、安全思维，特别是安全思想觉悟。新时代班组文化要实现“要我安全”到“我要安全”的根本转变。

第三节　新时代班组文化的管理价值

我国新时代班组文化不仅具有重要的政治价值和时代价值，更具有重要的管理价值，对于激活我国新时代班组活力，激发班组成员的积极性、主动性、创造性以及全面提升新时代班组管理水平等都有迫切的现实意义。国务院国资委原主任李荣融指出：“班组是企业最活跃的细胞，是企业最基层的组织与作业单位，是连接企业与员工的平台，是培育员工、激励人才最重要的阵地。企业的发展战略、管理思想和管理目标要在班组中落实，企业效益要通过班组实现，安全生产要由班组来保证，企业文化要靠班组来建设。”[①]因此，新时代班组文化作为新时代班组的灵魂，为新时代班组管理乃至企业管理注入强大的精神动力。

一、新时代班组文化的活力价值

2020年9月14日，《大众日报》以《让每一个“能量细胞”都活力迸发，山能枣矿蒋庄煤矿加强班组建设》为题[②]，报道了山东能源枣矿集团蒋庄煤矿（以下简称蒋庄煤矿）先后涌现出“全国煤矿十佳安全班组”“山东省安全生产先进班组”等一个个坚强“战斗堡垒”。其原因在于他们将每一个班组都培养成“能征善战”的活力细胞，聚合起矿井高质量发展的强大能量。蒋庄煤矿坚持“班组安则企业安”的信念，持续推进班组自主管理，以此激发班组发展活

① 李荣融：《班组是企业最活跃的细胞》，《中国企业报》2009年10月27日第7版。

② 张环泽、尹丽君：《让每一个“能量细胞”都活力迸发，山能枣矿蒋庄煤矿加强班组建设》，https://baijiahao.baidu.com/s?id=1677797677429094731&wfr=spider&for=pc，2020-09-14。

力。他们牢固树立“班组的紧日子等于员工的好日子”思想，每一位班组成员都以企业主人翁的姿态积极行动，在为企业节约成本的同时，自己也得到了实惠。他们秉持“班组的创新力等于企业的战斗力”理念，以持续开展智慧型班组建设为着力点，激励群众性“双创”活动，让人人争当“创客”。他们的“智慧班组”犹如夜空中一颗颗明亮的星星，照亮了矿井高质量发展的征途。蒋庄煤矿催生了“班组”这个企业最小“细胞”的活力，为企业发展提供了坚实的基础和持续的动力。

新时代班组文化也要通过“催生细胞活力”，激发班组发展活力，展现每一位班组成员的企业主人翁姿态，调动每一位班组成员的积极性、主动性、创造性。对于一个生命体而言，细胞的质量决定了生命体的质量。作为企业最小的“细胞”，班组的发展质量既决定企业的发展质量，也影响职工的发展质量。新时代班组文化要“催生细胞活力”，既要按照企业文化的管理要求，将企业使命、企业愿景、企业价值观落实到每一位班组成员的具体工作中；还要考虑职工文化的素质要求，培育每一位班组成员的职工责任、职工理想、职工信念。企业文化反映了企业的管理水平，职工文化体现了职工的素质水平。新时代班组文化要充分发挥企业文化、职工文化以及自身“催生细胞活力”的重要作用。

1. 班组活力的“催化剂”

新时代班组文化要“催生细胞活力”，首先要发挥企业文化的“催化剂”作用。企业文化除企业使命、企业愿景、企业价值观外，大量的内容是企业向全体职工，包括班组提出的各种管理理念，主要包括质量理念、安全理念、人才理念、经营理念、生产理念等。新时代班组文化要把企业文化提出的这些具体管理理念贯彻落实到班组以及每一位班组成员的生产经营活动之中。蒋庄煤矿坚持“班组安则企业安”的信念，持续推进班组自主管理，以此激发班组发展活力。蒋庄煤矿的这个信念就是企业文化这一“催化剂”在发挥作用。

2. 职工素质的“助推器”

新时代班组文化要“催生细胞活力”，除了依靠企业文化这一外在“催化剂”，还需要发挥职工文化这一内在“助推器”的作用。作为提升职工素质的“助推器”，职工文化是“我要做”的文化，体现了广大职工积极性、主动性、创造性的主体地位和主人翁作用。企业文化是“要我做”的文化，为班组及其班组成员提出企业的目标和管理要求。新时代班组文化要实现企业发展目标和管理要求，离不开高素质的职工队伍。蒋庄煤矿牢固树立“班组的紧日子等于员工的好日子”思想，每一位班组成员都以企业主人翁的姿态积极行动，在为企业节约成本的同时，他们自己也得到了实惠。这就是职工素质“助推器”发挥作用的具体表现。

3. 创新热情的“原动力”

新时代班组文化的“新”就在于不单单站在班组层面确立各种文化理念和价值追求，而且既考虑企业的管理要求，又关注职工的素质水平，也就是企业文化与职工文化。除此之外，新时代班组文化要“催生细胞活力”，还必须发挥自身激发每一位班组成员创新热情“原动力”的重要作用。它既是企业创新的“原动力”，也是每一位班组成员创新的“原动力”。对于企业而言，新时代班组文化展现了一线职工的智慧和力量。对每一位班组成员而言，新时代班组文化营造了积极向上的文化氛围和创新风气。蒋庄煤矿秉持“班组的创新力等于企业的战斗力”理念，持续开展以智慧型班组建设为着力点，激励群众性“双创”活动，让人人争当“创客”。其中，智慧型班组的“智慧”就是蒋庄煤矿的班组文化。

二、新时代班组文化的激励价值

2020年4月24日，人民网以《国网锦州供电公司：让班组“细胞”活跃起来》为题[①]，报道了国网辽宁锦州供电公司全面开展“能力素质提升年”“班组建设提升年”等主题活动，提出让班组这个“细胞”在企业整体中活跃起来。在“师带徒”培训活动中，营造共同学习、共同促进的良好氛围，有效促进了青年职工

① 人民网：《国网锦州供电公司：让班组“细胞”活跃起来》，http://ln.people.com.cn/gb/n2/2020/0424/c378392-33973967.html，2020-04-24。

素质的提升。他们秉承科技驱动、创新发展的理念，为公司蓬勃发展提供了坚强保障。为进一步加强职工队伍管理，充分调动和发挥全员积极性，切实解决干与不干、干多干少、干好干坏一个样的问题，用积分记录班组变化、衡量班组作用，促使一线班组人员肩上有责、争先有标、行为有尺、考核有据，用“小积分”管理“大队伍”，有效激发了职工创先争优意识，在宣传报道、班组卫生、办公物品摆放、规范使用等方面，均取得显著成效。锦州供电公司让班组“细胞”活跃起来的系列班组主题活动，体现了新时代班组文化激活班组的本质特征。

新时代班组文化既体现企业文化的管理特征，更体现职工文化的素质特征。体现管理特征的新时代班组文化，需要将企业文化在每一位班组成员身上“落地”，既要内化于心，还要外化于行。企业文化是对每一位班组成员提出的外在管理要求。而展现素质特征的新时代班组文化，关键是激发每一位班组成员内在的潜能，通过职工文化唤醒每一位班组成员，激发每一位班组成员的积极性、主动性和创造性。职工文化是每一位班组成员自我管理、自我教育和自我提升的要求。“要我做”的企业文化和“我要做”的职工文化，对新时代班组文化虽然有着不同的要求，却有着同等的战略地位。但是，外因是条件，内因是根据，外因通过内因起作用。从这个意义上讲，新时代班组文化的素质特征有着更根本的价值。锦州供电公司正是因为让班组“细胞”活跃起来，激活了每一位班组成员的主观能动性，才有效提升了职工队伍的整体素质。

1. 培训激活

培训是职工最大的福利，已成为很多企业的共识。培训可以有效提升职工的职业技能水平及综合素质，从而提升职工的竞争力，为职工拓宽职业发展空间、创造美好生活，提供无限可能性。新时代班组文化通过培训激活班组，最重要的作用之一，就是激活每一位班组成员的思想活力。新时代班组文化应该为每一位班组成员的成长、成才、成功，营造积极向上的班组氛围，把每一位班组成员打造为“明星职工”，助力人人有绝活，人人是明星。锦州供电公司在“师带徒”培训活动中，营造共同学习、共同进步的良好氛围，有效促进了青年职工的素质提升，为实现人人成才和成功提供了可能和机会。

2. 创新激活

创新激活，是指新时代班组文化要激活班组及其每一位班组成员的创新思想和创新思路。没有班组的创新，难有企业的创新；缺乏有创新思想和创新思路的职工，也难有创新班组的形成。2019年，由《中国工业报》《中国产业经济信息网》《班组天地》杂志等发起的我国首届“创新工匠”“班组创新工作室”评选活动，就体现了新时代班组文化创新激活班组及其每一位班组成员的重要性。我国要全面建成社会主义现代化强国，就必须培育一大批具有核心竞争力的企业；而强大企业的建设，离不开强大班组以及强大职工队伍的建设。这就需要新时代班组文化在激发班组及其每一位班组成员的创新活力方面，发挥重要作用。锦州供电公司的创新理念，对全面激活班组及提升职工队伍整体素质起到了重要的保障作用。

3. 管理激活

新时代班组文化既是一种赋能文化，也是一种管理文化。素质文化注重激发每一位班组成员的内在活力，管理文化则对每一位班组成员提出科学的标准和要求。俗话讲，没有规矩，不成方圆。毕竟不是所有的职工都有较高的觉悟和自觉性。因此，需要发挥新时代班组文化在管理激活方面的重要作用。也就是说，新时代班组文化的先进理念，要通过具体的管理制度、管理标准，引导每一位班组成员遵守科学的行为规范，养成良好的行为习惯。锦州供电公司在这方面就提供了宝贵经验。他们用积分记录班组变化、衡量班组作用，促使一线班组人员肩上有责、争先有标、行为有尺、考核有据，用“小积分”管理“大队伍”，有效激发了职工创先争优意识。

三、新时代班组文化要实现管理变革

2020年10月25日，《中国水运报》以《巧念班组管理“三新经”》为题[①]，报

① 陈俊杰、陈旭融：《巧念班组管理“三新经”》，《中国水运报》2020年10月25日第2版。

道了浙江省宁波北仑第三集装箱码头有限公司桥吊班（以下简称桥吊班）走出一条独特的班组管理道路，形成管理“三新经”。在安全管理上，他们创“新方式”，首创安全积分制，为每一位班组成员建立“安全积分档案”，开展“争当安全达人”和“微信找茬达人”评比活动，引导班组成员从“要我安全”到“我要安全”，最终实现“我会安全”。在人才选拔上，他们创“新办法”，创造性地开展“金牌导师”公开竞聘，并对班组副班长的任命模式进行探索和优化，有效提升了班组的管理水平。在学习培训上，他们创“新载体”，依托“竺士杰创新工作室”，把桥吊操作法日常作业项进行三维动画演绎，受到大力追捧。他们还推行员工“阶梯培训班”，对不同学员采用不同的培训方式，极大提高了员工的学习培训质量。桥吊班的管理“三新经”实现了管理变革，激发了班组成员的积极性和主动性，提升了班组的管理水平和效率。

新时代班组文化作为一种先进的管理理论和方法，其主要目的就是激发班组成员的潜能和智慧，实现班组成员和班组的同步发展和进步。这一切都需要管理变革。实际上，新时代班组文化本身就是一种管理变革。因为，传统班组管理“见物不见人”，即其更多关注管理的各种任务指标和班组的发展，而忽略人的需求和班组成员的进步。新时代班组文化的管理变革，一方面体现在“文化”上，即营造关心班组成员、依靠班组成员的文化氛围；另一方面体现在“新时代”上，即在习近平总书记以人民为中心的发展思想指导下，树立以职工为中心的管理理念。没有一流的职工，难有一流的企业；没有一流的班组成员，难有一流的班组。新时代班组文化要实现管理变革，就必须树立以班组成员为中心的管理理念。

1. 变革管理主体

新时代班组文化实现管理变革首先要变革管理主体。在班组管理中，传统的管理主体是班组长，管理客体是每一位班组成员。新时代班组文化重构了管理主体结构，将每一位班组成员纳入管理主体范畴，发挥每一位班组成员在班组管理中的主体地位和主力军作用，确立每一位班组成员的主人翁地位。桥吊班在安全管理上首创安全积分制，为每一位班组成员建立“安全积分档案”，引导班组成员从“要我安全”到“我要安全”，最终实现“我会安全”，充分发挥了每一位班组成员在安全管理中的主体地位。因此，新时代班组文化是彰显每一位班组成员智慧和力量的文化。

2. 变革管理流程

新时代班组文化变革管理主体后，必然也会变革管理流程。传统班组管理以班组长为管理主体，是自上而下的管理。也就是说，传统的班组文化更多反映的是班组长及其班组的管理理念和工作思路，班组成员更多是被动地执行班组文化倡导的基本理念和工作准则。新时代班组文化倡导每一位班组成员都是管理的主体，其管理流程是自下而上的。这种文化主要体现的是每一位班组成员的智慧和力量，班组长的角色主要是为班组成员服务的，并为班组成员提供展示绝活绝技和风采的机会和平台。桥吊班在人才选拔上创造性地开展“金牌导师”公开竞聘，并对班组副班长的任命模式进行探索和优化，推动的就是自下而上的管理变革。

3. 变革管理思路

新时代班组文化变革管理主体和管理流程，最终会体现为管理思路的变革。思路决定出路。变革管理思路的关键在于创新。与传统班组管理的创新注重“班组号召式”不同，新时代班组文化倡导的创新，注重每一位班组成员的“自发式”创新。“班组号召式”的创新，顾名思义就是班组向班组成员“发号施令”的创新，是一种被动的创新。班组成员“自发式”创新，则是发自每一位班组成员内心的兴趣、爱好和自我要求、自我提升的创新，是一种主动的创新。新时代班组文化变革管理思路，就是推动班组成员“自发式”创新。这就需要新时代班组文化营造“自发式”创新的文化氛围，打造发展空间，为班组成员素质的提升和能力的展现，提供有利的条件和环境。桥吊班在学习培训上依托“竺士杰创新工作室”受追捧，推行“阶梯培训班”，就是为每一位班组成员提供自我学习、自我提升的机会和平台。

第二章

新时代班组文化的新内涵

新时代班组文化不仅以企业文化为基础，更要把弘扬中国特色社会主义文化放在首位，全面贯彻落实习近平文化思想，这是新时代班组文化建设的政治要求。所以，我们要站在我国新时代企业的文化建设角度，认识和把握新时代班组文化的新内涵。而我国新时代企业的文化建设也不只是停留在传统的企业文化建设方面，还要大力推动中国特色社会主义文化建设以及我们后面要专门研究的企业党建文化建设，包括新时代职工文化建设。中国特色社会主义文化建设，特别是企业党建工作，是新时代企业发展的政治保障。而企业文化因体现企业管理水平为企业指明经营管理的发展方向，职工文化因展现职工素质水平为企业提供经营管理发展动力。新时代班组文化在管理属性上既需要企业文化指明发展方向，也需要职工文化提供发展动力。这就是新时代班组文化的新内涵。

第一节　新时代班组文化与我国企业的文化建设

新时代班组文化建设要纳入我国新时代企业的文化建设体系中。我国新时代企业的文化建设体系是“三位一体”的结构，即以政治文化为保障、以管理文化为方向、以素质文化为动力。其中，政治文化是指中国特色社会主义文化尤其是企业党建文化，管理文化是指企业文化，素质文化是指职工文化。我国新时代企业的文化建设就是要以习近平文化思想为指导，坚定企业发展的正确政治方向，在推进企业文化与职工文化建设中实现企业与职工的双赢。

一、新时代班组文化是我国新时代企业的文化建设基石

党的十九大宣布我国进入全面建设社会主义现代化强国的新时代。[①]而全面建设社会主义现代化强国，必须有一大批强大的劳动者大军。新时代班组文化作为我国新时代企业的文化建设基石，要以习近平文化思想为指导，以建设强大的劳动者大军为目标，大力推进企业文化和职工文化建设。新时代班组文化是以企业文化为引领，以职工文化为支撑，以弘扬劳模精神、劳动精神、工匠精神为核心，以建设强大的劳动者大军为目标，在班组长期的成功实践过程中形成的班组价值理念、行为规范及精神风貌。

新时代班组文化在管理属性上，既不是由企业文化单独决定的，也不是由职工文化单独决定的，而是企业文化与职工文化共同孕育出来的。新时代班组文化不仅是一种管理文化，反映企业文化的要求；也是一种素质文化，体现职工文化的诉求。对职工群众来说，如果说企业文化是“要我做”的文化，那么职工文化则是“我要做”的文化。如果把企业文化比作汽车的“方向盘”，为企业指明发展的方向；那么职工文化就好比汽车的“发动机”，为企业提供发展的动力。新时代班组文化既要以企业文化为引领，为班组成员指明发展方向；又要以职工文化为支撑，为班组成员提供发展动力。在当前我国供给侧结构性改革的时代背景下，作为提供班组成员发展动力的职工文化，比企业文化有着更加重大的现实意义。我国要振兴实体经济，就必须依靠职工文化全面激发广大职工群众的劳动热情和创造活力。这也是习近平总书记提出“打造健康文明、昂扬向上、全员参与的职工文化”[②]的重要原因之一。

新时代班组文化要以弘扬劳模精神、劳动精神、工匠精神为核心。劳模精神反映的是劳模群体的价值追求和精神风貌，是引导广大职工群众学劳模、

---

① 中华人民共和国中央人民政府官网：《习近平：决胜全面建成小康社会 夺取新时代中国特色社会主义伟大胜利——在中国共产党第十九次全国代表大会上的报告》，https://www.gov.cn/zhuanti/2017-10/27/content_5234876.htm，2017-10-27。

② 中共中央党史和文献研究院编：《习近平关于工人阶级和工会工作论述摘编》，中央文献出版社2023年版，第48页。

做劳模的精神动力。工匠精神体现的是每一位不甘平庸的劳动者精益求精的精神状态和人生态度，是激发广大职工群众自身潜力和创造活力的内生动力。劳动精神是每一位想过上好日子的劳动者不断学习榜样和先进过程中展现出的精神风貌。劳模精神是学习优秀的他人的精神，工匠精神是做优秀的自己的精神，学习优秀的他人，是为了做优秀的自己。劳模精神是与他人“比”的精神，劳模把很多人都“比”下去，在广大职工群众中脱颖而出。工匠精神是与自己“比”的精神，世上最大的对手不是别人，而是自己；战胜了自己，就战胜了一切。劳动精神则是反映每一位普通劳动者不断向劳模工匠学习从而不断成长进步的精神。新时代班组文化不仅要弘扬劳模精神，在班组中树典型、学典型、做典型；还要弘扬工匠精神，鼓励班组成员做独一无二的更优秀的自己；更要弘扬劳动精神，不断向身边的榜样学习。

新时代班组文化要以建设强大的劳动者大军为目标。班组是最小的行政单位，也是贯彻落实各项战略任务和管理目标的基础和基石。俗话讲，基础不牢地动山摇。新时代班组文化就是要强基础、固基石，紧紧抓住职工素质这个根本。没有一流的职工，难有一流的企业；没有大国工匠，难有大国重器。习近平总书记在党的十九大报告中强调，培育具有全球竞争力的世界一流企业。但是，若无具有全球竞争力的世界一流的劳动者大军，就难有具有全球竞争力的世界一流企业。习近平总书记进一步指出，文化兴国运兴，文化强民族强。从这个意义上讲，文化兴班组兴，文化强职工强。新时代班组文化就是要鼓励每一位班组成员做最好的自己、做强大的自己。职工强，班组强。新时代班组文化要由过去偏重“管理文化”转移到重视“素质文化”。管理文化是自上而下的文化，是向班组成员发号施令的文化。素质文化是自下而上的文化，是重视班组成员主体性和主动性的文化。在当前信息互联网时代，人的主体性得到了极大凸显，产生于工业化时代的传统管理思路也应该到重新变革的时候了。过去的管理思路是，“大河没水小河干”，职工的成功建立在企业的成功基础之上。当今时代的管理思路应该调整为，企业的成功要建立在职工的成功基础之上，职工越成功，企业越成功。新时代班组文化是成就班组成员成功的文化，班组成员越成功，班组越成功。

新时代班组文化是在班组长期的成功实践过程中形成的，体现了班组的特色和个性，打上了班组长的烙印，反映了班组成员的集体智慧。新时代班组文化既是班组过去长期成功经验的集中体现，又是指导班组未来持续取得成功的法宝。特色和个性是新时代班组文化的生命。班组长是兵头将尾，是最小的管理者，新时代班组文化在一定程度上反映了班组长的特色管理风格。班组成员的集体智慧是新时代班组文化的灵魂。新时代班组文化也是实现党的十九大提出的“使人人都有通过辛勤劳动实现自身发展的机会”“人人渴望成才、人人努力成才、人人皆可成才、人人尽展其才的良好局面”目标的有效途径。

二、我国新时代企业的文化建设

习近平总书记在党的十九大报告中指出：“中国特色社会主义进入新时代，意味着近代以来久经磨难的中华民族迎来了从站起来、富起来到强起来的伟大飞跃。”习近平总书记特别强调：“文化兴国运兴，文化强民族强。没有高度的文化自信，没有文化的繁荣兴盛，就没有中华民族伟大复兴。”[①]党的二十届三中全会在提出进一步全面深化改革、推进中国式现代化时又特别强调要“聚焦建设社会主义文化强国”[②]。对于企业而言，文化兴企业兴，文化强企业强。而企业的强大离不开优秀的文化。国内外优秀企业的成功管理实践也证明了这一点。因此，明确我国新时代企业文化建设的新使命、新任务与新路径，是当前一项重大的战略任务。

1. 我国新时代企业的文化建设新使命

我国新时代企业的文化建设新使命是推动中华民族伟大复兴的中国梦的

---

① 中华人民共和国中央人民政府官网：《习近平：决胜全面建成小康社会 夺取新时代中国特色社会主义伟大胜利——在中国共产党第十九次全国代表大会上的报告》，https://www.gov.cn/zhuanti/2017-10/27/content_5234876.htm，2017-10-27。

② 中华人民共和国中央人民政府官网：《中共中央关于进一步全面深化改革 推进中国式现代化的决定》，https://www.gov.cn/zhengce/202407/content_6963770.htm?sid_for_share=80113_2，2024-07-21。

实现、培育具有全球竞争力的世界一流企业和造就世界一流的“大国工匠”。其中，中华民族伟大复兴的中国梦是新使命的前提，具有全球竞争力的世界一流企业是新使命的核心，世界一流的“大国工匠”是新使命的关键。中华民族伟大复兴的中国梦是包括所有中国企业和所有中国人的梦。我国新时代企业对实现中华民族伟大复兴的中国梦意义重大。但是，没有世界一流的“大国工匠”，就难有具有全球竞争力的世界一流企业，中华民族伟大复兴的中国梦也就很难实现。因此，我国新时代企业的文化建设新使命最终要落脚在造就世界一流的“大国工匠”上。党的十九大提出“中国共产党人的初心和使命，就是为中国人民谋幸福，为中华民族谋复兴”“永远把人民对美好生活的向往作为奋斗目标”。[①]我国新时代企业的文化建设就是要把广大职工对美好生活的向往作为奋斗目标，把全面提高广大职工群众的积极性、主动性和创造性，大力造就世界一流的“大国工匠”作为我国新时代企业文化建设的有力抓手。

第一，推动中华民族伟大复兴中国梦的实现。

习近平总书记在党的十九大报告中指出：“我们比历史上任何时期都更接近、更有信心和能力实现中华民族伟大复兴的目标。”[②]我国新时代企业特别是国有企业的文化建设新使命必须将中华民族伟大复兴的中国梦作为首要目标。习近平总书记在2016年全国国有企业党的建设工作会议上强调：“新中国成立以来特别是改革开放以来，国有企业发展取得巨大成就。我国国有企业为我国经济社会发展、科技进步、国防建设、民生改善作出了历史性贡献，功勋卓著，功不可没。”[③]在2017年《财富》世界500强排行榜中，中国企业占了100多家，其中绝大多数是国有企业。前四名中我国国有企业占三个，分别是国

① 中华人民共和国中央人民政府官网：《习近平：决胜全面建成小康社会 夺取新时代中国特色社会主义伟大胜利——在中国共产党第十九次全国代表大会上的报告》，https://www.gov.cn/zhuanti/2017-10/27/content_5234876.htm，2017-10-27。

② 中华人民共和国中央人民政府官网：《习近平：决胜全面建成小康社会 夺取新时代中国特色社会主义伟大胜利——在中国共产党第十九次全国代表大会上的报告》，https://www.gov.cn/zhuanti/2017-10/27/content_5234876.htm，2017-10-27。

③ 人民网：《习近平出席国企党建工作会议：坚持党对国企的领导不动摇》，http://cpc.people.com.cn/n1/2016/1011/c64094-28770122.html，2016-10-11。

家电网、中国石化、中国石油。[①]所以，我国新时代企业特别是国有企业文化建设的新使命应将实现中华民族伟大复兴的中国梦作为首要目标，这也是首要政治任务。

第二，培育具有全球竞争力的世界一流企业。

尽管世界500强榜单中，包括国企在内的我国企业占了100多家，但是，大而不强的问题依然存在。我国消费者到美国、日本等发达国家选购产品的现象时有发生，这表明包括国企在内的我国企业还没有足够强的全球竞争力。我国供给侧结构性改革就是为了全面提升包括国企在内的我国企业及其产品的全球竞争力。我国新时代企业的文化建设新使命必须将培育具有全球竞争力的世界一流企业作为一个重要目标。有些产品我们生产不出来，有些产品我们能够生产出来但缺乏全球竞争力。因此，我们必须要转变发展思路，由过去粗放型发展转为精细化发展和内涵式发展，由过去拼价格转为拼质量，特别是要打造更多享誉世界的“中国品牌”，推动中国经济发展进入高质量阶段。我国企业及其产品的质量最终取决于广大产业工人的质量，尤其是“大国工匠”的质量。

第三，造就世界一流的“大国工匠”。

要打造更多享誉世界的“中国品牌”，推动中国经济进入高质量发展阶段，就必须培育众多“中国工匠”。因此，我国新时代企业的文化建设新使命必须紧紧抓住造就世界一流的“大国工匠”这个“牛鼻子”不放松。我国不缺少工匠，缺少的是具有工匠精神的工匠，更缺少世界一流的“大国工匠”。“大国工匠”之所以被称为“大国工匠”，是因为“大”这个字，他们有大担当、大境界、大追求，他们总是将国家的需要和民族的振兴作为自己的奋斗目标和人生追求。大国工匠高凤林说过，人的质量决定产品的质量，人品决定产品。新时代国企文化建设的新使命必须通过造就世界一流的“人品”来造就世界一流的“产品”。世界一流的“大国工匠”具有世界一流的“人品”，能生产出世界一流

① 中华人民共和国中央人民政府官网：《2017〈财富〉世界500强公布，国务院国资委监管48家央企上榜》，https://www.gov.cn/xinwen/2017-07/21/content_5212356.htm，2017-07-21。

的“产品”。全国劳模、中华技能大奖获得者柳祥国说过，新时代的劳模应该具备四个条件，即新思想、新技术、精益求精的工匠精神、国家情怀，其中国家情怀是最重要的。我们需要培养的就是像高凤林、柳祥国这样具有国家情怀的有大担当、大境界、大追求的“大国工匠”。

2. 我国新时代企业的文化建设新任务

我国新时代企业的文化建设新任务是宣传中国特色社会主义文化，进一步推动企业文化建设，特别是要加强职工文化建设。宣传中国特色社会主义文化是我国新时代企业文化建设的首要政治任务。对于培育具有全球竞争力的世界一流企业，企业文化指明发展方向，职工文化提供发展动力，需要指出的是，反映企业管理水平和发展方向的企业文化是国内外几乎所有优秀企业制胜的法宝已经成为共识。但是，体现职工素质水平和发展动力的职工文化，在当前我国供给侧结构性改革和振兴实体经济的时代背景下，有着更加重要的时代价值和现实意义。

第一，宣传中国特色社会主义文化。

习近平总书记在党的十九大报告中强调，“要坚持中国特色社会主义文化发展道路，激发全民族文化创新创造活力，建设社会主义文化强国”[①]。国有企业作为社会主义制度的重要经济基础必须发挥宣传中国特色社会主义文化的政治优势，坚定道路自信、理论自信、制度自信、文化自信。我国新时代企业的文化建设要坚定不移地走中国特色社会主义文化发展道路，践行中国特色社会主义文化理论，落实中国特色社会主义文化制度，树立中国特色社会主义文化自信，尤其要继承发扬中华优秀传统文化、党的革命文化和社会主义先进文化，在全面建成小康社会决胜阶段、中国特色社会主义进入新时代的关键时期发挥我国新时代企业应有的作用。中国特色社会主义文化的内容已经作为新时代的新要求写进《中国共产党章程》。宣传中国特色社会主义文化是我国新

① 中华人民共和国中央人民政府官网：《习近平：决胜全面建成小康社会 夺取新时代中国特色社会主义伟大胜利——在中国共产党第十九次全国代表大会上的报告》，https://www.gov.cn/zhuanti/2017-10/27/content_5234876.htm，2017-10-27。

时代企业文化建设的政治任务，是由我国社会主义制度决定的，更是由我国新时代企业的文化建设新使命决定的。

第二，进一步推动企业文化建设。

企业文化是20世纪80年代自西方传入我国的一种先进管理理论，对全面提升国企的管理水平以及推动我国经济社会发展取得世人瞩目的成就并跻身世界第二大经济体发挥了不可磨灭的战略作用。国务院国资委在2005年专门下发了《关于加强中央企业企业文化建设的指导意见》（以下简称《指导意见》），为我国企业的文化建设提供了科学依据和参考。该《指导意见》指出："先进的企业文化是企业持续发展的精神支柱和动力源泉，是企业核心竞争力的重要组成部分。建设先进的企业文化，是加强党的执政能力建设，大力发展社会主义先进文化、构建社会主义和谐社会的重要组成部分；是企业深化改革、加快发展、做强做大的迫切需要；是发挥党的政治优势、建设高素质员工队伍、促进人的全面发展的必然选择；是企业提高管理水平、增强凝聚力和打造核心竞争力的战略举措。"①由此可见，进一步推动企业文化建设是当前将我国更多企业培育成具有全球竞争力的世界一流企业的有效手段。

第三，加强职工文化建设。

我国新时代企业的文化建设之所以要加强职工文化建设，一方面是因为习近平总书记在2015年提出的"打造健康文明、昂扬向上的职工文化"先后被写进《中共中央关于加强和改进党的群团工作的意见》和《新时期产业工人队伍建设改革方案》等党和国家的重要政策文件，另一方面是因为职工文化与企业文化有着同等重要的战略价值。如果把企业文化比作汽车的方向盘，那么职工文化就好比汽车的发动机。作为"方向盘"的企业文化为企业发展指明方向，作为"发动机"的职工文化为企业发展提供动力。对于企业发展而言，方向与动力同等重要。但是，在我国供给侧结构性改革和振兴实体经济的时代背景下，作为企业发展动力的文化，职工文化有着更加重要的时代价值和现实意

① 参见国务院国有资产监督管理委员会：《关于加强中央企业企业文化建设的指导意见》，《中外企业文化》2005年第8期。

义。职工文化体现了党的群众路线在企业管理中的实践，高手在民间，智慧在群众之中。加强职工文化建设是我国新时代企业全心全意依靠工人阶级的具体表现，是我国新时代企业文化建设的重要组成部分。职工文化与企业文化好比“车之两轮，鸟之两翼”，缺一不可。因此，加强职工文化建设是党和国家对我国新时代企业的文化建设提出的一项重大政治任务和战略使命。习近平总书记在党的十九大报告中强调，激发和保护企业家精神，弘扬劳模精神和工匠精神。其中，企业家精神是企业文化的灵魂，劳模精神和工匠精神是职工文化的灵魂。我国新时代企业在推进文化建设的同时，必须将职工文化建设提升至与企业文化建设同等重要的战略地位上加以对待。

3. 我国新时代企业的文化建设新路径

我国新时代企业的文化建设新路径包括通过加强党建工作宣传中国特色社会主义文化、通过深化企业改革完善企业文化建设、通过培育“大国工匠”加强职工文化建设。党建工作是我国新时代企业文化建设的灵魂，企业改革是我国新时代企业文化建设的智慧源泉，“大国工匠”是我国新时代企业文化建设的坚强基石。在当前我国深化企业改革、培育具有全球竞争力的世界一流企业的时代背景下，企业党建工作为企业改革指明了政治方向，“大国工匠”为企业改革提供了发展动力。

第一，通过加强企业党建工作宣传中国特色社会主义文化。

习近平总书记在2016年全国国有企业党的建设工作会议上强调，“国有企业是中国特色社会主义的重要物质基础和政治基础，是我们党执政兴国的重要支柱和依靠力量”“坚持党的领导、加强党的建设，是我国国有企业的光荣传统，是国有企业的‘根’和‘魂’，是我国国有企业的独特优势”。①因此，我国新时代企业的文化建设特别是国有企业的文化建设必须通过加强党建工作，开展“铸根”“树魂”工程，大力宣传中国特色社会主义文化。习近平总书记进一步强调，“坚持全心全意依靠工人阶级的方针，是坚持党对国有企业领导

① 人民网：《习近平出席国企党建工作会议：坚持党对国企的领导不动摇》，http://cpc.people.com.cn/n1/2016/1011/c64094-28770122.html，2016-10-11。

的内在要求”[①]。从这个意义上讲，我国新时代企业的文化建设尤其是国有企业的文化建设必须坚持全心全意依靠工人阶级的方针。要通过企业党建工作宣传中国特色社会主义文化就必须宣传我国工人阶级的伟大品格，大力弘扬劳模精神、劳动精神、工匠精神，展示工人阶级在我国新时代企业文化建设中的主人翁地位和主体作用。

第二，通过深化企业改革完善企业文化建设。

深化企业改革的关键在于管理。我国改革开放的一项重大举措就是学习、引进西方发达国家的先进技术和先进管理经验。通过40多年的改革开放，我国企业的技术水平和管理水平已经得到了很大提高，在世界上也已经有了一定的影响力和竞争力。但是，我国企业的技术水平尤其是管理水平与西方发达国家之间还有差距。俗话说，火车跑得快，还需车头带。作为指引企业发展方向的企业文化，必须进一步加以完善。尽管按照国务院国资委的要求，企业文化建设已成为我国企业的一项重要任务和战略工作。但是还存在一些问题，其中最大的问题就是企业文化“落地”。企业文化倡导的企业使命、企业愿景、企业价值观要让广大职工群众内化于心、外化于行，避免说一套、做一套的“两张皮”现象。如果企业文化“落地”问题和“两张皮”问题解决不了，那么深化企业改革就缺乏足够的动力。

第三，通过培育“大国工匠”加强职工文化建设。

自2016年“两会”期间国务院《政府工作报告》首次提出工匠精神以来，工匠精神日益成为社会各界关注的“热词”，并入选2016年十大流行语。[②]早在2015年中央电视台播出了8集纪录片《大国工匠》，在当时引起不小的热议。习近平总书记在党的十九大报告中提出“弘扬劳模精神和工匠精神”的要求[③]。

---

① 人民网：《习近平出席国企党建工作会议：坚持党对国企的领导不动摇》，http://cpc.people.com.cn/n1/2016/1011/c64094-28770122.html，2016-10-11。

② 中华人民共和国中央人民政府官网：《李克强力倡“工匠精神”，入选2016年十大流行语》，https://www.gov.cn/xinwen/2016-12/15/content_5148609.htm，2016-12-15。

③ 中华人民共和国中央人民政府官网：《习近平：决胜全面建成小康社会 夺取新时代中国特色社会主义伟大胜利——在中国共产党第十九次全国代表大会上的报告》，https://www.gov.cn/zhuanti/2017-10/27/content_5234876.htm，2017-10-27。

以劳模精神和工匠精神为灵魂、以培育“大国工匠”为目标的职工文化建设，应该成为当前我国新时代企业文化建设的一项政治任务，更应成为党政一把手工程。劳模精神是学习优秀的他人的精神，工匠精神是成为优秀的自己的精神，学习优秀的他人，是为了成为更好的自己。劳模精神是方向，工匠精神是基础。职工文化建设要把握劳模精神的方向，引领广大职工群众学劳模、做劳模，要厚植工匠精神，激发广大职工群众的劳动热情和创造活力，使其不断认识自己、成为自己、成就自己、成为更优秀的自己。劳模精神是与别人比的精神，之所以成为劳模就是因为与别人比之后脱颖而出。工匠精神是与自己比、不断向自己挑战的精神，最大的对手不是别人，而是自己；战胜了自己，就战胜了一切。我国要推动供给侧结构性改革和振兴实体经济，培育具有全球竞争力的世界一流企业，需要工匠精神，激发广大职工群众的斗志和热情，不仅要向发达国家学习，更要不断向自己挑战。精益求精的工匠精神，不仅是做事的态度，更是做人的高度。

三、新时代班组文化的特色

新时代班组文化是新时代班组管理实践的产物，反映了不同班组的不同管理氛围和习惯，具有鲜明的个性和特色，而且还会形成不同班组的不同口号、标志和Logo等。譬如，有的班组注重发挥班组成员的主观能动性，推动班组成员由被动工作向主动工作转变，形成“事事有人管，人人有事做”的班组建设新局面；有的班组重视“人心”工程，激发班组成员的团结之心、和谐之心、进取之心和开拓之心等，形成别具匠心的“同心文化”，营造干群同心、同心共创、人人同心、同归同向的干事创业管理氛围等；有的班组则关注发挥班组成员的集体力量；有的班组专注精品工程建设；等等。这些不同特色的班组及其班组文化，将一个个企业“细胞”孕育成充满活力的“生命体”。①新时代班

① 中国工人出版社在2018年出版的《班组进化论：从细胞群到生命体》一书，对国家电网班组建设经验进行总结，提出传统意义上的“细胞群”班组更多是在执行企业的指令，而“生命体”班组就像一个个生命体，具备了自我驱动、价值创造、智慧分析、资源响应、创新创效的特点。

组文化的生命力就在于展现各具风格的“生命体”班组的特色。特色就是班组的本色、目标、动力和生命力。新时代班组文化要通过班组的本色、目标、动力和生命力激发每一位班组成员的内在潜能和外在活力，推动“细胞型”班组向“生命体”班组转变，形成“事事有人管，人人有事做”的新局面。本色、目标、动力、生命力既是班组建设的核心，更是新时代班组文化的灵魂。

1. 新时代班组文化要体现班组的本色

本色就是本来的样子，是区分事物的标志。班组本色是区分不同班组的标志。譬如，不同班组会形成不同风格的班组标志，体现不同班组的本色。新时代班组文化要体现班组的本色就要选择适合各自班组个性、亮点、习惯的标志。这就需要班组成员群策群力、共同总结和提炼。在总结和提炼的过程中，不能为了标志而标志。标志要有文化内涵，要能够反映班组的工作风格和价值追求。因此，标志的符号、颜色、字体等都要精心设计和策划。

2. 新时代班组文化要确立班组的目标

班组之所以存在就在于班组成员有共同的奋斗目标。目标把班组成员团结与聚合起来。新时代班组文化必须为班组成员确立清晰的目标。新时代班组文化确立的目标要能够激发每一位班组成员的内在潜能和体现每一位班组成员的价值追求。譬如，有的班组为了共同的目标形成了“事事有人管，人人有事做”的班组建设新局面。新时代班组文化需要营造的就是这样的工作氛围。这也是习近平总书记在党的十九大报告中强调的“努力形成人人渴望成才、人人努力成才、人人皆可成才、人人尽展其才的良好局面，让各类人才的创造活力竞相迸发、聪明才智充分涌流”①。新时代班组文化也要在班组中营造这样积极向上的文化氛围。

3. 新时代班组文化要为班组发展提供动力

动力是一切事物发展的根源。动力的特点是周而复始地自我运转和自我创

① 中华人民共和国中央人民政府官网：《习近平：决胜全面建成小康社会 夺取新时代中国特色社会主义伟大胜利——在中国共产党第十九次全国代表大会上的报告》，https://www.gov.cn/zhuanti/2017-10/27/content_5234876.htm，2017-10-27。

造。新时代班组文化为班组发展提供动力也要体现自主性和主动性。譬如，有的班组文化引导班组成员由被动工作向主动工作转变。但是，没有主动的班组成员，很难有主动的班组。只有每一位班组成员的积极性、主动性和创造性都被激发出来了，班组才会有不竭的动力源泉。新时代班组文化要充分展现每一位班组成员的聪明才智，要为每一位班组成员搭建实现自我价值的平台。这就需要在新时代班组文化建设中，发现每一位班组成员的优势和亮点，宣传每一位班组成员的“绝活”，为每一位班组成员提供出彩的机会。

4. 新时代班组文化要为班组发展带来生命力

生命力是生命体的特征，没有了生命力，生命体的生命也就终结了。新时代班组文化为班组发展带来生命力就是为了更好地延续班组的“生命”，壮大班组的力量。譬如，有的班组文化将一个个企业“细胞”孕育成充满活力的“生命体”。新时代班组文化就是要通过打造“生命体”班组为班组发展注入活力和生命力。而班组“生命体”的打造要建立在每一位班组成员的“生命体”培育上。需要注意的是，班组成员的“生命体”不是指生物意义上的“生命体”，而是指班组成员的“思想生命体”。新时代班组文化要为每一位班组成员的自我教育、自我管理、自我发展和自我提升提供宽松的良好环境。

第二节　新时代班组文化的新内容

新时代班组文化作为班组的灵魂和班组管理的精髓，既要明确新时代班组发展的基本方向和行动指南，更要突出班组成员在班组管理实践中的主体地位及其主观能动性的发挥。对于新时代班组发展的基本方向和行动指南，新时代班组文化一方面要形成包含班组责任、班组目标、班组信念、班组精神、班组形象等的新体系，另一方面要确定包含班组任务、方向、精髓和历史等新框架。为突出班组成员在班组管理实践中的主体地位及其主观能动性的发挥，新时代班组文化要通过确立新理念、倡导新思路、树立新风气、追求新目标、形成新模式、明确新导向，在深化产业工人队伍建设改革中发挥新时代班组应有的作用，以孕育和培养一流产业技术工人队伍为根本目标。

一、新时代班组文化的新体系

国家电网公司班组建设的重要创新成果——《班组进化论：从细胞群到生命体》一书中提出，未来班组的发展方向将由过去的“细胞群”班组向“生命体”班组转变。“细胞群”班组是执行型班组，强调的是执行。“生命体”班组是充满活力的独立价值创造型班组，强调的是自我驱动。[①]新时代班组文化培育的就是“生命体”班组，激发的是班组成员的内在潜能和智慧，体现的是班组文化的自我管理、自我教育、自我提升和自我驱动，最终提升的是班组成员的综合素质、劳动热情和创造活力。新时代班组文化新体系展示的就是班组成员的自我责任、自我目标、自我信念、自我精神和自我形象。与此相对应，新时代班组文化的新体系是以班组责任、班组目标、班组信念、班组精神、班组形象为核心的体系。其中，班组责任体现班组存在的价值，班组目标指明班组努力的方向，班组信念确定班组的信条，班组精神表现班组的精气神，班组形象展示班组的整体面貌。

1. 班组责任体现班组存在的价值

班组责任就是班组及其成员存在的价值及意义，是班组及其成员自我驱动的原始动力。新时代班组文化培育的职工首先必须有责任。以中铁一局电务公司的全国劳模窦铁成名字命名的“铁成班组”[②]，Logo以大写全拼首字母的C、T为基础，不仅体现了班组对党的拥护和对企业的忠诚，还代表了对铁成精神的传承和发扬。窦铁成寄语班组全员要坚定政治信念，虚心学习，不断提升，不忘建设初心，牢记祖国、企业重托，建设精品工程，用一流业绩展现人生价值。这都体现了窦铁成和“铁成班组”的责任和担当。

---

① 参见国共慧：《班组进化论：从细胞群到生命体》，中国工人出版社2018年版，第334页。

② 参见澎湃网：《“铁成班组”建设有了新方向！》，https://www.thepaper.cn/newsDetail_forward_7479681，2020-05-20。

2. 班组目标指明班组努力的方向

班组目标就是班组及其成员为了超越自己不断追求的一流标准和方向，是引导班组及其成员不断进步的导航器。2017年荣获全国10位“最美职工”中唯一一个班组集体代表称号的是赵梦桃[①]小组。赵梦桃小组坚持以“高标准、严要求、行动快、工作实、抢困难、送方便”为班组目标，长期保持全国先进班组称号，曾经有13任组长为全国或省部级劳动模范。所以，新时代班组文化要为班组及其成员确定远大的班组目标，成为造就优秀班组和优秀职工的导航器。

3. 班组信念确定班组的信条

班组信念就是班组及其成员为了体现班组责任和实现班组目标而坚持的基本信条和行为准则。作为全国班组建设优秀样板的中国石油抚顺石化公司“王海班”，[②]中华全国总工会、工业和信息化部、国务院国资委、中华全国工商业联合会等四部门曾经联合下发向他们学习的决定。“王海班”坚持的理念是勤、严、爱，即勤观察、勤调整、勤分析、勤总结的“四勤优化操作法”，对班组成员的严格管理、民主管理，以及把班组看作“家”，一人有难、大家相帮等。在这些理念的引导下，“王海班”成为抚顺石化培养人才的基地，曾经调出该班的78人中，有20多名技术状元，10多名班组长，40多名技术骨干等。

4. 班组精神表现班组的精气神

班组精神就是班组责任、班组目标、班组信念在班组及其成员身上的集中体现，反映了班组及其成员的精气神。多次被省和国家授予“特等劳模小组”“革命的熔炉、战斗的集体”等称号，被誉为“我国班组建设的摇篮”的马恒昌小组[③]，一直是我国工业领域的一面旗帜。马恒昌小组的班组精神是“同心

---

① 参见华商网：《和谷纪实文学〈绽放〉书写纺织女工“梦桃精神”》，http://ehsb.hspress.net/shtml/hsb/20221028/950247.shtml，2022-10-28。

② 参见中国化工报网：《抚顺石化“王海班”成为全国样板》，http://www.ccin.com.cn/detail/6db9e4ee78eb341f4fc56e07584a5a0f，2010-09-13。

③ 参见倪伟龄：《传承不息的精神之火 ——齐齐哈尔第二机床集团有限公司弘扬马恒昌小组精神创新发展纪实》，http://www.ce.cn/xwzx/gnsz/gnleft/mttt/200804/28/t20080428_15306025.shtml，2008-04-28。

共赢、勇为人先、敢于超越、兴企报国”。在这一班组精神的熏陶和孕育下，马恒昌小组当年仅用6个月就改造了18种工卡具和5种加工方法，使工效增长了1倍至3倍，创造了10项全国新纪录。他们为我国第一台万能铣床、升降台铣床，第一台251型镗床等多种产品的研制作出了突出贡献。

5. 班组形象展示班组的整体面貌

班组形象就是班组及其成员坚持和彰显的班组责任、班组目标、班组信念和班组精神等内容给社会留下的印象。作为“全国学习型标兵班组”，袁政海班组[①]给社会留下的印象是：你追我赶，人人苦学技术、个个争当能手，涌现出“妙手医生”万仁义、“点子大王”李先勇等技术能人。2007年“五一”期间，袁政海班组被中宣部和中华全国总工会确定为重大宣传典型，树立了袁政海班组的社会形象，得到党和国家以及社会的充分肯定。

二、新时代班组文化的新框架

新时代班组文化要反映新时代班组的管理思想和发展方向，需要通过梳理新时代班组管理的成功管理实践，总结班组成员的精彩故事、体现优秀班组的特点、丰富班组文化的内涵、描述班组文化的历史等。新时代班组文化与过去的班组文化相比，最大的区别就在于成就的对象发生了翻转性的变化。过去的班组文化被看作企业管理或者企业文化的延伸，成就的是企业。新时代班组文化在本质上是职工素质或者职工文化的具体表现，成就的是职工。发掘每一位班组成员的闪光点，成就每一位班组成员的美丽人生，应该成为新时代班组文化的核心任务。而体现优秀班组的特点、丰富班组文化的内涵、描述班组文化的历史应该成为新时代班组文化的目标及其建设方法等。这是新时代班组文化的新框架。

---

① 参见人才江西网：《袁政海：我和模具“谈恋爱”》，https://rc.jxzzb.gov.cn/www/newsInfo/5406/2，2018-04-28；新浪网：《江铃袁政海班组获“全国五一劳动奖状”》，https://auto.sina.com.cn/news/2007-06-03/2328280821.shtml，2007-06-03。

1. 新时代班组文化的任务

新时代班组文化要以文化人、以文育人，尤其是要注重“化人”和“成人”。“化人”是指新时代班组文化要教化、感化和同化每一位班组成员；“成人”是指新时代班组文化要成就每一位班组成员的梦想，书写每一位平凡职工的不平凡人生。因此，新时代班组文化的关键在于讲述平凡职工的不平凡故事，温暖和照亮身边的人。遗憾的是，现实中一些班组文化不是“化人”和“成人”，而是将其看作一种管控文化，不断向班组成员“压担子”、提要求，尤其是一些简单粗暴的做法严重影响和挫伤班组成员的积极性、主动性和创造性，进而导致班组活力大大降低。这样的班组文化不仅不能有效达到预期的管理目标，而且会伤害职工的感情。

2. 新时代班组文化的方向

新时代班组文化是班组的核心竞争力，也是班组取得成功、保持优秀的基因。所以，新时代班组文化要全面生动地体现班组的优秀“基因”和独特品牌。譬如，新时代班组文化可以通过独特的“班组构架”“文化理念”“建设成果”等展现各自的班组品牌，包括班组的成功经验和先进思想等。班组的优秀体现在很多方面，有的是班组氛围好，有的是班组效率高，有的是班组成员素质高，有的是班组绝活多，还有的是班组品牌响，等等。但是，不管班组有多么优秀，如果缺乏优秀班组文化的引领，就很难持久优秀下去。反之，如果优秀班组不能持久优秀下去，班组文化就会失去生命力和感召力。

3. 新时代班组文化的精髓

新时代班组文化应该在多个方面教育引导每一位班组成员全面提升自身综合素质，这是新时代班组文化的精髓。所以，新时代班组文化在本质上是一种素质文化，关注的是班组成员的素质水平和思想状况，展现的是班组成员的精神面貌和素质品牌。一般来讲，新时代班组文化要在班组成员的政治素养、道德修养、安全素质、团队精神、创新精神、责任意识等方面发挥教育和引导作用，尤其要引导每一位班组成员不断自我教育、自我管理、自我提升等，实现每一位班组成员素质从“要我提高”到“我要提高”的根本转变。

4. 新时代班组文化的历史

新时代班组文化的形成和发展是历史性的，不是一朝一夕的事情，需要长年累月的积淀和梳理才能清晰地展现出来。从一定意义上讲，新时代班组文化的历史是新时代班组文化形成的基础，也是新时代班组发展成长的历史，更是班组成员不断进步的历史，因此，如果不了解新时代班组的历史，就很难梳理出新时代班组文化的内容。但是，与过去的班组文化内容相比，新时代班组文化不仅要总结班组管理的成功经验和先进思想，更要梳理班组成员成长和成功的先进经验和优秀思想。具体来讲，新时代班组文化的历史既可以从班组的形成和发展历程中探寻，也可以从历任班组长的经历中进行考察，更可以从历届优秀班组成员的先进事迹中进行梳理，甚至可以从班组的外围利益相关者群体中挖掘文化线索。这些历史轨迹梳理得越清晰，新时代班组文化的定位和内涵就越准确。

三、新时代班组文化的新定位

新时代班组文化要突出班组成员的主体地位，确立新理念、倡导新思路、树立新风气、追求新目标、形成新模式、明确新导向，一切以成就班组成员为核心，大力弘扬劳模精神、劳动精神、工匠精神。按照马克思主义的基本观点，劳动创造了人本身，劳动精神是成为人的精神。工匠精神是每一个不甘于平庸的劳动者在平凡中取得不平凡业绩所拥有的精益求精的人生态度和精神风貌。从这个意义上讲，工匠精神是成为不平凡的人的精神。劳模是大家学习的榜样和楷模，劳模精神则是引领和影响他人的精神。换句话讲，劳动精神是成为自己的精神，工匠精神是成就自己的精神，劳模精神是成全自己的精神。新时代班组文化要按照这“三种精神”的基本要求坚持以下“六新”的新定位。

1. 新理念

新时代班组文化的新理念“新”在主体新。传统的班组文化信奉“火车跑得快，还需车头带”的理念。动车组比传统火车的速度快很多，原因之一就是动车的车厢节节有动力。所以，新时代班组文化要发挥每一位班组成员在班组管理实践中的主体地位，每一位班组成员都是班组这个“家”的主人，坚持“动车理念”，让每一位班组成员都成为班组的发展动力。

2. 新思路

新时代班组文化要实现传统班组管理的“要我干”到“我要干”的根本转变，充分展现每一位班组成员的聪明才智。传统的班组管理侧重“自上而下”的指令性管理，突出班组长领导作用的发挥。新时代班组文化更加重视“自下而上”的激励性管理，突出激发每一位班组成员的积极性、主动性、创造性及潜能。

3. 新风气

新时代班组文化应该为每一位班组成员的成长和成功树立良好的风气，营造良好的氛围。一个鸡蛋，从外面打破是食物；从内部破壳则是新生命的诞生。只有不断追求自我提升和进步，个人成长和发展的空间才会越来越大。新时代班组文化要营造积极向上、团结友爱的班组氛围，激发每一位班组成员的劳动热情和创造活力。

4. 新目标

新时代班组文化追求的新目标要内化于每一位班组成员。只有每一位班组成员都认可和乐意践行的目标，才是可行和持久的。如果班组成员的基本需要满足不了，其动力就难以保障。所以，新时代班组文化要以班组成员的追求为追求，以班组成员的目标为目标，成就班组成员就是成就班组，班组成员越成功、越优秀，班组也会越成功、越优秀。这是新时代班组文化与传统班组文化的根本区别。

5. 新模式

新时代班组文化的新模式是为了让每一位班组成员成为自己岗位的主人。如果一个人总是以打工仔的心态打工，他永远都会是打工仔。新时代班组文化要强化每一位班组成员的主体地位和主人翁意识，发挥每一位班组成员的优势和特长，找准每一位班组成员的兴趣点、优势及特长，展示每一位班组成员的风采和智慧等。每个人都是独一无二的，要为发现和发掘每一位班组成员的绝招绝活绝技营造文化氛围。

6. 新导向

新时代班组文化要以问题为导向，让每一位班组成员学会主动发现问题和解决问题。一个不能为企业发现问题并解决问题的人，他自己就是问题。所以，新时代班组文化要围绕班组发展遇到的重大技术问题和管理问题，鼓励和激励每一位班组成员主动思考和发现，积极开展技术创新和集中攻关，这样不仅能实现个人价值，更能推动班组和企业发展，真正实现职工与班组的双赢。

四、新时代班组文化的新目标

在我国进入全面建设社会主义现代化强国的新时代，新时代班组文化的新目标应该是孕育出更多能够为国家、为社会、为企业作出突出贡献的高素质职工队伍。在当今我国供给侧结构性改革和振兴实体经济的时代背景下，肩负着建设强大的产业工人队伍新时代历史使命的新时代班组文化有着更加重大的政治意义和战略价值。

首先，新时代班组文化要培育有“文化”的产业工人。文化就是“人化”和“化人”。“人化”是指文化是由人创造出来的，没有人，就没有文化；“化人”是指文化要用来教化人、感化人、同化人，从而把人培育成有“文化”的人。文化，源于人，也要服务于人。作为文化的一种表现形态，班组文化也是一样的。班组文化从班组成员中来，最后也要服务于班组成员。班组成员创造出的班组文化，要用来教化、感化、同化班组成员，从而全面提升班组成员的整体素质。有知识不一定有文化，但有文化一定有知识。因为，文化除了知识，还包括信仰、理想、习惯等更加丰富的内涵。新时代班组文化不仅培育有知识有技能的产业工人，更培育有文化有担当的产业工人。中共中央、国务院联合印发的《新时期产业工人队伍建设改革方案》强调“造就一支有理想守信念、懂技术会创新、敢担当讲奉献的宏大的产业工人队伍”①。其中，“有理想守信

① 参见中华人民共和国中央人民政府官网：《中共中央、国务院印发〈新时期产业工人队伍建设改革方案〉》，https://www.gov.cn/zhengce/2017-06/19/content_5203750.htm，2017-06-19。

念”“敢担当讲奉献”造就的是有“文化担当”的产业工人队伍，“懂技术会创新”造就的是有“知识技能”的产业工人队伍。

其次，新时代班组文化要培育新时代的产业工人。在过去，每个人只需要是一个“价值传输点”；而现在，每个人必须是一个“价值放大点”。传统社会里每个人都竭力从社会中汲取营养，而如今的商业逻辑是：你要想有存在价值，必须先创造价值。新时代班组文化培育出的产业工人也应该由“价值传输点”转变为“价值放大点”，由“价值汲取者”转变为“价值创造者”。新时代班组文化的新目标就是全面激活每一位班组成员的内在潜力和创造活力，充分调动每一位班组成员的积极性、主动性和创造性，认真关心关注每一位班组成员的成长和成就。这就需要国家、社会、企业等各个层面关注新时代班组文化、关心产业工人。

最后，新时代班组文化要培育具有“班组动力源”的产业工人。过去有一种说法，“火车跑得快，还需车头带”。但是，新时代的班组“火车”要跑得快，需要每一位班组成员为班组提供动力源，这才是班组的永恒动力。动力源尤其是永恒动力源有一个本质特点就是内在的自发性、自觉性和自动性。新时代班组的永恒动力源来自每一位班组成员内在的自发性、自觉性和自动性。新时代班组文化培育出的产业工人作为班组的动力源，应该不断向自己挑战，不断认识自己、成为自己、成就自己、成为更好的自己。新时代班组文化的新目标就是不断成就每一位班组成员，为每一位班组成员提供展示的机会、发展的机会和实现自身价值的机会。成就班组成员，就是成就班组。班组成员越优秀，班组不优秀都难。从这个意义上讲，班组文化的本质是一种素质文化，展现的是每一位班组成员的智慧和力量。因此，新时代班组文化要致力于为每一位班组成员“助力”，帮每一位班组成员“成事”，促每一位班组成员“圆梦”。

第三节　新时代班组文化的新特点

新时代班组文化的最大特点就是尊重人、关心人、成就人、激励人等，而且是尊重每一位班组成员，激发每一位班组成员的潜能，给予每一位班组成员关爱，明确每一位班组成员的岗位职责等，包括营造“人人尽责”的班组氛围，一切从“心”开始，增强每一位班组成员的必胜之心、责任之心、仁爱之心、谨慎之心，从班组文化的理念层、行为层、表示层等方面表达班组“心意”，并展示每一位“不一般”职工的风采和能量。

一、新时代班组文化要营造“人人尽责”的文化氛围

新时代班组文化要通过发挥每一位班组成员的作用，营造“人人尽责”的文化氛围。这是新时代班组文化与传统班组文化的根本区别。传统班组文化关注的重点是如何发挥班组长的作用并将企业文化贯彻到班组管理中，体现了“火车跑得快，还需车头带”的传统班组文化理念。新时代班组文化关注的重点是如何发挥每一位班组成员的作用，并通过企业文化提高班组管理水平以及通过职工文化提升班组成员整体素质，展现了“动车的提速依靠节节车厢有动力”的新时代班组文化理念。企业文化是管理文化，提高的是企业的管理水平并为企业包括班组指明发展方向；职工文化是素质文化，提升的是职工素质水平并为企业包括班组提供发展动力。传统班组文化仅关注企业文化的要求，新时代班组文化不仅按照企业文化的要求确定发展方向，还依据职工文化的要求提供充足的发展动力，并激发每一位班组成员的潜能，实现“人人尽责”的目标。要实现“人人尽责”应该在宣传口号、文化氛围、制度落实等方面下功夫。

1. 宣传口号

新时代班组文化首先是一种先进的文化理念和文化口号，最终要让每一位班组成员达到入耳、入眼、入口、入脑、入心、入手的目的。具体讲就是，新

时代班组文化要让每一位班组成员听到、看到、读到、想到、记住并加以践行。这就需要将新时代班组文化变成便于每一位班组成员入耳、入眼、入口、入脑、入心、入手的宣传口号。

2. 文化氛围

新时代班组文化既是一种先进的文化理念和文化口号，也是一种良好的文化习惯，更是一种文化氛围，可通过班组文化活动以及广泛运用自媒体、新媒体等营造出“人人尽责”的良好文化氛围。新时代班组文化要营造良好的文化氛围，除了可以开展班组文化活动和利用宣传媒体，还可以设计班组文化墙、班组文化手册、班组文化展板以及制作班组风采录、班组故事集、班组橱窗等。

3. 制度落实

新时代班组文化是一种“软制度”，而“软制度”要发挥“硬约束”的作用，需要借助各种“硬制度”来完成。譬如，可以为班组成员传达企业和班组的各项管理制度、操作指南以及行为规范等，教育引导每一位班组成员做到“人人尽责”。

二、新时代班组文化要从“心”开始

新时代班组文化要从“心”开始，激发每一位班组成员为班组乃至企业奋斗的决心、信心、爱心，展现每一位班组成员的责任担当和团队精神，特别是要增强每一位班组成员的必胜之心、责任之心、仁爱之心、谨慎之心。

1. 必胜之心立目标

新时代班组文化是班组取得各项重大成绩的精神力量和信心源泉。新时代班组文化从“心”开始，首先就应该从坚定必胜的“信心”开始，以必胜之心为班组以及每一位班组成员确定奋斗的目标，体现他们为目标而奋斗的必胜信心，实现“人心齐、泰山移”的激励效果。

2. 责任之心展作为

一个人的目标再远大，信心再充分，如果其不能承担起重大的责任并大有作为，也是没有实际意义的。新时代班组文化还需要鼓舞每一位班组成员的责任之心，以展现他们各自的作为以及他们的奉献精神和责任担当。这是以责任之心展作为的具体表现。

3. 仁爱之心显境界

对每一位班组成员而言，新时代班组文化不仅为他们指明了奋斗的目标和方向，而且展示了他们的作为和责任担当，还体现了他们的人生境界和品德修养。新时代班组文化实质上体现的是班组及其每一位班组成员的综合素质，尤其是仁爱之心乃至更高境界。

4. 谨慎之心保安全

俗话讲，小心驶得万年船。新时代班组文化必须以谨慎之心为班组及其每一位班组成员提供充分的安全保障。但是，这些谨慎之心与其说是来自外部的企业要求，不如说是来自内部的班组要求，特别是来自每一位班组成员的自我教育、自我管理、自我警示、自我完善和自我提升！只有每一位班组成员树立以谨慎之心保安全的信心和决心，实现从“要我安全”到“我要安全”的根本转变，才会全面提升班组安全管理的效率和效果。

三、新时代班组文化要“表达心意”

新时代班组文化要“表达心意”，既要表达对顾客的心意，更要表达对班组成员的心意。尽管有很多企业的班组可能不会直接面对顾客，但是，任何企业班组的产品或服务最终都是为了满足顾客的需要，并成为最终产品或服务的重要组成部分或者生产服务链条中必不可少的一个环节。所以，班组对顾客的热心本质上是对生产的产品或提供的服务的热心。这就要求新时代班组文化在“表达心意”上对班组工作热心，对从事班组工作的成员关心。从这个意义上讲，新时代班组文化不仅表现为对工作的态度，更表现为对班组成员的态度。其中，对班组成员的态度更加重要。因为，新时代班组文化只有营造关心班组成员的和谐氛围，才会激发班组成员投入工作的热心和热情，并为顾客提供高质量的产品和服务。新时代班组文化在根本上表达的就是班组的“心意”。这种

"心意"在班组文化体系上主要表现为3个层面，即班组理念层、班组行为规范层、班组标识展示层。这3个层面与企业文化的3个层面，即MI（企业理念）、BI（企业行为）、VI（企业标识）是相似的。

1. 班组理念层

班组理念层是新时代班组文化的灵魂，包括班组责任、班组目标、班组信念、班组精神、班组宗旨等。班组理念层是表达班组"心意"的直观形式。在新时代班组文化的梳理、提炼和展示等环节，最核心的内容在班组理念层。要确定班组理念层，需要了解和发掘班组的发展历史、班组长的管理理念、优秀班组成员或者明星班组成员的先进思想等等。

2. 班组行为规范层

如果说班组理念层是"心动"，那么班组行为规范层就是"行动"。新时代班组文化不仅要"说到"，更要"做到"。班组行为规范层就是让班组成员能够做到理念层的要求。譬如，一个班组服务顾客的热忱以及对人才的关爱，体现的就是有爱的班组文化，以此为基础建立关爱职工的班组管理模式和班组管理体系，就是贯彻落实班组理念层要求的基本保障。

3. 班组标识展示层

新时代班组文化不仅要体现"说到做到"，还要创造简明的文化符号以及营造良好的文化氛围，以传达班组的"心意"，展现班组的风采。这就需要在新时代班组文化建设中，设计班组名称、班组Logo（标识）、班组口号、班组歌曲、班组服饰、班组旗帜、班组环境、班组用品等。需要说明的是，班组标识展示层必须体现班组理念层的精神，以及展现班组行为规范层的内容，做到"表里如一"。

四、新时代班组文化要展现"不一般"的精神面貌

每个人都是独一无二的，每个班组也都是独一无二的。新时代班组文化就是要展现出独一无二的班组"不一般"的精神面貌，特别是一些"普通"职工的"不普通"表现，"平凡"职工的"不平凡"成就等。这些"不普通"的表现和

“不平凡”的成就展现的就是“不一般”的班组风采。

1.“不一般”的态度

新时代班组文化既要体现企业文化的要求，将企业使命、企业愿景、企业价值观、企业精神、企业形象等内容，落实到每一位班组成员的具体工作中；也要展示职工文化的丰富内涵，通过职工责任、职工理想、职工信念、职工精神、职工形象等内容，全面展示每一位班组成员“不一般”的工作态度及综合素质。与“要我做”的企业文化相比，“我要做”的职工文化，充分展现了每一位班组成员积极主动、勇于创新的“不一般”的工作态度。

2.“不一般”的热情

展现“不一般”态度的新时代班组文化，必然会激发每一位班组成员“不一般”的热情。新时代班组文化可以通过开展丰富多彩的班组文化活动，对反映班组成员“不一般”工作热情的先进事迹进行宣传，还可以选树拥有“不一般”工作热情的榜样职工，供大家学习，等。

3.“不一般”的信念

新时代班组文化是文化的一种表现形式。文化兴国运兴，文化强民族强。同理，班组文化兴，班组兴；班组文化强，班组强、职工强。新时代班组文化在根本上反映的是班组成员在“平凡”岗位上做出“不平凡”成绩的“不一般”信念。一个人只有坚定信念才能战胜困难，走出困境。新时代班组文化体现的就是不同班组迎接挑战、战胜困难各具特点的“不一般”信念。

第四节　新时代班组文化建设的新方法

新时代班组文化要从企业文化中找到发展方向，从职工文化中汲取发展动力。因此，新时代班组文化建设既要考虑企业文化提出的管理要求，又要考虑职工文化提出的素质要求。一流的管理水平和一流的素质水平对于一流的班组建设同等重要，这是新时代班组文化建设的新思路。新时代班组文化建设新流程包括寻标、树人、提魂、立规、塑行、展风貌等六个环节，新做法则是以成就每一位班组成员为目标，以明确班组发展方向和发展动力为根本，以创建班组学习、交流、展示平台为重点，以展示班组成员才艺、才干、才华、才貌为手段，以营造班组成员的生活、生产、生财、生长和生机环境为根本，以讲好班组成员的励志故事为关键。

一、新时代班组文化建设新思路

传统的班组文化只关注企业文化的引领作用及其在班组和班组成员身上的落地，而忽略了班组及其班组成员的自身能动性和创造性。尽管企业文化在班组及其成员身上的落地非常重要，这关系到企业文化能否在班组及其成员身上内化于心、外化于行、固化于制、同化于魂，从而影响企业的战略目标能否实现。但是，以弘扬劳模精神、劳动精神、工匠精神为使命的职工文化，对于激发班组及其成员的劳动热情和创造活力有着更加重大的战略价值和现实意义。这正是新时代班组文化要大力推动的。从这个意义上讲，新时代班组文化的新思路应该围绕一个方向、三个支撑展开。一个方向就是企业文化指明的方向，为企业文化在班组及其成员身上落地确定路径。三个支撑就是职工文化提供的支撑，为职工文化激发班组及其成员的活力和创造力提供三个支撑，即目标支撑、内容支撑和做法支撑。

1. 方向路径

以企业使命、企业愿景、企业价值观为核心内容的企业文化为新时代班组文化指明方向并确定建设路径。在方向上，新时代班组文化应该将企业文化在班组及其成员身上的落地作为首要战略任务，并以企业文化为指导确定建设路径。譬如，可以从文化定位、文化导航、文化固化、文化暖心、文化评价等方面，构筑新时代班组文化建设的立体格局，同时还要关注企业文化在班组及其成员中得到认可并践行的情况。只有对企业文化认可度高、践行好的班组及其成员才会得到企业的肯定甚至嘉奖。

2. 目标支撑

以职工责任、职工理想、职工信念为核心内容的职工文化为新时代班组文化提供目标、内容和做法支撑。在目标支撑方面，新时代班组文化通过职工文化激发职工群众的劳动热情和创造活力，从而确定班组及其成员的发展目标。新时代班组文化确定的发展目标要实现班组与班组成员的双赢，尤其要将班组发展目标建立在班组成员发展目标的基础之上。新时代班组文化在本质上就是为班组及其成员确定发展目标的文化。

3. 内容支撑

新时代班组文化不仅要通过职工文化确定发展目标，还要有丰富的内容支撑，包括鼓励班组成员继承班组的好传统、传播正能量、增强安全意识、不断挑战和提升自己，加强班组成员的交流和沟通等。因此，新时代班组文化要结合班组的实际状况及其成员的特点确定丰富多彩的文化内容，以达到文化育人、化人的目的。

4. 做法支撑

要实现新时代班组文化的目标支撑和内容支撑，还应该通过职工文化确定具体有效的做法，譬如，展示班组及其成员的精神风貌、交流工作经验、增添正能量、激发活力、营造氛围、自我激励、加强学习、培养习惯等。新时代班组文化要利用一切可以利用的资源和条件，为展示班组及其成员的精神风貌，尤其为宣传先进、学习先进和争做先进营造积极、健康、向上的成长和成才环境。

二、新时代班组文化建设新流程

新时代班组文化建设要以党的十九大提出的“使人人都有通过辛勤劳动实现自身发展的机会”“人人渴望成才、人人努力成才、人人皆可成才、人人尽展其才的良好局面”为基础，[①]以全面激发每一位班组成员的内在潜能，调动每一位班组成员的积极性、主动性和创造性为目标，从而全方位展示班组成员的集体智慧、先进思想和极具特色的班组整体形象。为了建设强大的新时代

① 参见罗晓阳、王亚军、王刚、陈风雨：《“余梦伦班组”文化、目标、创新、育人打造特色》，《企业管理》2012年第S1期。

班组，应该主要从寻标、树人、提魂、立规、塑行、展风貌六个环节加强新时代班组文化建设。寻标是前提，树人是基础，提魂是核心，立规是保障，塑行是目的，展风貌是手段。下面，我们以我国第一个以院士名字命名的班组余梦伦班组为例展开对这六个环节的阐释。

一是寻标，就是寻找建设强大的新时代班组的先进标准。只有领衔国内乃至国际同行的标准，才会真正成为国内乃至国际上强大的班组。作为新时代班组的核心竞争力，新时代班组文化应该首先寻找或者创造国内一流乃至世界一流的标准。作为我国第一个以院士名字命名的高科技创新型班组，余梦伦班组在建设班组文化过程中，始终将瞄准世界一流运载火箭弹道设计团队和不断追踪世界范围内运载火箭弹道设计前沿技术作为班组发展的力量源泉和使命。

二是树人，就是树榜样，在班组中树立掌握或创造先进标准的先进职工或标杆职工。文化是由人创造出来的，新时代班组文化是由全体班组成员共同创造出来的。班组涌现出的劳模职工和明星职工就是树立的榜样。余梦伦班组自成立以来，先后涌现出一批中国航天技术领军人物，为中国航天人才培养作出了突出贡献。

三是提魂，就是梳理和提炼班组涌现出的劳模职工或者明星职工在平凡岗位上做出不平凡业绩过程中坚持坚守坚信的、为班组成员认可并践行的班组理念、班组精神和班组价值观。新时代班组文化的梳理和提炼，既要考虑企业文化的要求，又要顾及职工文化的诉求。企业文化为新时代班组文化指明方向，职工文化为新时代班组文化提供动力。余梦伦班组继承和发扬“两弹一星”精神、载人航天精神和“顽强、毅力、忍耐、坚定”的院魂精神，创造了一个又一个辉煌业绩，形成了具有航天特色的班组文化，确立了“不同轨道、相同梦想、弹道有痕、进取无疆”的班组理念，“科学、精准、创新”的班组精神和“强国之需、我辈使命”的核心价值观。

四是立规，就是按照新时代班组文化的内容及要求，制定相关的班组行为规范和管理制度。只有把班组文化理念固化于制，才会把抽象、笼统的口号和思想转化成可以操作和遵守的具体行为准则。新时代班组管理制度与传统班组管理制度的最大不同在于制定主体发生了变化。传统班组管理制度一般是由班组长或者企业管理者制定出来的。而新时代班组管理制度一般是由全体班组成员共同商议制定出来的，而且实行全员管理，体现每一位班组成员的价值。

五是塑行，就是按照班组成员共同制定出来的新时代班组管理制度，规范班组成员的日常行为和习惯。如果说“立规”是“写要做的事情”，那么“塑行”就是“做所写的事情”。新时代班组文化建设的最终目的就是规范每一位班组成员的日常行为和习惯，全面提升每一位班组成员的综合素质，从而提高班组的整体实力和竞争力。余梦伦班组的全员管理制度让每一位班组成员都分担管理工作，既提高了管理效率，又锻炼了每个人的管理能力。

六是展风貌，就是展示班组成员的整体精神面貌及班组形象。展风貌只是建设强大的新时代班组的手段以及建设新时代班组文化的形式。展风貌有很多具体的表现形式，比如班组标识、班组歌曲、班组文化墙、班组台账等。例如，余梦伦班组通过开展各种文体拓展活动，增进了班组成员间的理解、信任和友谊，班组成员用自己的实际行动，将人文关怀落实到每一件小事实事之中，在无形中提升了班组成员的归属感。

三、新时代班组文化建设新法则

新时代班组文化要激发每一位班组成员的劳动热情和创造活力，展现班组成员的集体智慧，鼓励推动每一位班组成员都朝着成为一名“金牌工人”的方向努力。我们将新时代班组文化建设新法则概括为12345法则。1是一个目标，即人人是“明星”职工；2是两个路径，即发展方向和发展动力；3是三个平台，即学习、交流和展示平台；4是四个舞台，即才艺、才干、才华和才貌舞台；5是五个环境，即生活、生产、生财、生长和生机环境。12345法则集中体现了人人都有发展动力的“动车组”理念。

一个目标，就是新时代班组文化要把每一位班组成员都打造成“明星”职工，从而在班组形成群星灿烂的壮观景象。每个人都有自己的优势，都会成为独一无二的更好的自己。每一位班组成员都要在自己擅长的领域不断挑战自己、超越自己、成就自己、成为最好的自己；而每一个班组成员成为“明星”职工之后，还要有“照亮别人”和“带头干”的劳模精神，影响和鼓励其他班组成员也在自己擅长的领域不断挑战自己和超越自己，从而实现人人有“绝活”。

两个路径，就是新时代班组文化既要坚持企业文化指明的发展方向，又要坚守职工文化提供的发展动力。企业文化是一种管理文化，打造的是一流的管理水平，展现企业形象、增强企业凝聚力、提高企业竞争力。职工文化是一种素质文化，成就的是一流的职工素质，提升职工职业技能素质、丰富职工精神文化生活、激发职工劳动热情和创造活力。企业文化好比方向盘，是一种方向文化；职工文化好比发动机，是一种动力文化。新时代班组文化离不开企业文化的方向引领，也离不开职工文化的动力支撑。

三个平台，就是新时代班组文化要为每一位班组成员提供学习的平台、交流的平台和展示的平台。学习的平台是为每一位班组成员提供学习的机会和营造学习的氛围；交流的平台是为班组成员提供内部交流和外部交流的机会；展示的平台是为每一位班组成员表达思想、展示成果和发布信息而提供的机会和平台。

四个舞台，就是新时代班组文化为每一位班组成员提供表现才艺、体现才干、发挥才华和彰显才貌的舞台。表现才艺的舞台主要是为每一位班组成员提供丰富多彩的文体活动和完善的文化阵地，体现才干的舞台主要是为每一位班组成员提供适合的工作岗位和成长机会，发挥才华的舞台主要是为每一位班组成员提供超越自己、创造人生奇迹的机会和舞台，彰显才貌的舞台主要是为每一位班组成员提供参加高品质社交活动和班组宣传活动的机会和舞台。

五个环境，就是新时代班组文化要为每一位班组成员提供良好生活、安全生产、顺利生财、健康生长和勃勃生机的温馨生态环境。良好生活环境主要是为每一位班组成员提供舒适、有保障的生活条件和生活设施，安全生产环境主要是为每一位班组成员提供安全、稳定、整洁、有序的生产场所和生产设施，顺利生财环境主要是为每一位班组成员提供充足、充分的生财机会和条件，健康生长环境主要是为每一位班组成员提供公平、公正、健康、阳光的成长和成功的机会和条件，勃勃生机环境主要是为每一位班组成员展示积极向上、团结友爱的勃勃生机提供条件和设施。

四、新时代班组文化要“讲故事”

新时代班组文化作为传播和弘扬社会主义核心价值观的重要载体，应该通过“讲故事”引领每一位班组成员做社会主义核心价值观的传播者和践行者。新时代班组文化的“新”在于培育“新人”。与传统的班组管理相比，新时代班组文化注重自下而上的引导和激发。激发每一位班组成员的潜能和智慧是其主要目的。而传统的班组文化则是自上而下地灌输和执行。让每一位班组成员执行班组乃至企业的各项管理规定，是传统班组文化的本质特征。尽管这两种文化对于班组管理都非常重要，即每一位班组成员既要按照班组乃至企业的管理要求去工作，更要有自己的思想和创新思路。而激发出每一位班组成员的创造活力和劳动热情对于新时代班组管理有着更特殊的意义。这就需要全面梳理和了解每一位班组成员的优势和绝活，讲好他们的成功故事，为新时代班组文化的形成奠定基础。

1. 主题鲜明

新时代班组文化“讲故事”首先要做到主题鲜明，唱响主旋律，传播正能量。这种主题既可以是党和国家大力倡导的，譬如“中国梦·劳动美”主题教育活动等；也可以是企业或班组全面推动的，譬如企业的党建活动、班组的劳动竞赛活动、社会主义核心价值观学习宣传活动、产业工人队伍建设改革等主题。新时代班组文化“讲故事”的主题应该充分反映新时代的新要求和新思想，为新时代的班组成员提供最新的思想引领和价值导向。

2. 风采照人

展现和落实以上主题最好的典型职工，应该成为“故事”的主角。新时代班组文化的创造者就是先进典型职工。他们之所以能够成为先进典型职工，是因为他们的杰出工作业绩和先进事迹。因此，新时代班组文化要突出展现劳动模范、大国工匠、最美职工、职业道德标兵和技术能手等群体的风采，他们是“故事”的主角。这些主角只有做到风采照人、故事感人，才会真正影响和引领每一位班组成员自觉学习他们的先进事迹，从而成为更好的自己。

3. 思想先进

新时代班组文化的本质是一种先进的思想理念和文化体系，它们就来自典型职工的先进事迹和感人故事。新时代班组文化的梳理和总结需要科学的方法和系统的过程。一方面，可以通过访谈、问卷、文献等渠道，掌握典型职工群体先进思想形成的脉络；另一方面，可以通过研讨、数据分析、历史研究等方法，构建新时代班组文化的具体内容和基本框架。新时代班组文化通过讲述班组故事，可以体现班组和班组成员的爱岗敬业、精益求精、追求卓越、争创一流、团结协作、互助友爱等崇高精神，这就是先进的班组思想文化。

4. 打动人心

新时代班组文化梳理出的典型职工的先进事迹和先进思想，必须能够打动人心，让每一位班组成员听到、学到后，都能够受到感动和触动，达到以文化人的效果。可以通过短视频记录和讲述班组发展和班组成员成长过程中的难忘经历，全面展示班组职工鲜活生动的工作场景和团结奋进的动人故事，原生态展现新时代广大职工昂扬向上的精神风貌和爱岗敬业、团结协作的职业追求，做到主题鲜明、内容生动，并能打动人心。

第三章

新时代班组文化与中华优秀传统文化

我国新时代班组文化不仅具有鲜明的政治性、时代性和管理属性，更具有鲜明的中国特色和民族属性。习近平总书记强调："宣传阐释中国特色，要讲清楚每个国家和民族的历史传统、文化积淀、基本国情不同，其发展道路必然有着自己的特色；讲清楚中华文化积淀着中华民族最深沉的精神追求，是中华民族生生不息、发展壮大的丰厚滋养；讲清楚中华优秀传统文化是中华民族的突出优势，是我们最深厚的文化软实力；讲清楚中国特色社会主义植根于中华文化沃土、反映中国人民意愿、适应中国和时代发展进步要求，有着深厚历史渊源和广泛现实基础。"①所以，新时代班组文化必须从中华优秀传统文化中汲取营养和价值，譬如重视家庭、看重亲情、珍惜缘分、讲求礼仪和信誉，特别是要重视人际"关系"和重视集体的作用等。这些都是新时代班组文化要大力发扬的优良传统。

第一节　新时代班组文化要营造"家"的氛围

重视家庭是中华民族的优良美德，也是中华优秀传统文化的重要内容。每年春节期间中国大陆的"人口大迁移"现象就集中反映了中国人"归乡心切""回归家庭"的民族心理。"中华民族历来重视家庭""无论过去、现在还是将来，绝大多数人都生活在家庭之中。我们要重视家庭文明建设，努力使千千万万个家庭成为国家发展、民族进步、社会和谐的重要基点，成为人们梦想启航的地方。"②因此，新时代班组文化要注重营造"家"的氛围，传承"家"文化，弘扬优良"家风"，教育引导班组成员彼此像家人一样相互关心和关爱以

① 中华人民共和国中央人民政府官网：《习近平：加强文化遗产保护传承　弘扬中华优秀传统文化》，https://www.gov.cn/yaowen/liebiao/202404/content_6945341.htm，2024-04-15。

② 中华人民共和国中央人民政府官网：《习近平：注重家庭，注重家教，注重家风》，https://www.gov.cn/yaowen/liebiao/202501/content_7001818.htm，2025-01-31。

及彼此心心相印，凸显“家庭氛围”的情感体验，把班组建成具有“家的情感体验”的基层组织等。[①]

一、新时代班组文化要传承“家”文化

新时代班组文化要传承“家”文化，为每一位班组成员提供成长、成人、成才、成熟与成功的动力和保障。“家”对于每一位中国人而言都有着特殊的内涵和意义。《常回家看看》这首歌曲不知感动了多少中国人的心。在中华优秀传统文化中占主导地位的儒家文化就特别重视“家”的人生意义和政治意义。在人生意义上提倡“孝”文化，在家要孝敬父母；在政治意义上倡导“忠”文化，在外要忠于国家和人民。“家”还有着重要的社会意义。一个人在社会上立足和发展除了需要有血缘关系的“家”的支持，还需要更多非血缘关系的“家”的关注、关心和关爱。在社会生活中，人们常会彼此套近乎、拉“关系”，彼此之间总会称兄道弟，甚至还有的会“拜把子”，成为异姓兄弟。新时代班组文化营造“家”的氛围，要对中国传统的“家”文化进行扬弃，取其精华去其糟粕，让每一位班组成员在健康、向上、团结、温暖的班组大家庭里成长、成人、成才、成熟与成功。

1. 成长

新时代班组文化要传承“家”文化，就要为每一位班组成员提供孕育“职业生命”的平台，并为每一位班组成员的职业发展创造机会。而每一位班组成员也要学会在班组这个大家庭中找到自己的位置，发挥自己的优势，做好自己的职业生涯规划，积极寻找适合自己的发展机遇，在班组发展中获得成长。推动每一位班组成员的成长，应成为班组管理的首要目标。

2. 成人

新时代班组文化要传承“家”文化，就要推动每一位班组成员“成人”。每一位班组成员的“成人”过程就是班组化的过程。在班组这个大家庭里，每一

① 周和平：《班组建设系列讲座之十二 建构员工“人格独立”与“家庭氛围”情感体验合一的班组文化——我国企业班组与国外企业“班组”的比较及思考》（二），《现代班组》2012年第5期。

位班组成员的"成人"，包括要学会用企业和班组的管理制度规范自己的工作和行为，要学会与班组其他成员和谐友好相处，要学会融入班组大家庭，要学会做一名合格乃至优秀的"班组人"等。

3. 成才

"望子成龙、望女成凤"是很多中国家庭的殷切期盼。很多中国的孩子在家庭的培养和关爱下也希望实现"跃龙门"的理想，成为对社会有用之才。新时代班组文化要传承"家"文化，就要将培育班组、企业乃至行业内的"翘楚"作为班组的核心任务。在我国当前大力弘扬劳模精神、劳动精神、工匠精神的时代背景下，劳模工匠人才的培养应该是新时代班组文化要大力倡导的。而每一位班组成员也应该按照新时代班组文化的要求训练自己的"绝活"，成为明星职工。

4. 成熟

一个人在家庭中成长到成熟，从生理上讲，是从为人子女到为人父母的转变；从事业上讲，是从学习阶段到独立工作阶段的转变。新时代班组文化要传承"家"文化，就要为每一位班组成员的独立成长创造条件。而每一位班组成员也要学会在班组这个大家庭中实现从成长到成熟的转变。具体表现就是，每一位班组成员要学会独立思考而不要人云亦云，要学会帮助别人和成就别人，要学会善解人意和换位思考等。

5. 成功

建功立业，回馈家庭表现了中国传统家庭对子女的期待，也体现了很多中国子女对"家"的价值。新时代班组文化要传承"家"文化，也要以每一位班组成员的成功为荣耀。这里所说的成功，主要是指每一位班组成员为班组、为企业、为社会、为国家乃至为人类文明所作出的重大贡献。新时代班组文化要倡导班组成员间建立成就共享机制，通过相互支持与协作，实现团队共同成长与共赢。

二、新时代班组文化要“树家风”

“家风”顾名思义是指一个家庭的风气，特别是家长为家庭成员确立的行为准则和价值追求。在中国社会的各种“关系”中，家庭内部的各种“关系”是最基本的。例如，父母子女、夫妻、兄弟姐妹等之间的“关系”质量如何，在很大程度上取决于“家风”的质量。“家风”良好，家庭内部的各种“关系”质量也差不了，反之亦然。“家风”质量好的家庭也有助于每一位家庭成员的成长和成功。在家庭“关系”基础上形成的各类“关系”，譬如同学、同乡、同事等之间的“关系”质量如何，也会受到“家风”质量的影响。一个受过良好“家风”熏陶并有着良好家庭教养的人，很容易在各种“关系”里受到他人的尊重，进而为自己赢得更多的发展机会。新时代班组文化“树家风”不仅是为了成就每一位班组成员，更重要的是成就整个班组形成班组品牌。

1. 学有榜样

学有榜样是指每一位班组成员都应该向先进榜样学习，找到自己与他人之间的差距，提升自身的综合素养。新时代班组文化要“树家风”，首先应该为每一位班组成员树立标杆人物。这就要求，新时代班组文化通过树立标杆职工和明星职工，充分发挥先进职工的示范引领作用。榜样的力量是无穷的。劳模精神、劳动精神、工匠精神就是学习先进、争当先进、发挥先进示范引领作用的精神。新时代班组文化“树家风”一方面需要充分发挥榜样职工的模范带头作用，另一方面需要为每一位班组成员成为榜样职工提供机会和平台。

2. 干有目标

干有目标是指每一位班组成员既要学习先进榜样，还要确立和追求自己的目标。学习优秀的他人，是为了做更好的自己。新时代班组文化“树家风”就是要为每一位班组成员做更好的自己营造积极向上的班组氛围，树立良好风气，包括树立先进的班组目标和管理思想、制定鼓励班组成员积极学习和进步的措施等，激发每一位班组成员不断超越自己和挑战自己。世上最大的对手往往不是别人，而是自己。战胜了自己，便是迈向成功的关键一步。新时代班组文化

“树家风”就是要把每一位班组成员的内在潜力和斗志激发出来。

3. 形有品牌

形有品牌是指每一位班组成员都是班组的形象代言人，都应该广泛传播班组文化和班组品牌，从而全面提升班组的核心竞争力。新时代班组文化“树家风”就是为了展示每一位班组成员在学有榜样和干有目标方面取得的整体效果和体现的整体形象以及形成的品牌效应。新时代班组文化树立的品牌职工，既是一个个体概念，即代表品牌职工本人；又不是一个个体概念，即代表的是大家学习的榜样人物和努力方向。

三、新时代班组文化要有“爱”

历经两千多年传承发展，在中国传统文化中占主导地位的儒家文化就是有“爱”的文化。儒家文化倡导“仁”的思想。仁者爱人。仁，除了有“爱”的意思，还有“关系”的含义。因为“仁”是会意字，是两个人在一起的意思。“仁”，就是人与人之间要相亲相爱、要和谐。儒家文化的忠孝思想就起源于“爱”：爱父母、爱兄弟、爱朋友、爱君主、爱社会、爱国家等。这就是国内外很多学者把中国社会视为“关系”社会，并将其作为学术热点持续关注的重要原因之一。但是，一些学者却片面地理解了中国“关系”的内涵。他们不是用“爱”而是用“利”来理解和研究中国的“关系”现象。这与儒家文化倡导的有“爱”的“关系”思想是相悖的。新时代班组文化应该继承和发展儒家文化“君子喻于义，小人喻于利”的思想，在班组成员之间构建有“爱”的和谐“关系”。

1. 爱自己

新时代班组文化提倡的“爱自己”的“爱”，不是“小爱”，而是“大爱”。“小爱”是只关心自己的“小利益”或眼前的“利益”，有时表现为自私自利的“爱”。“大爱”是重点关注自己的成长和综合素质提升以及人格塑造、境界提升。新时代班组文化倡导的“爱”自己，就是要求每一位班组成员不断提升自己的业务水平和人生境界，做一个不断追求进步和有“爱”心的、阳光向上的、有正能量的人。

2. 爱他人

新时代班组文化不仅要求每一位班组成员学会正确地爱自己，还要求其学会爱他人。现在的社会有人称作平台社会。譬如阿里平台、微信平台成就了很多成功人士，所以这些平台也取得了成功。很多人在平台上实现了自己的价值甚至创造了自己的价值。成就别人，就是成就自己。爱他人，也是爱自己。只有班组成员彼此给予对方更多的爱，才能从对方那里得到更多的爱，班组成员之间的“关系”才会成为有“爱”的、和谐的“关系”。

3. 爱岗位

很多劳动模范和大国工匠能在平凡岗位上做出不平凡成就，是因为不管遇到什么艰难险阻，他们都能几十年如一日地热爱自己的岗位，最终才“修成正果”。新时代班组文化就应该激发每一位班组成员“爱岗位”的热情，坚定其信心与决心，让每一位班组成员都能够实现自己的人生价值，最终“修成正果”。

4. 爱班组

班组是全体班组成员的“家”，每一位班组成员都是这个大家庭中的一员。新时代班组文化就是要为每一位班组成员营造“爱班组”即“爱家”的文化氛围。爱班组的形式有很多，譬如多为班组作贡献，多为班组赢得各种荣誉，积极参加班组的各项活动，认真完成班组的各项任务，自觉维护班组的正面形象，等等。

5. 爱企业

有时班组文化会被人看作企业文化在班组“落地”的载体甚至企业文化的一部分。爱企业就是要求每一位班组成员以企业文化为引领，完成企业交给的各项生产经营任务指标、践行企业倡导的各种先进文化理念、担当企业的各种社会责任等。

6. 爱国家

新时代班组文化不仅要求每一位班组成员爱自己、爱他人、爱岗位、爱班组、爱企业，更要求其爱自己的祖国。在全面建设社会主义现代化强国的新时代，班组文化应该引导每一位班组成员为实现中华民族伟大复兴的中国梦贡献自己的力量，大力弘扬劳模精神、劳动精神、工匠精神，班组成员不仅要学习劳模工匠的先进事迹和先进思想，更要以这三种精神书写自己的精彩人生。

四、新时代班组文化要“交心”

新时代班组文化的“新”在于起点新。传统班组文化的起点是班组长，以发挥班组长的引领带头作用为目的。新时代班组文化的起点则是每一位班组成员，以激发每一位班组成员的积极性、主动性和创造性为目的。

新时代班组文化要变成班组的硬实力及其核心竞争力，就应该在每一位班组成员身上实现内化于心、外化于行、固化于制、同化于魂。换句话讲，每一位班组成员都应该在思想上认同班组文化、在行为上践行班组文化、在制度上遵守班组文化、在身心上融入班组文化。其中，最高的境界就是身心的融入。在重视“关系”的中国社会，每个人都希望在生活和工作中有一些“关系”不错的亲戚朋友。俗话讲，交人交心。因此，“关系”的远近和亲疏在很大程度上取决于交往双方是否交的是“心”、用的是“情”，而不是金钱利益等。通过金钱利益等维持的“关系”或交情是很难长久的。因此，新时代班组文化只有“交心”才会为班组文化的落地营造良好的氛围。

1. 诚心

新时代班组文化要交的第一个“心”是诚心。谈心和交流乃至班组成员的合作共事，必须以“诚心”为前提。这就要求新时代班组文化为每一位班组成员营造“诚心”的文化氛围。班组成员彼此之间要真诚相处、相互鼓励、共同进步。

2. 爱心

中国社会各种“关系”形成的基石，是以父母子女“关系”为基础形成的血缘亲情“关系”。而保持和发展这些“关系”的关键就在于彼此之间的“爱心”。新时代班组文化为增强班组成员的安全意识，可通过看板管理设立“全家福”栏目，把每个家庭对亲人的安全期盼写在照片下方，时时提醒职工牢记亲人的嘱托，用家人的“爱心”呼唤班组成员的“用心”，实现“要我安全”到“我要安全”的根本转变。

3. 开心

快乐学习、快乐工作是学习和工作的最高境界。让每一位班组成员开心和快乐的方法有很多。譬如，为展示每一位班组成员的才艺和特长而组织的职工文体活动，为展现每一位班组成员的“绝活”而开展的明星职工评选活动等。这些活动旨在让班组成员在快乐中提升工作的效率与团队凝聚力。

4. 信心

新时代班组文化的核心在于凝聚信心。这是为了让每一位班组成员对生活和工作充满信心。新时代班组文化可用“兄弟交心”的方法，向职工潜移默化地宣传安全思想。“兄弟交心”反映了班组成员亲如一家人的关系，从感情和心理上拉近了班组成员之间的距离。这种“交心”就是班组成员彼此给予对方“信心”，从而增强了每一位班组成员的自信。新时代班组文化就是打造“信心”的文化。

第二节　新时代班组文化要塑造和谐的人际“关系”

中华优秀传统文化重视家庭，更重视和谐人际关系的构建。家庭本身就是由各种特殊“关系”组成的。譬如夫妻关系、父子关系、妯娌关系、婆媳关系、兄弟姐妹关系等。从一定意义上讲，家庭的这些特殊“关系”也是中国传统社会各种特殊“关系”产生的基础之一。新时代班组文化要塑造和谐的人际“关系”，就要确定“关系”导向，为每一位班组成员营造良好的“关系”氛围，还要处理好班组成员间的关系网络，鼓励相互帮助和关爱，并维护和保护好每一位班组成员的“面子”①。

① “面子”是一个具有中国特色的术语和社会现象，与“人情”“关系”等中国特色社会现象和术语一样，成为国内外学术研究热点。参见黄光国、胡先缙等：《人情与面子：中国人的权力游戏》，中国人民大学出版社2010年版，第7页；乔东：《中国企业关系管理思想研究》，研究出版社2021年版，第6页。

一、新时代班组文化的“关系”导向

“关系”不仅是中国社会的独特现象，也是中国家庭存在的基础。之所以能够称得上“一家人”，是因为他们彼此之间有着特殊的“关系”。其中最核心的“关系”便是他们有着共同的血缘关系，存在同宗同族同祖的“关系”。所以，中国人之间有时也彼此称作“一家人”。“国家”一词，就体现了家国同构的思想。中国人总喜欢攀“关系”。中国人不仅重视血缘关系，而且对于同乡关系、同学关系、战友关系甚至同事关系等“特殊关系”也非常重视。这些“关系”的特殊性就在于彼此有着共同的经历、共同的来源、共同的背景，甚至共同的利益等。中国的“关系”现象在很大程度上是一种情感现象，人们非常珍惜和重视彼此之间的情谊。重情重义是“关系”现象的本质特点。从这个意义上讲，新时代班组文化的“关系”导向对于营造温暖、阳光、向上、和谐的“家”文化氛围有着特殊的意义。具体来讲，新时代班组文化的“关系”导向应该重视以下六种“关系”的处理。

1. 情感关系

新时代班组文化营造的“家”文化氛围首先要做到班组成员彼此之间是一种“家人”的关系，要做到“不是亲人胜似亲人”。这种情感关系需要发自每个人的内心才能达成。这不仅需要班组成员彼此相爱，而且需要班组成员像爱自己的家庭一样，爱自己的班组。

2. 利益关系

正常的家庭内部成员之间不仅有情感关系，也存在利益关系。如果利益关系处理不好，就会形成家庭矛盾。新时代班组文化营造的“家”文化氛围也应该把班组成员之间的利益关系处理好，否则就会导致班组成员之间的“利益摩擦”和“利益冲突”，从而影响班组的健康持续发展。

3. 合作关系

新时代班组文化要营造“家”文化氛围，就要在班组成员中形成和谐、融洽、合作共赢的“关系”格局。班组成员要相互理解、支持，齐心协力，共同完成班组的管理目标。每个班组成员的岗位、班次、技能都会有差异，只有班组成员彼此协助才能取得“1+1>2”的效果。

4. 成长关系

新时代班组文化营造的“家”文化氛围要有助于每一位班组成员的成长，为每一位班组成员提供成长和发展的平台和机会。每一位班组成员都要学会成就对方。成就别人，也是成就自己。一枝独秀不是春，百花齐放春满园。只有班组成员相互成就，班组才能取得更大的成就。

5. 知己关系

班组成员之间只有彼此成为知己，“家”的氛围才会浓厚。新时代班组文化营造的“家”文化氛围就是要让班组成员之间互相成为知己，让彼此之间无话不说。这不仅包括工作上的，也包括生活乃至情感上的。这样才更容易拉近班组成员之间的距离，这样的“关系”才会成为班组的生产力。

6. 目标关系

只有班组成员心往一处想，劲往一处使，才会形成班组的最大动力。这就需要班组成员有共同的班组目标。这是新时代班组文化的首要内容。班组成员目标一致，坚守班组信念，班组才会有创造奇迹的可能。

二、新时代班组文化要“织网”

2019年4月17日，中国煤炭网以《陕煤集团铜川矿业公司陈家山煤矿：“新常态”下班组安全管理有“路子”》为题报道[1]，陕煤集团铜川矿业公司陈家山煤矿通过“四保”激活班组细胞，确保安全管理工作落到实处。“四保”包括自保、互保、联保和协保。“自保”就是培养每一位班组成员的主人翁意识，“互保”就是班组成员之间互相保护、互相提醒、互相检查、互相监督，“联保”包括班组与班组之间的相互保护以及从领导到基层职工每个人之间的相互提醒和相互监督，“协保”是该矿女工家属以姐妹的心、嫂子的情对“三违”人员进

① 崇娜：《陕煤集团铜川矿业公司陈家山煤矿：“新常态”下班组安全管理有“路子”》，http://m.ccoalnews.com/news/201904/17/c104265.html，2019-04-17。

行安全谈心、亲情帮教。陕煤集团铜川矿业公司陈家山煤矿开展的“四保”活动，实际上就是“织网”活动，即为每一位班组成员及其班组“织”了一张“安全网”。这个网的一个个节点就是每一位班组成员。“自保”是一个节点的自我保护，“互保”是每两个相邻节点之间的相互保护，“联保”是节点组成的每个小网格（相当于班组）之间的相互保护或者所有层次节点之间的相互保护，“协保”是通过特殊的情感“关系”对有安全隐患节点的保护。新时代班组文化就是要做好“织网”工作，为每一位班组成员及其班组“织”一张“安全文化网”。新时代班组文化“织网”的本质是一种人际网络特别是思想网络，通过“织网”，达到“网”人、“网”事、“网”心、“网”情的目的。

1.“网”人

新时代班组文化只有把“人”网住了，才能有的放矢地发挥文化的教化、感化和同化作用。新时代班组文化“网”人，一方面是为班组成员营造独特的生态文化环境，另一方面是为班组成员“立规矩”和明确方向。陕煤集团铜川矿业公司陈家山煤矿开展的班组“四保”活动就是通过“网”人，为每一位班组成员“立规矩”以及明确安全工作的方向和要求，形成以“我要安全”为原点的“我为人人，人人为我”的“安全网”。

2.“网”事

新时代班组文化“网”人的目的，就是“网”事，即通过对每一位班组成员的文化引领实现班组乃至企业的管理目标。陕煤集团铜川矿业公司陈家山煤矿开展的班组“四保”活动就是通过“网”人，实现了班组乃至企业的安全管理目标。新时代班组文化把事“网”住，主要是通过班组责任、班组目标、班组理念、班组精神、班组形象等将班组乃至企业的管理目标界定清楚。

3.“网”心

新时代班组文化要把每一位班组成员的“心”网住，使每一位班组成员都能够从心里认同新时代班组文化，进而从行动上践行新时代班组文化。陕煤集团铜川矿业公司陈家山煤矿的班组“协保”通过该矿女工家属以姐妹的心、嫂子的情对“三违”人员进行安全谈心、亲情帮教，实现“心病还须心药医”的目的。新时代班组文化要把“心”网住，就要引导班组成员如家人亲人一般彼此关心和关爱。

4.“网”情

新时代班组文化“网”情就是用亲情和友情“网”住每一位班组成员的“人”和“心”。几千年的中国社会之所以非常重视人与人之间的“关系”，就在于中国人重情、重义。陕煤集团铜川矿业公司陈家山煤矿的班组通过女工家属协管员交流攀谈，了解员工的思想动态，及时帮助劝导，使员工真正从思想上认识到“三违”的危害性，达到了以情动人的目的。新时代班组文化就是以情动人的文化。但是，新时代班组文化“织”的是“情感”网，而不是“人情”网。

三、新时代班组文化要“结对子”

“结对子”就是为了帮助需要帮助的人而建立的人与人之间的互助联系，与中国传统社会的“关系”现象很相似。“关系”现象在国内外学术界被很多学者认为是中国传统社会的一大特色。“关系”一般指的是两个人之间一对一的联系，“关系”建立和维持的重要原因之一是一方需要另一方的帮助，而且人与人之间建立的各种“关系”在很多情况下有着明确的目的性。从这种意义上讲，“结对子”现象是一种“关系”现象。但是，二者之间也有一定的区别。“结对子”现象一般情况下是单向帮助，不强调回报，而“关系”现象中的互动往往带有双向性，可能包含情感或实际事务的相互回应。中国传统社会所谓的“欠人情”说的就是这种情况，有时称之为“人情债”。也就是说，在“关系”现象中，一个人一旦得到了别人的帮助，就会欠下一份“人情债”，在以后的适当时机还需要“回报”给对方。新时代班组文化要“结对子”，一般只是单向的帮助，重点是帮助每一位班组成员尤其是新职工顺利成长。新时代班组文化要“结对子”需要做到“三动”。

1. 心动

心动就是通过“结对子”让每一位班组成员的思想和心情动起来，并按照新时代班组文化的要求改变自己和提升自己。只有这样，新时代班组文化才能走进每一位班组成员的内心，影响每一位班组成员的言行及思想。只有思想工作做通了，才容易开展其他相关工作。譬如，可以通过老职工一对一密切关注新职工的思想动态，用老职工的好经验和好传统感染新职工、激励新职工，从而让新职工心动。这就需要老职工先了解新职工的想法和心态，然后有针对性地感染和激励新职工。

2. 行动

行动就是在解决每一位班组成员的思想问题之后，解决其业务上的问题，心动更要行动。新时代班组文化通过“结对子”不仅要在思想上影响和引导每一位班组成员，更要在行动上锻炼和提升每一位班组成员。行动的主要目的就是按照新时代班组文化的要求，让每一位班组成员在业务技能上达到班组乃至企业的基本要求。譬如，可以通过老职工一对一培训新职工，践行先进思想，凝聚所有班组成员的力量和智慧共建共享，这就是行动的表现。通过行动，老职工负责新职工业务技能的培训和提升，并按照做一流业务标准，激发每一位班组成员的积极性、主动性和创造性。

3. 人动

人动是新时代班组文化“结对子”的深层目标，就是通过思想引导和业务提升，让每一位班组成员都行动起来，独当一面，成为优秀职工，进而培育出掌握特色绝活的明星职工。譬如，可以通过老职工一对一在岗位上带动新职工，让每一位班组成员都得到多重收获，这就是人动，即人人都动起来了。通过人动，新职工在学到老职工所教的常规业务技能之后，再通过自己在实践中不断创新，形成独具特色的绝活，最终达到人动的目的。

四、新时代班组文化要有“面子”

新时代班组文化要有“面子”，就是要让每一位班组成员都有尊严、机会、平台和实现自我价值的空间。“面子”是中国传统文化的一种现象，在英语单词中找不到一个能完全表达中国“面子”内涵的单词，英文文献一般直接借用汉语拼音“mianzi”来表述。国内外有大量研究中国“面子”现象的学术文献。讲

“面子”、爱“面子”、要“面子”等是中国几千年的一种文化现象。“面子”主要是指在中国的人际“关系”中，一个人的尊严、声誉、口碑、地位、形象等个人价值在别人心目中的分量以及得到别人评价的程度等。其特点有三：其一，“面子”是在中国的人际“关系”环境中形成的，“关系”也是中国文化的一种现象。其二，“面子”体现了个人的价值大小，有“面子”说明个人的价值大，没“面子”说明个人的价值小。其三，因个人价值的大小而得到别人评价的高低。新时代班组文化要有“面子”，就是要为每一位班组成员实现个人价值的最大化营造积极健康向上的文化氛围。

1. 做“面子”

“面子”在本质上体现了一个人价值的大小。从一定意义上讲，给一个人“面子”也是给一个人一定的机会，也就是在做“面子”的事情。新时代班组文化要在做“面子”上下功夫，为每一位班组成员搭建实现个人价值的“面子”平台，从而让每一位班组成员都能够有机会展示自己的才华、贡献自己的智慧，不仅能实现自己的个人价值，也能帮助班组其他成员实现个人的价值。

2. 给“面子”

在中国传统社会的人际“关系”中彼此之间给“面子”非常重要。一个人一旦不给别人“面子”，将来他就会失去自己的很多“面子”！譬如，一些企业班组让班组成员轮流当班长，就是给每一位班组成员的“面子”，也让班组成员有机会彼此给“面子”。新时代班组文化就是给每一位班组成员“面子”以及班组成员彼此给“面子”的文化。这里的“面子”不是让班组成员彼此“放水”，让对方在工作上懈怠，而是彼此成就，实现个人价值的最大化。

3. 护“面子”

护“面子”主要是维护自己的正面形象和爱护自己的个人价值，尤其是要防止“丢面子”，其会影响自己的声誉和口碑。因此，企业班组在管理实践中要考虑护“面子”这个因素，积极维护和保护每一位班组成员的“面子”。每一位班组成员更要通过自己的实力和素质赢“面子”，护“面子”。新时代班组文化要鼓励每一位班组成员护好自己的“面子”，在为班组和其他班组成员创造价值的过程中实现自己的个人价值。这就要求，每一位班组成员在护好班组和其他班组成员“面子”的前提下护好自己的“面子”。

4. 长“面子”

长“面子”就是不断提升“面子”的“含金量”，提高个人的价值。譬如，一些企业班组会通过给班组“面子”，增强每一位班组成员的责任心和自我管理能力，提升每一位班组成员“面子”的含金量，为每一位班组成员长“面子”。新时代班组文化要鼓励每一位班组成员不断长“面子”，在提升个人“面子”含金量的同时，提高班组其他成员“面子”的含金量。新时代班组文化就是为每一位班组成员长“面子”的文化。

5. 争“面子”

争“面子”主要是指一个人为自己和所在的组织争一个好的名声和荣誉，从而不断扩大自己和所在组织的社会影响力。一个人为了争“面子”，在个人成长进步上就会努力工作和学习，就会不断推动组织发展和提高组织的影响力及竞争力。需要说明的是，争“面子”不是“死要面子活受罪”，不是追求“虚头巴脑的东西”，而是踏踏实实做事、老老实实做人，要在个人修养和业务能力提升上下功夫。新时代班组文化就是要鼓励每一位班组成员不断为自己和班组争“面子”，提升自己和班组的竞争力乃至社会影响力。

第三节　新时代班组文化要发挥集体的力量

中华优秀传统文化总体而言更加重视集体的力量，看重个人为集体作出的贡献。这也是中华优秀传统文化与西方文化的一个重要区别。相较而言，西方文化一般更加重视个人的作用。实际上，集体和个人是辩证统一的关系。因此，新时代班组文化要充分发挥集体的力量，既要关注班组成员之间和谐人际“关系”的处理，还要重视个人与班组之间和谐劳动“关系”的构建，并为每一位班组成员营造不断挑战自我和超越自己的积极向上的文化氛围，引导每一位班组成员加强“修身养性”，在班组发展过程中不断提高自身思想觉悟和综合素质，树立自省、自律、自强的价值理念。

一、新时代班组文化要“聚力”

2019年6月2日，笔者参观了日照港集团铁运公司机务段以齐鲁大工匠、全国五一劳动奖章获得者徐玉金名字命名的徐玉金班组。该班组的“轮对文化”，将班组成员比拟为机车轮对，倡导“突破自我、熔炼团队”的团队格言，号召大家齐心同运转，形成最大合力。该班组在全港首创“激励职工法”，以职工的名字命名创新成果和先进工作法，激励职工踊跃参与创新活动，获得国家专利21项。其中“新型燃油泵密封装置”于2013年荣获山东省职工优秀技术创新成果二等奖，成为日照在此项目上荣获的最高奖项。该班组先后获得全国学习型班组、山东省学习型班组、日照港首批“卓越班组”称号，并连续5年获得公司标杆班组荣誉称号。徐玉金班组的“轮对文化”实际上就是“聚力”文化，通过激励每一位班组成员“突破自我、熔炼团队”形成了班组的核心竞争力。“突破自我、熔炼团队”在很大程度上体现了中国“关系”文化的特点。

受到儒家文化“五伦”思想的影响，在几千年中国社会的发展中，中国的“关系”文化影响了每一位中国人的为人处世原则。其中最重要的原则就是一个人不要太自我，要学会融入各种群体中，并在各种群体中学会处理好各种“关系”。在家庭中要处理好与父母、子女等的各种血缘“关系”，在社会中要处理好与同学、同事、同乡以及领导与下级之间的各种“关系”。在这些“关系”的处理中，最忌讳的就是太“自我”。在一个群体中太“自我”的人过多，就会影响这个群体的和谐甚至降低这个群体的核心竞争力。徐玉金班组的“轮对文化”提出“突破自我、熔炼团队”的格言，一方面要求每一位班组成员融入班组的发展中，不要因为太自我而脱离班组的团队发展；另一方面要求每一位班组成员在推动班组发展中实现自我价值，突破自我、提升自我、完善自我，最终提升班组的核心竞争力。因此，新时代班组文化需要通过心力、实力、耐力、合力实现“聚力”的目的。

1. 心力

新时代班组文化要“聚力”的第一力首选是心力。俗话讲，二人同心，其利断金。新时代班组文化只有把每一位班组成员的“心力”聚合在一起，才会真正形成班组的核心竞争力。徐玉金班组的“轮对文化”将班组成员比拟为机车轮对，号召大家齐心同运转，聚的就是每一位班组成员的“心力”。机车轮对的任何一个“轮对”出现了问题，都会影响机车的正常运行。新时代班组文化就是要通过每一位班组成员的“心力”保证班组的正常持续发展。

2. 实力

新时代班组文化的“聚力”，“聚”的是每一位班组成员的实力，最终形成班组的整体实力。徐玉金班组的“轮对文化”提出“突破自我、熔炼团队”，突破自我是为了聚“心力”，熔炼团队则是为了聚“实力”。该班组在全港首创的“激励职工法”，聚的就是每一位班组成员的“心力”，班组获得21项国家专利，体现的就是每一位班组成员乃至班组的“实力”。从一定意义上讲，班组的实力最终来源于每一位班组成员的“实力”。这就需要新时代班组文化把全面激发和提升每一位班组成员的“实力”作为出发点。

3. 耐力

新时代班组文化聚的“心力”“实力”需要“耐力”来展现。也就是说，新时代班组文化要通过聚“心力”促使每一位班组成员热爱自己的岗位和班组，通过聚“实力”激励每一位班组成员把不断提升自身的综合素质作为长期追求。只有这样，新时代班组文化的“聚力”才会实现每一位班组成员及其班组的健康持续发展。徐玉金班组连续5年获得公司标杆班组荣誉称号，体现的就是每一位班组成员及其班组的“耐力”。

4. 合力

新时代班组文化“聚力”的最终目的就是聚“合力”，将每一位班组成员的智慧和潜能发挥到极致，从而形成班组的“合力”。徐玉金班组的“轮对文化”最终形成的就是班组的最大合力。新时代班组文化的“合力”形成需要通过展现每一位班组成员各自的“绝活”来实现。笔者在参观徐玉金班组之后，也陆续参观了日照港其他先进班组的文化建设情况。它们的一个共同特点就是把聚“合力”作为班组文化建设的一个重要抓手。

二、新时代班组文化要“鼓劲”

2019年8月26日，《工人日报》以《厂长进班组“取经”，班长给厂长“上课”》为题报道[①]，在方大萍安钢铁公司动力厂运行二车间鼓风站（以下简称鼓风站），职工个个练就了娴熟的操作技术，近年来未出现一例操作失误导致的事故，曾获“全国工人先锋号”荣誉称号。鼓风站班长汤琴自豪地说：“我们班很团结，有任务一起上，以‘一定行’的自信，将不可能变为可能。”参观结束后，安源轧钢厂厂长曹国保要求该厂班组长都到鼓风站学习、取经，学习他们把不可能变为可能的工作劲头。鼓风站的班组文化是“鼓劲”的文化，他们不仅为企业“鼓劲”，更为每一位班组成员“鼓劲”，让大家心往一处想，劲往一处使，事往一处干，最终将不可能变为可能。新时代班组文化要通过为每一位班组成员“鼓劲”，营造挑战自我和超越自己的积极向上的工作氛围，既为班组创造奇迹，又为每一位班组成员成就人生传奇。

在很多情况下，“鼓劲”是人们为了共同目标而相互激励、彼此加油的行为。从这个意义上讲，“鼓劲”在重视“关系”的中国传统社会中有着特殊的意义。在中国传统社会，人们之所以看重彼此之间的“关系”，一方面是因为“关系”能给彼此带来“好处”，另一方面则是因为有“关系”的双方会为了共同的“好处”而相互支持或者相互“鼓劲”。注意，这里所说的“好处”必须合情、合理，更要合法，否则，这样的“好处”是不能长久的！“鼓劲”之所以会对“关系”双方产生一定的效果乃至显著的效果，最重要的原因之一在于双方之间的“关系”比较特殊，感情比较深厚，彼此之间在意对方的态度和期待。譬如，在最基本的中国传统家庭“关系”中，家庭成员之间经常会相互“鼓劲”，目的就是共同创造幸福美满的家庭生活。新时代班组文化也应该利用班组成员之间

① 卢翔、李娴芬、彭云桃等：《厂长进班组“取经”，班长给厂长“上课”》，《工人日报》2019年8月26日第3版。

的特殊“关系”推动彼此之间的“鼓劲”。习近平总书记在2018年4月30日给中国劳动关系学院劳模本科班的回信中指出：“用你们的干劲、闯劲、钻劲鼓舞更多的人……”[①]新时代班组文化为每一位班组成员“鼓劲”也应该包括“干劲、闯劲、钻劲”。

1. 干劲

干劲就是要有实干的精神、脚踏实地的态度和务实的作风。新时代班组文化为每一位班组成员“鼓劲”，首先就要把每一位班组成员的“干劲”鼓起来，激励每一位班组成员认真学习业务知识，熟练掌握业务技能。鼓风站通过为每一位班组成员“鼓劲”，使得他们个个练就了娴熟的操作技术，杜绝了安全事故的发生。“干劲”主要包括三个方面的内容：一是每一位班组成员都要热爱自己的本职工作，二是每一位班组成员都要熟练掌握业务技能，三是每一位班组成员都要工作有成效。

2. 闯劲

闯劲就是要有开拓创新、积极进取的精神面貌和不断自我超越的价值追求。新时代班组文化为每一位班组成员“鼓劲”，不仅要鼓“干劲”，更应该鼓“闯劲”。如果说“干劲”练的是基本功，那么“闯劲”展现的就是每一位班组成员的“绝活”。鼓风站之所以有“一定行”的自信，一方面取决于每一位班组成员的“干劲”，即扎实的基本功；另一方面取决于每一位班组成员的“闯劲”，即手中的“绝活”。“绝活”一般表现为人无我有、人有我优、人优我特。从这个意义上讲，新时代班组文化就是要为每一位班组成员“闯”出各自的“绝活”营造良好的氛围。

3. 钻劲

钻劲就是不断追求极致的态度和精益求精的精神面貌。没有最好，只有更好，只有不断钻研和勇攀高峰，才能书写人生的传奇。新时代班组文化为每一位班组成员“鼓劲”的最高境界就是鼓这种“永不满足”的钻劲。这种“永不满

---

① 中华人民共和国中央人民政府官网：《习近平给中国劳动关系学院劳模本科班学员的回信》，https://www.gov.cn/xinwen/2018-04/30/content_5287130.htm，2018-04-30。

足”不是指人的欲望和生活上的需要，而是指工作和业务上的不断进步和提升以及人生的不断修炼。鼓风站之所以能够将不可能变为可能，靠的就是将每一位班组成员的“钻劲”鼓起来了。人的潜能是无穷的，无数的不可能就是在不断激发人的潜能过程中逐渐变为可能的。新时代班组文化为每一位班组成员“鼓劲”就是不断激发每一位班组成员潜能的过程。

三、新时代班组文化引导班组成员“修身养性”

2019年6月28日，黄河新闻网以《【三晋安全行】峨口铁矿班组建设让员工有了获得感》为题报道[①]，太原钢铁（集团）有限公司矿业分公司峨口铁矿（以下简称峨口铁矿）在安全标准化班组建设过程中，先后经历了“‘要我安全’到‘我要安全’”“我是班组一成员、人人争当安全员”“我的岗位我经营、我的岗位我负责”三个发展阶段，持续提升了班组自主安全管理水平，防范了各类事故的发生。峨口铁矿在安全标准化班组建设过程中先后经历的以上三个发展阶段，体现了班组文化三个层面的价值理念，即自省、自律、自强。“‘要我安全’到‘我要安全’”体现了自省的价值理念，唤醒了每一位班组成员内在的自觉性和主动性；“我是班组一成员、人人争当安全员”体现了自律的价值理念，激发了每一位班组成员对班组的责任感和使命感；“我的岗位我经营、我的岗位我负责”体现了自强的价值理念，以及每一位班组成员自我发展和自我提升的信心和决心。新时代班组文化应该从峨口铁矿班组建设中得到启发，引导每一位班组成员树立自省、自律、自强的价值理念，激励每一位班组成员成为觉醒的自己、担当的自己、强大的自己。

班组的梦想要通过成就每一位班组成员的梦想来实现，是新时代班组文化的重要特征。这不仅是新时代个人主体性意识的觉醒，更是中国传统社会的一大特色。自古以来，我国社会都非常重视修身齐家治国平天下的治国理念，尤其是重视每个人的觉醒和觉悟。而以每个人为中心所形成的各种社会

① 孟峰：《【三晋安全行】峨口铁矿班组建设让员工有了获得感》，https://jz.sxgov.cn/content/2019-06/28/content_9485866.htm，2019-06-28。

“关系”网络形成了中国传统社会的基本结构。其中，家庭“网络”在几千年的中国历史发展中包括在今天都有着非常重要的地位。费孝通提出的“差序格局”概念，形象地描述了中国传统社会的“网络”结构，即每个人一般都会以自己为中心，形成各种“关系”网络，并根据与自己“关系”的远近采用不同的方法，处理不同的人际关系。从这种意义上讲，在中国传统社会，要处理好“关系”网络中的各种“关系”，应该关注“关系”网络中的每个“网结”，即每个人的特殊地位和作用。所以，新时代班组文化要“修身养性”，关注每一位班组成员的思想觉悟和“修身养性”状况，鼓励每一位班组成员树立自省、自律、自强的价值理念。

1. 自省

新时代班组文化鼓励每一位班组成员树立自省的价值理念，是为了让每一位班组成员觉醒，让其意识到不仅要正确认识自己，更要正确做好自己。峨口铁矿在安全标准化班组建设过程中的第一个阶段“要我安全”到“我要安全”，就是为了让每一位班组成员清醒地认识到，安全是自己的事情。也就是说，自己不想着安全，任何外在的安全要求都是“苍白”的。只有每一位班组成员正确认识自己在安全工作中的主体地位，自己积极主动保证安全，才能最大限度地降低安全隐患！这就要求每一位班组成员时时处处提醒自己、要求自己、保证自己和鼓励自己，由被动工作变为主动工作。

2. 自律

新时代班组文化鼓励每一位班组成员树立自律的价值理念，是为了让每一位班组成员有不仅要做好自己，更要做“大”自己的觉悟！做“大”自己指的是不仅要对自己负责，更要对班组和其他班组成员负责；不仅自己要做好，还要帮助班组以及其他班组成员做好。在中国传统社会的“关系”网络中，譬如家庭“网络”，每一个人不仅希望自己能过上好日子，更希望家庭“网络”中的亲人能过上好日子！新时代班组文化教育引导每一位班组成员不仅要为自己负责，还要为班组同事和班组负责。这也是自律的要求。

3. 自强

新时代班组文化鼓励每一位班组成员树立自强的价值理念，是为了让每一位班组成员成长，从而做“强”自己！从觉醒、觉悟到崛起，既反映了每一位班组成员自我提升的过程，又展现了新时代班组文化在全面提升每一位班组成员过程中的重要作用。峨口铁矿在安全标准化班组建设过程中的第三个阶段“我的岗位我经营、我的岗位我负责”，就展现了每一位班组成员崛起、成为自我塑造和自我提升的强大的自己的过程。没有不成才的岗位，只有不成才的个人。也就是说，哪个岗位都有成功的，哪个岗位也都有不成功的！成才不成才，不在于岗位是什么，而在于岗位上的人是谁！不在于干的是什么，而在于如何去干！

第四章

新时代班组文化与企业党建文化

新时代班组文化主要包括四个基本属性——政治属性、管理属性、素质属性、民族属性。这四个基本属性反映了新时代班组文化以大力宣传中国特色社会主义文化为使命，以全面提升新时代班组管理水平为核心，以生动展现班组成员综合素质为目标，以有力传承中华优秀传统文化为基础，从而充分体现具有中国特色的新时代班组的灵魂和特色。其中，新时代班组文化的政治属性要求，新时代班组管理要加强党的领导，大力弘扬伟大建党精神，全面提升新时代班组的政治觉悟和每一位班组成员的政治素质。因此，新时代班组文化不仅要体现企业文化的管理要求，还要符合企业党建文化的政治要求，确保新时代班组文化的管理方向和政治立场。与企业文化以及企业在经营管理实践中形成的企业使命、企业愿景、企业价值观等不同，企业党建文化是在企业党建实践中形成的价值观念、理想信念、行为规范等的总和，是企业党建工作的灵魂。[①]

第一节　新时代企业党建文化为班组文化确定政治方向

新时代企业党建文化作为企业党建工作的灵魂和方向，为企业以及班组，特别是新时代班组文化提供政治保障、确定政治方向。所以，新时代班组文化要以党建为引领，将“举旗帜”和坚定政治信仰放在首位，包括明确班组党建立场、党建路径、党建标准等。新时代企业党建文化要把党组织“把方向、管大局、保落实”的领导作用落实到班组党建工作实践中，营造良好的班组党建工作风气，形成具有鲜明中国特色的新时代班组文化品牌，打造具有中国特色的班组治理格局，发挥企业党建文化与企业文化对新时代班组文化的“双引擎”作用。

---

① 参见先桁：《党建文化：基层党建的活力之源》，《人民论坛》2018年第16期。

一、新时代班组文化要以党建为引领

新时代班组文化要以党建为引领，发挥党员的模范带头作用，激发每一位班组成员的积极性、主动性和创造性，实现人人是典型、个个是模范的目标。实际上，新时代班组文化既要按照企业文化要求，为班组确定发展方向；还要依据职工文化内容，为每一位班组成员提供发展通道；更要坚持党建文化立场，贯彻落实党的全心全意为人民服务的根本宗旨，为每一位班组成员利益诉求和全面发展提供充分保障。一个企业需要重点抓好"四个文化"建设，即党建文化、企业文化、职工文化、班组文化。党建文化举旗帜，企业文化抓管理，职工文化提素质，班组文化夯基础。党建文化引导广大职工听党话、跟党走，企业文化体现管理水平，职工文化展现职工素质，班组文化是前面三种文化"落地"的基础。我们可以用"四信文化"概括以上"四个文化"的核心，即党建文化是信仰、企业文化是信念、职工文化是信心、班组文化是信条。信仰需要坚定马克思主义理论指导和中国特色社会主义道路，信念需要坚持企业发展方向，信心需要坚信职工价值追求，信条需要坚守前面的信仰、信念、信心。新时代班组文化以党建为引领，必须始终将举旗帜和坚定信仰放在首位，主要包括党建立场、党建路径、党建标准等内容。

1. 党建立场

党建立场就是人民立场。以人民为中心的治国理政理念就充分体现了人民立场。习近平总书记指出，坚持全心全意依靠工人阶级的方针，是坚持党对国有企业领导的内在要求。新时代班组文化以党建为引领，就要坚持职工立场，将班组职工对美好生活的向往，以及成就每一位班组职工的成功，作为班组目标。"石月亮班组"之所以能够获得诸多重量级荣誉称号，取得巨大成功，根源之一就在于他们始终聚焦中心业务，对标先进，形成了人人是典型、个个是模范的标杆班组。这就说明，成就职工，就是成就班组。

2. 党建路径

党建路径就是将党建立场，即人民立场"落地"的路径。新时代班组文化以党建为引领，必须寻求职工立场“落地”的具体路径。这就要求，新时代班组文化要按照党的要求，从政治建设、组织建设、思想建设、作风建设、制度建设、廉政建设、党员管理等方面加以规范。“石月亮班组”作为中交资管“中交蓝·党旗红”示范站，确立的组织生活标准化、党员管理严格化、党建标识规范化、争星创青目标化、廉政教育日常化的思路，就是非常规范的党建路径。

3. 党建标准

党建标准是衡量党建工作质量高低的标准。邓小平同志曾经指出：“人民拥护不拥护、人民赞成不赞成、人民高兴不高兴、人民答应不答应，是全党想事情、做工作对不对好不好的基本尺度。”新时代班组文化以党建为引领，就需要坚持“职工拥护不拥护、职工赞成不赞成、职工高兴不高兴、职工答应不答应”的党建标准。“石月亮班组”有效发挥党建在企业中的引领、统揽和引擎作用，以及形成的“一个支部一面旗”“一个党员一盏灯”的模范带头作用，坚持的就是党建标准，即把职工的诉求当“家书”，把职工的困难当“家事”，让支部成为职工的“家”，构建“港湾”式温馨站点。

二、新时代班组文化要以企业党建文化为指导

2020年9月25日，人民网报道了国网鞍山供电公司采用“一心二理念三模式”法[①]，全面开创党建引领班组建设新局面。“一心”是让党建引领融入班组建设，加强一线班组职工的学习能力，让更多的人在参与党的建设、党的教育学习中提高思想觉悟。“二理念”是让党旗指引提升班组能力，倡导“班组就是家”理念，提出“转换角色”理念，在班组中开展“假如我是一名客户”“我是共产党员”“创新型共产党员”等活动，以党建引领提升优质服务水平、保证安全生产、激发创新活力。“三模式”是让党性激发显现班组担当，强化“党建+班组”队伍建设模式，形成党风引领企风的良好氛围；加强班组动态管理和考核模式，激发班组活力；通过成立攻坚克难突击队，搭建党建课题小组、

① 参见人民网：《国网鞍山供电公司开创“党建+班组建设”新局面》，http://ln.people.com.cn/n2/2020/0925/c378391-34317849.html，2020-09-25。

信息宣传员、QC活动小组等。国网鞍山供电公司开创“党建+班组建设”新局面的思想基础在于发挥企业党建文化对新时代班组文化的引领作用。

作为企业文化的班组表现形式，新时代班组文化不仅要落实企业文化的要求，更要在企业党建文化的引领下确立政治方向、营造政治风气、提升政治素质。企业文化是20世纪80年代自西方引进我国的一种管理理论，对于全面提升我国企业的管理水平和市场竞争力发挥了重要作用。“党建文化是党建研究中的一个新的理论范畴，包括作用于党建实践的价值观念、情感态度、信仰认同和思维方式。”[①]中共中央组织部、国务院国资委党委下发的《关于扎实推动国有企业党建工作要求写入公司章程的通知》（2017）指出，把党建工作要求写入国有企业公司章程。中共中央发布的《中国共产党国有企业基层组织工作条例（试行）》（2019）进一步指出，充分发挥企业党委（党组）把方向、管大局、保落实的领导作用。在一定意义上讲，新时代企业党建文化体现了新时代企业党组织的党建工作要求及其把方向、管大局、保落实的领导作用。新时代企业党建文化与企业文化分别是新时代企业党风和企风的集中展现。

1. 引领政治方向

新时代班组文化既要体现企业文化提出的经济目标，更要坚守企业党建文化确立的政治方向。这是新时代中国特色班组文化的“特”。企业党建文化引领新时代班组文化的政治方向必须以提高班组成员的思想政治觉悟为根本。新时代班组文化要教育引导班组党员干部坚定不移向党中央看齐，不断提高政治判断力、政治领悟力、政治执行力，把每一位班组成员紧紧凝聚在党的周围，自觉在思想上政治上行动上同党中央保持高度一致，班组上下拧成一股绳，心往一处想、劲往一处使。

2. 营造政治风气

企业党建文化引领新时代班组文化的重要目的在于为班组营造风清气正的政治风气，倡导健康向上的党内政治文化，营造健康向上的政治生态。

---

① 唐文玉、马西恒、夏军：《党建文化与政党转型——中国共产党转型研究的新视野》，《理论月刊》2011年第8期。

习近平总书记在党的十八届六中全会上指出，“要注重加强党内政治文化建设，倡导和弘扬忠诚老实、光明坦荡、公道正派、实事求是、艰苦奋斗、清正廉洁等价值观，旗帜鲜明抵制和反对关系学、厚黑学、官场术、‘潜规则’等庸俗腐朽的政治文化，不断培厚良好政治生态的土壤”①。习近平总书记的重要讲话为企业党建文化引领新时代班组文化、营造风清气正的政治风气指明了方向。

3. 提升政治素质

企业党建文化与企业文化存在区别。企业党建文化具有政治属性，体现了党的领导核心和政治核心作用；企业文化具有管理属性，展现了生产经营中心的作用。企业党建文化要服务于生产经营中心，企业文化要以党的领导核心和政治核心为引领，二者是辩证统一的关系。其中，企业党建文化的政治引领是第一位的。因此，企业党建文化引领新时代班组文化要以全面提升班组成员的政治素质为核心。新时代班组文化孕育出的班组成员不仅要有过硬的业务能力和思想素质，更要有坚定的理想信念和政治素养。

三、新时代班组文化要与企业党建文化相融合

新时代企业党建文化必须融入企业文化及其班组文化，形成具有中国特色的企业文化及其班组文化。新时代班组文化是新时代企业文化在班组管理中的具体化，也是新时代企业党建文化融入公司治理各环节的基础。

1. 融思想

新时代班组文化和企业党建文化的本质都是一种“思想”，二者首先融合的就是思想。企业党建文化的核心思想是坚持党的全心全意依靠工人阶级的根本方针。新时代班组文化和企业党建文化的融合需要坚持以职工为中心的思想，通过党小组对职工思想政治的引领，调动每一位班组成员的积极性、主动性和创造性。譬如，企业班组可以开展党小组带班组示范点创建活动，包括带思想、带安全、带技能、带稳定等，这样可以激发党小组和班组“双细胞”活

① 人民网：《习近平在党的十八届六中全会第二次全体会议上的讲话（节选）》，http://cpc.people.com.cn/big5/n1/2017/0103/c64094-28995008.html?ivk_sa=1024320u，2017-01-03。

力，夯实党的战斗力基础。这是新时代班组文化与企业党建文化融合思想的过程。

2. 融品牌

企业党建文化要充分发挥党组织的战斗堡垒作用和党员的先锋模范作用，以展现党的先进性。新时代班组文化是以先进班组成员的先进事迹及其先进思想为基础形成的，开展学先进、做先进活动是其发挥作用的重要形式之一。先进性是新时代班组文化和企业党建文化的共性。先进班组成员的先进事迹及其先进思想是新时代班组文化的品牌，党的先进性是企业党建文化的品牌。企业班组可以创建党小组带班组示范点，作为发挥党组织和党员作用的主要载体，打造班组党建品牌。

3. 融优势

新时代班组文化与企业党建文化相融合的最终目标是体现二者的优势，特别是企业党建文化的政治引领优势。企业文化是20世纪80年代自西方引进我国的管理工具，公司治理也是产生于西方的管理理论。但是它们基本上都是资本的立场。企业党建文化坚持的是党和人民的立场，以及马克思主义的劳动立场。在我国企业管理实践中，党建文化举旗帜，企业文化抓管理，职工文化提素质，班组文化夯基础。新时代班组文化必须以企业党建文化为统领，坚持班组发展为了职工，班组发展依靠职工的理念，体现党领导班组的优势和党建文化的统领作用。

第二节　新时代企业党建文化与企业文化的辩证关系

新时代企业党建文化与企业文化分别是我国新时代企业党建工作与经营管理工作的思想灵魂，二者是辩证统一的关系。具体来讲，新时代企业党建文化与企业文化在内容上相辅相成、在形式上相互融合，而在本质上，企业党建文化具有统领作用。譬如，二者体现了党的领导核心和政治核心地位与企业的生产经营中心的辩证统一，以及政治方向与经济目标、政治属性与管理属性、政治立场与市场定位、政治基础与物质基础、党风与企风的辩证统一关系等。

一、新时代企业党建文化与企业文化相辅相成

新时代企业党建文化是以习近平新时代中国特色社会主义思想为指导，以党员干部的理想信念教育为核心，以满足职工群众对美好生活的向往和激发职工群众的积极性、主动性、创造性为目标，由各基层党组织按照上级党组织的指示和要求，在长期的成功党建工作实践中形成的党建工作使命、党建工作愿景、党建工作理念、党建工作规范、党建工作平台、党建工作活动以及党建工作品牌、党建工作精神面貌等。新时代党建文化不仅包括企业党建文化，还包括机关党建文化、学校党建文化、军队党建文化、医院党建文化等。在以高质量党建推动高质量发展为目标的新时代企业发展过程中，新时代党建文化与企业文化是相辅相成的，二者是核心与中心的辩证统一关系。企业文化要维护党建文化坚持的党的领导核心和政治核心地位，党建文化要为企业的生产经营中心工作服务。这是避免企业党建工作与业务工作脱离，产生“两张皮”现象的基本保障。除此之外，新时代党建文化与企业文化相辅相成还表现为，政治方向与经济目标、政治属性与管理属性、政治立场与市场定位、政治基础与物质基础、党风与企风的辩证统一关系。

1. 党的领导核心和政治核心与企业的生产经营中心

新时代企业党建文化旨在坚持党对企业的领导、加强企业党的建设，是新时代企业的“根”和“魂”，也是中国企业的独特政治优势，是为了全面解决党对企业的领导，企业党的建设弱化、淡化、虚化、边缘化问题，发挥企业党组织的领导核心和政治核心作用，保证党和国家方针政策、重大部署在企业贯彻执行。同时，新时代企业党建文化要坚持服务企业生产经营不偏离，把提高企业效益、增强企业竞争力、做强做优做大企业作为新时代企业党建文化的出发点和落脚点，以企业改革发展成果检验新时代企业党建文化的质量，确保企业发展到哪里，党建文化就跟进到哪里和体现在哪里。新时代企业党建文化体现的

是党在企业中的领导核心和政治核心作用，企业文化展现的是企业生产经营中心的地位。二者不能相互替代，既要保持各自的独立性，又要彼此支持对方的发展，相互支撑，相得益彰。

2. 政治方向与经济目标

新时代企业党建文化为企业发展确定政治方向，坚定不移向党中央看齐，不断提高企业党组织的政治判断力、政治领悟力、政治执行力，自觉在思想上政治上行动上同党中央保持高度一致，确保企业全部党员干部上下拧成一股绳、心往一处想、劲往一处使。与新时代企业党建文化不同，企业文化主要是为企业生产经营发展确定经济目标。但是，政治方向与经济目标既对立又统一，是辩证统一的关系。经济目标要以政治方向为指导，政治方向要以经济目标为中心。

3. 政治属性与管理属性

新时代企业党建文化的本质是一种政治文化，具有政治属性。党的政治建设是党的根本性建设，决定党的建设方向和效果。保证全党服从中央，坚持党中央权威和集中统一领导，是党的政治建设的首要任务。新时代企业党建文化必须把党的政治建设摆在首位，通过制定、宣传和践行企业党建工作系列思想理念和行为规范等，保证企业党员干部坚定执行党的政治路线，严格遵守党的政治纪律和政治规矩，并在政治立场、政治方向、政治原则、政治道路上同党中央保持高度一致，加强党性锻炼，不断提高政治觉悟和政治能力。作为20世纪80年代自西方引进我国的一种管理理论和工具，企业文化主要目的是提高企业的管理效率和管理水平，其本质是一种管理文化，具有管理属性。讲政治与讲效率也是辩证统一的关系。政治要以效率为基础，效率要以政治为保障，两者缺一不可。

4. 政治立场与市场定位

新时代企业党建文化是基于政治立场的文化，也就是基于党和国家的立场的文化。新时代企业党建文化政治立场的主要表现就是站在党和国家大局谋求企业的发展。因此，新时代企业党建文化要引领企业，为我国经济社会发展作出应有的贡献。从这个意义上讲，新时代企业党建文化必须以党和国家倡导的发展方向为引领。与此相对应，企业文化主要是提高企业的市场竞争力和展现企业的市场形象。企业文化是基于市场定位的文化。新时代企业党建文化要通过企业文化提高企业市场竞争力，从而实现党和国家发展目标，企业文化则需要新时代企业党建文化指导企业按照党和国家发展要求，实现企业自身的市场目标。

5. 政治基础与物质基础

我国企业尤其国有企业是中国特色社会主义的重要物质基础和政治基础，是我们党执政兴国的重要支柱和依靠力量，坚持全心全意依靠工人阶级的方针，是坚持党对我国企业尤其是国有企业领导的内在要求。要健全以职工代表大会为基本形式的民主管理制度，推进厂务公开、业务公开，落实职工群众知情权、参与权、表达权、监督权。企业在重大决策上要听取职工意见，涉及职工切身利益的重大问题必须经过职工代表大会审议。要坚持和完善职工董事制度、职工监事制度，鼓励职工代表有序参与公司治理等。因此，新时代企业党建文化与企业文化分别为企业提供政治基础和物质基础。作为政治基础，新时代企业党建文化坚持全心全意依靠工人阶级的方针，充分调动工人阶级的积极性、主动性、创造性，夯实党执政的阶级基础和群众基础。企业文化通过企业使命、企业愿景、企业价值观、企业精神、企业形象等为企业生产经营创造物质财富，提供强大精神动力。政治基础的夯实需要物质基础作保障，物质基础的筑牢则需要政治基础为前提。

6. 党风与企风

新时代企业党建文化与企业文化都具有营造文化氛围和良好风气的基本功能，只不过二者的差异在于，新时代企业党建文化主要是营造风清气正的党风，企业文化则着力塑造积极向上的企业风气。所以，新时代企业党建文化是为企业把方向、管大局、保落实的文化。也就是说，企业文化的内容及其理念体系、文化活动等必须以新时代企业党建文化为引领。中国特色现代企业特别是国有企业制度，“特”就特在把党的领导融入企业治理各环节，把党组织内嵌到企业治理结构之中，明确和落实党组织在公司法人治理结构中的法定地位，做到组织落实、干部到位、职责明确、监督严格。新时代企业党建文化融入包括企业文化在内的公司治理各环节，也是中国特色现代企业制度的“特”。

二、新时代企业文化与党建文化的融合模式

新时代企业党建文化是指我国新时代企业在长期的党建工作成功实践中形成的，被上级党组织肯定的，由企业最高党组织大力倡导和推动的，被企业全部党员认可并践行的，并被广大职工群众支持的党建工作使命、党建工作愿景、党建工作价值观、党建工作理念、党建工作规范、党建工作品牌等党建工作的思想文化、行为规范及整体精神风貌。而企业文化则是指企业在长期的经营管理成功实践中形成的，由企业最高行政组织大力倡导和推动的，被全部职工认为有效而认可并加以践行的企业使命、企业愿景、企业价值观、企业理念、企业精神、企业形象等企业经营管理的思想体系、行为规范及整体精神风貌。从这个意义上讲，反映企业党组织领导水平的企业党建文化，与体现企业经营管理水平的企业文化之间的融合，也是中国特色现代企业制度的重要特色之一。

企业文化作为20世纪80年代自西方引进我国的先进管理理论和管理工具，其主要目的是全面提升企业的经营管理水平和管理效率。我国经过40多年的改革开放，企业文化对于全面提升企业的经营管理水平乃至市场竞争力，特别是国际影响力，都发挥了重要的作用。新时代企业党建文化与企业文化的融合，一方面是为了坚持党对企业的领导，发挥企业党组织的领导核心和政治核心作用，保证党和国家方针政策、重大部署在企业贯彻执行；另一方面是为了提高企业效益、增强企业竞争实力、实现企业资产保值增值，以及推动企业改革发展，为做强做优做大企业提供坚强组织保证，特别是政治思想保证。

新时代企业党建文化与企业文化融合主要有四种模式，即并列式、融合式、统领式、统合式。并列式适用于过去没有明确提出企业文化、党建文化内容的企业，对其分别提炼出企业文化、党建文化两套文化体系；融合式适用于

过去有企业文化内容但需要升级且没有明确提出党建文化的企业，在企业文化升级基础上，提炼出党建文化的理念，并将其融入企业文化体系；统领式适用于过去没有明确提出企业文化、党建文化内容的企业，提炼出一套以党建文化为统领的企业文化体系（以党建文化为主导的企业文化体系）；统合式适用于过去没有明确提出企业文化、党建文化内容的企业，提炼出一套企业党建文化体系，并将企业文化的理念融入其中。

从以上四种模式的企业来看，其中三种模式有着相同的文化基础，即过去都没有明确的企业文化、党建文化内容，但它们的文化需求不同，另一种模式则需要一套包含企业党建文化内容的企业文化体系。

实际上，不管企业的文化基础如何，或者其文化需求如何，企业文化和党建文化都存在于企业的经营管理实践与党建工作实践中。因为只要企业有正常的经营管理实践活动，必然会有相关的经营管理目标、思路、风格、习惯等；同样，只要企业党组织开展正常的党建工作，必然会有党建工作目标、思想、规范、品牌等。所以，新时代企业党建文化与企业文化的融合模式主要有以下五种类型。

1. 并行交融型：企业党建文化与企业文化的并行交融

这种模式的主要特点是在企业中分别形成企业党建文化、企业文化两套文化体系。其中，企业党建文化体系主要围绕企业党建工作提出党建工作的目标、责任、规范、理念以及开展相关的党建活动和创建相关的党建工作平台等。企业文化体系则主要围绕企业经营管理工作提出经营管理目标、方针、措施以及经营管理的思想、理念和营造经营管理氛围等。但是，这种模式要求企业党建文化与企业文化将各自的相关内容融入对方的文化体系中。譬如，企业文化体系中有廉洁自律的企业党建文化理念，以保障企业的经营管理活动遵纪守法；同时，企业党建文化体系中有引领发展的企业文化理念，这是党的先进性的具体表现。

2. 合并单一型：企业党建文化与企业文化合并为一个文化体系

这种模式的主要特点是将企业党建文化与企业文化融合为一套文化体

系。这种文化体系既包含企业党建文化的内容，又包含企业文化的内容，或者说，既有企业党建工作的要求，又有企业经营管理的要求。这套文化体系以企业党建文化或者企业文化为主导的形式出现。这就如同企业的党委书记和董事长是同一个人。企业党建工作的重大决策方向与企业经营管理的重大决策方向是完全一致的。在一定意义上讲，企业党建文化集中体现了企业党建工作的重大决策方向，企业文化则展现了企业经营管理的重大决策方向。这种情况更多存在于国有企业，因为国有企业是中国特色社会主义重要政治基础和物质基础。

3. 党建主导型：包含企业文化内容的企业党建文化体系

这种模式的主要特点是将企业文化的内容融入企业党建文化体系，最终呈现为企业党建文化的形式。新时代企业党建文化要通过加强和完善党对企业的领导、加强和改进企业党的建设，使我国企业成为党和国家最值得信赖的依靠力量，推动企业深化改革、提高经营管理水平，把企业做强做优做大。这些不仅是新时代企业党建文化的重要目的，也包含了企业文化的主要目标。因为企业文化会通过全面提升企业经营管理水平，把企业做强做优做大。

4. 经营主导型：包含企业党建文化内容的企业文化体系

这种模式的主要特点是将企业党建文化的内容融入企业文化体系，最终呈现为企业文化的形式。企业文化的本质是一种经营管理文化，其主要内容包括企业使命、企业愿景、企业价值观、企业精神、企业形象、企业宣传语以及营销理念、管理理念、安全理念、人才理念等经营管理理念。对于一个企业而言，包括很多工作，如营销工作、生产工作、财务工作、安全工作、技术工作等。与这些工作相对应的一般有营销部门、生产部门、财务部门、安全部门、技术部门等。企业党建工作是企业的一项工作，有专门的党建部门。从这个意义上讲，企业党建文化是企业文化的一部分，企业党建文化的内容应当成为企业文化体系的一部分。譬如，廉洁自律的企业党建文化理念和其他经营管理理念一样，也是企业文化的重要内容之一。然而，企业党建文化的政治属性使其与其他经营管理理念存在本质区别。

5. 党建引领型：党建引领的企业文化体系

这种模式不属于上述四种模式中的任何一种，却是当前最常见的模式。因为大多数企业已经形成并提炼出自己的企业文化体系，设有自己的企业文化部门，设置了企业文化岗位并配备了企业文化人才。即使尚未形成和提炼出企业文化体系的企业，也知道寻求专业的企业文化咨询机构来帮助自己提炼企业文化体系，打造有竞争力的企业品牌和企业形象。与企业文化体系相比，企业党建文化的形成和提炼在很多企业才刚刚起步，一些企业甚至还没有完全掌握企业党建文化的科学内涵及其主要内容。因此，我国新时代企业的企业文化必须以党建为引领，这是当前和未来企业必须承担的一项政治任务。中国文化管理协会专门制定并推出了《新时代国企党建+企业文化工作指南》①。可见，以党建为引领的企业文化体系是当前最普遍的一种模式。

三、新时代企业党建文化的统领作用

在我国新发展阶段，要全面建设社会主义现代化强国，实现高质量发展和自立自强，企业的发展至关重要。而在企业的发展中，文化具有独特的意义和作用。我们认为，企业文化建设是一个系统工程，包括党建文化、企业文化、职工文化、班组文化等内容。处理好四者关系，对于培育具有全球竞争力的世界一流企业有着重大的战略价值和现实意义。

1. 文化强企必须加强“四个文化”建设

对于我国的企业而言，要实现文化强企，必须加强企业党建文化、企业文化、职工文化、班组文化这四个文化的建设。其中，企业党建文化是政治文化，为企业指明政治方向，确定政治素质，提出政治要求；企业文化是管理文化，为企业指明发展方向；职工文化是素质文化，为企业提供发展动力；班组文化是“细胞”文化，为企业发展提供发展基础。从这个意义上讲，企业党建文化是“举旗帜”的文化，其核心是政治“信仰”；企业文化是“抓管理”的文化，其核

① 全国团体标准信息平台：《中国文化管理协会〈新时代国企党建+企业文化工作指南〉等三项团体标准正式出版发行》，https://www.ttbz.org.cn/Home/Show/14975，2020-06-28。

心是管理“信念”；职工文化是“提素质”的文化，其核心是职工“信心”；班组文化是“夯基础”的文化，其核心是班组“信条”。确定企业的政治“信仰”、管理“信念”、职工“信心”、班组“信条”，就是文化强企的精神动力。

企业文化的含义，一般是指企业在长期的成功实践中形成的、由企业高层管理者倡导的、被企业职工认为有效而践行的企业发展目标、企业管理理念、企业行为规范及企业整体精神风貌。职工文化是近年来党和国家高度重视的文化。习近平总书记在2015年提出“打造健康文明、昂扬向上的职工文化”，在2018年提出“打造健康文明、昂扬向上、全员参与的职工文化”的战略要求。这些战略要求也被写进《中共中央关于加强和改进党的群团工作的意见》《新时期产业工人队伍建设改革方案》等党和国家的重要政策文件。企业职工文化的含义，一般是指以优秀劳模、先进工匠等杰出企业职工的成功实践及先进思想为基础形成的、被广大职工群众认为有效而践行的、被企业认可并大力倡导和宣传的职工追求、职工责任、职工理想、职工信念、职工行为规范以及职工整体精神风貌。班组文化作为企业最基层的文化形态，既要体现企业文化为企业指明的发展方向，又要展现职工文化为企业确定职工素质。所以，企业班组文化的含义，一般是指企业班组在长期的成功实践中形成的、以企业文化为引领、以职工文化为支撑、为企业班组所倡导的、被全体班组成员认为有效而践行的班组目标、班组使命、班组理念、班组行为规范及班组整体精神风貌。

2. 企业党建文化统领其他“三个文化”

企业党建文化是指企业在长期的党建工作实践中形成的、被上级党组织肯定、由企业最高党组织大力倡导和推动、被企业全体党员认可并践行，并被广大职工群众支持的党建工作使命、党建工作愿景、党建工作价值观、党建工作理念、党建工作规范、党建工作品牌等党建工作的思想文化、行为规范及整体精神风貌。

与企业文化、职工文化、班组文化不同的是，企业党建文化要统领这三个文化，为我国企业高质量发展确定政治立场。新时代企业党建文化要以坚定理想信念宗旨为根基，为激励企业党员干部不忘初心、牢记使命以及引领企业职工群众听党话、跟党走提供强大精神动力。

发挥企业党建文化对企业文化、职工文化、班组文化的统领作用，既是中国特色企业管理的“特”，更是加强党对我国企业领导的政治需要。企业党建文化以党的政治建设为统领，其主要任务是挺起企业党员干部的精神脊梁，解决好世界观、人生观、价值观这个“总开关”问题。因此，新时代企业党建文化，是企业党组织以理想信念教育为基础、把企业职工群众紧紧凝聚在党的周围而在企业长期的党建工作成功实践中形成、被上级党组织充分肯定、被企业党员干部认为有效而践行，并被企业职工群众大力支持的党建工作使命、党建工作愿景、党建工作理念、党建工作规范、党建工作品牌及党建工作整体精神风貌。企业党建文化必须以党的文化，尤其是以党内政治文化为引领，在新时代企业党建工作实践中始终以体现党员干部的党性为宗旨，全面树立政治建设理念、思想建设理念、组织建设理念、作风建设理念、纪律建设理念，并将这些企业党建工作理念制度化、常态化。

3. 企业党建文化为企业文化指明政治方向

企业文化是指企业在长期的经营管理成功实践中形成的、由企业最高行政组织大力倡导和推动的、被全体职工认可并践行的企业使命、企业愿景、企业价值观、企业理念、企业精神、企业形象等企业经营管理的思想体系、行为规范及整体精神风貌。企业党建文化在企业文化发展方向中，必须发挥政治方向的引领作用。也就是说，要在企业文化的管理要求和管理理念中，体现企业党建文化的相关要求。这就需要首先了解新时代企业党建文化的核心内容。新时代企业党建文化作为体现企业党建工作基本目标和基本思路的文化体系，必须对企业长期的成功党建工作实践经验和做法进行总结，从中发现企业党建工作的基本规律、基本路径和基本框架，在此基础上形成对当前和未来企业党建工作有指导意义的企业党建工作使命、企业党建工作愿景、企业党建工作价值观、企业党建工作精神等基本文化理念体系。除了企业党建文化，因单位性质不同，机关党建文化、学校党建文化、军队党建文化等也要体现不同单位党建工作的风格，形成各自单位党建工作的特色思路。

4. 企业党建文化为职工文化确定政治素质

职工文化是一种素质文化，其灵魂是劳模精神、劳动精神、工匠精神。这在一定程度上反映了党对职工素质的政治要求。这就要求，新时代职工文化对于职工素质的要求，也必须全面了解新时代企业党建文化的具体要求。新时代企业党建文化与其他文化相似，第一个层面的内容是理念层，第二个层面则是行为层。新时代企业党建文化要把企业党建工作的愿景变成现实，要想让企业党建工作的基本理念成为高质量企业党建工作的指导思想，必须制定企业党建工作规范，以此规范和引导企业党建工作的基本路径，提高企业党员干部理想信念教育的效果，最终获得企业职工群众的积极拥护和支持。新时代企业党建工作规范一般包括企业政治建设规范、企业思想建设规范、企业组织建设规范、企业作风建设规范、企业纪律建设规范等。这些企业党建工作规范分别是在其对应的企业党建工作理念指导下形成的。

5. 企业党建文化为班组文化提出政治要求

班组文化不仅要考虑企业文化指明的企业发展方向，还要考虑职工文化确定的职工素质内容，更要考虑企业党建文化提出的政治要求。班组作为企业最小的行政细胞，要通过班组的党小组建设以及班组的政治指导员设置，体现新时代企业党建文化提出的政治要求。这就需要新时代班组文化全面了解新时代企业党建文化的具体内容，尤其是企业党建工作品牌。在企业党建工作理念引领和企业党建工作规范指导下，企业党建文化会形成企业党建工作品牌。企业党建工作品牌会通过各种载体展现和传播出去，主要包括企业党建工作平台、企业党建工作活动、企业党建工作标志、企业党建工作案例、企业党建工作媒体以及企业党建工作室、企业党建工作模式等。

第三节　新时代企业党建文化的新内容

新时代企业党建文化有着丰富的内涵和科学的实践路径，要贯彻落实党对我国新时代企业高质量发展尤其是党建工作的新要求，充分展现企业党组织的党建工作品牌和党建工作精神面貌，在企业高质量发展中坚定政治立场、明确政治方向，保持新时代企业党建文化的政治性、方向性、纪律性、群众性、先进性等政治属性，确定新时代企业党建文化的根本基石、基本理念、行为方式、特色品牌等内容体系，以寻根、铸魂、增信、立本、塑行、展风貌为基本路径构建新时代企业党建文化体系。

一、新时代企业党建文化的新定位

新时代企业党建文化是指新时代企业党组织在长期的党建工作实践中，形成的具有该企业党组织特色的党建工作使命、党建工作愿景、党建工作价值观、党建工作精神、党建活动载体、党建工作规范及党建工作品牌等，其主要目的是贯彻党关于我国新时代企业发展的政治立场、价值导向及其发展模式、发展道路等新发展理念，构建企业实现高水平、自立自强的新发展格局。新时代企业党建文化是为企业植“根”铸“魂”的文化，是为企业把方向、管大局、保落实的文化，是加强企业党性教育、宗旨教育、警示教育的文化，是坚持党的全心全意依靠工人阶级指导方针的文化，是实现企业党建工作高质量发展、推动企业高质量发展的根本保障。

1. 政治性：新时代企业党建文化为我国新时代企业植“根”铸“魂”

新时代企业党建文化为我国新时代企业植“根”铸“魂”，就是坚持党的领导、加强党的建设的工作理念。新时代企业党建文化以党的政治建设为统领，以坚定理想信念宗旨为根基，保证党和国家方针政策、重大部署在企业贯彻执行，为做强做优做大企业提供坚强的思想保障和文化保障。新时代企业党建文化的灵魂是党内政治文化，必须体现中国共产党的党性，通过一套科学有效的党建工作理念、党建工作规范、党建工作流程、党建工作品牌等党建文化体系，为发展积极健康的党内政治文化提供支撑。

2. 方向性：新时代企业党建文化为我国新时代企业把方向、管大局、保落实

新时代企业党建文化为我国新时代企业把方向、管大局、保落实，是为了夯实中国特色社会主义的重要物质基础和政治基础，为我们党执政兴国的重要支柱和依靠力量提供党建工作的政治方向和政治原则。这是中国特色现代企业制度的“特”。新时代企业党建文化要将党的领导融入公司治理各环节、将企业党组织内嵌到公司治理结构之中，明确和落实党组织在公司治理结构中的法定地位及确立党建工作的基本目标、制定具体原则和行为规范等，为发挥企业党组织的领导核心和政治核心作用，以及实现党对企业的政治领导、组织领导，特别是思想领导营造积极向上的党建工作氛围。所以，新时代企业党建文化要以理想信念教育为核心，用习近平新时代中国特色社会主义思想教育党员、干部、职工，为激发党员、干部、职工坚定中国特色社会主义的信念、实现中华民族伟大复兴的中国梦提供强大精神动力。

3. 纪律性：新时代企业党建文化是我国新时代企业的党性教育、宗旨教育、警示教育文化

新时代企业党建文化具有规范党员干部行为的基本功能，是一种纪律文化，通过一系列党建工作理念，提出具体的纪律要求。新时代企业党建文化建设要贯彻全面从严治党方针，坚定政治方向、保持政治定力，完善管思想、管工作、管作风、管纪律的从严管理制度，不断提高企业党员干部的政治判断力、政治领悟力、政治执行力，引导党员干部加强党性锻炼、党性修养，坚定理想信念，筑牢思想防线，做政治信念坚定、遵规守纪的明白人。新时代企业党建文化的纪律性主要体现在企业的党风廉政建设和反腐败斗争方面。这就要求新时代企业党建文化既要确立政治建设理念、思想建设理念、组织建设理念，更要形成作风建设理念、纪律建设理念，并将这些党建工作理念转化为党建工作制度，最终养成党建工作习惯，形成党建工作作风，打造具有企业特色的党建工作品牌，从而营造风清气正的党建工作风气。

4. 群众性：新时代企业党建文化要坚持党的全心全意依靠工人阶级的根本方针

新时代企业党建文化必须立足职工群众，坚持党的全心全意依靠工人阶级的根本方针，形成以职工为中心的党建工作理念、党建工作规范以及党建工作品牌，这是新时代企业党建文化的本色。坚持全心全意依靠工人阶级的方针是坚持党对企业领导的内在要求。我们党来自人民、植根人民、服务人民，一旦脱离群众，就会失去生命力。新时代企业党建文化要充分调动工人阶级的积极性、主动性、创造性，始终坚持党的群众路线，还必须打造群众工作理念、群众工作作风、群众工作习惯、群众工作准则。

5. 先进性：新时代企业党建文化为我国新时代企业的新发展阶段和新发展格局确立新发展理念

新时代企业党建文化要为我国企业的新发展阶段和新发展格局确立新发展理念。这是新时代企业高质量发展的保障，也是新时代企业高质量党建工作的基石。这就要求新时代企业党建文化要立足做强做优做大企业的发展目标，构建高水平自立自强的新发展格局，形成以职工为中心、以高质量发展为目标、以做强企业为关键的党建工作体系及党建文化体系。新时代企业党建文化之所以能够统领企业文化、职工文化、班组文化，就是因为其新发展理念的先进性。

总之，新时代企业党建文化是以党内政治文化为引领、以政治方向为引领、以政治纪律要求为规范、以职工群众立场为标准、以新发展理念为核心的党建工作体系。新时代企业党建文化不等同于党内政治文化，但必须以党内政治文化为指导。党内政治文化是统一的，而新时代企业党建文化是个性化的。因为每个企业所处的行业及社会环境、文化环境不完全一样，发展的历史阶段有差异，管理的风格氛围和党员干部的工作习惯有所不同，特别是每个企业党组织的工作方式、工作氛围、工作流程、工作思路、工作设想等也都有各自的特点。所以，新时代企业党建文化就会各具特色。如果说企业文化是企业的核心竞争力，职工文化是职工的核心竞争力，班组文化是班组的核心竞争力，那么新时代企业党建文化则是企业党组织的核心竞争力，是决定企业党建工作质量高低的关键因素，更是激发企业党建工作创新、创造活力的根本。

二、新时代企业党建文化体系

100余年来，中国共产党弘扬伟大建党精神，形成了井冈山精神、长征精神、延安精神、“两弹一星”精神、特区精神、抗震救灾精神等伟大精神，构筑了中国共产党人的精神谱系。这些宝贵精神财富跨越时空、历久弥新，集中体现了党的坚定信念、根本宗旨、优良作风，凝聚着中国共产党人艰苦奋斗、牺牲奉献、开拓进取的伟大品格，深深融入我们党、国家、民族、人民的血脉之中。伟大建党精神、中国共产党人的精神谱系及其伟大品格，为构建新时代企业党建文化体系指明了方向。在一定意义上讲，新时代企业党建文化是伟大建党精神、中国共产党人的精神谱系及其伟大品格在新时代企业党建工作中的具体展现。

1. 新时代企业党建文化的根本基石

新时代企业党建文化要以弘扬伟大建党精神为根基，以传承中国共产党人的精神谱系为重点，以践行中国共产党人的伟大品格为导向。即弘扬伟大建党精神要求新时代企业党建文化以马克思主义特别是习近平新时代中国特色社会主义思想为指导，树立共产主义远大理想和中国特色社会主义共同理想，坚守党的初心使命，发扬党的不怕牺牲、英勇斗争的优良传统，坚持对党忠诚、不负人民，明确新时代企业党建工作立场、党建工作目标、党建工作作风、党建工作规范、党建工作品牌等核心内容；依据构筑中国共产党人的精神谱系对新时代企业党建文化的要求，通过宣传和传承党的伟大精神，确立新时代企业党建工作的指导思想，主要包括党建政治观、党建组织观、党建干部观、党建群众观、党建廉洁观等党建工作要求；按照凝聚中国共产党人的伟大品格对新时代企业党建文化的要求，为体现党的坚定信念、根本宗旨、优良作风以及中国共产党人艰苦奋斗、牺牲奉献、开拓进取的伟大品格，培育新时代企业党员干部坚定信念、践行宗旨、拼搏奉献、廉洁奉公的高尚品质和崇高精神，主要包括党员干部的理想信念、优良作风、行为习惯、道德修养、政治品格等精神风范。

2. 新时代企业党建文化的基本理念

伟大建党精神是中国共产党的精神之源，新时代企业党建文化以伟大建党精神为引领，是凝聚新时代企业党组织为重的精神旗帜，为新时代企业党建工作注入强大精神动力。所以，以伟大建党精神为引领，构建新时代企业党建文化的基本理念，是新时代企业党建文化体系框架的首要内容。新时代企业党建文化的基本理念主要体现新时代企业党建工作在伟大建党精神引领下形成的党建工作使命、党建工作愿景、党建工作价值观、党建工作精神等内容。党建工作使命是指党建工作的重大价值，党建工作愿景是指党建工作要达到的最高目标，党建工作价值观是指党建工作要遵循的基本准则，党建工作精神是指党建工作要体现的总体要求。

新时代企业党建文化的这些基本理念既要与伟大建党精神保持内在的一致性，又要体现新时代企业党建工作在长期的实践中积累的历史经验和未来发展的方向，二者缺一不可。

新时代企业党建文化对于实现党对企业的政治领导、思想领导、组织领导的有机统一，发挥企业党组织的领导核心和政治核心作用，特别是体现新时代企业党组织把方向、管大局、保落实的职能定位，有着重大理论价值和现实意义。作为增强新时代企业党组织政治判断力、政治领悟力、政治执行力的有力抓手，新时代企业党建文化体系框架的构建受到越来越多企业的高度重视。例如，山东能源淄矿集团唐口煤业有限公司构建了“红箭·领行”党建文化体系，日照市土地发展集团构建了“星火·土地”党建文化体系，山东能源临矿集团古城煤矿有限公司构建了“红象”党建文化体系。中国中铁山桥集团有限公司构建了“红心领路、专心造桥”的红桥党建文化体系，主要包括“红心为民、工业报国”的党建宗旨、“红色工业党建的引领者”的党建愿景、“红、专、新、实”的党建价值观、“专心专注、坚守坚持、尽善尽美”的党建精神，以及“坚持理想、坚定信念”的党建政治观、“夯实基础、提升能力”的党建组织观、“崇尚新风、弘扬正气”的党建宣传观、“严管厚爱、忠诚担当”的党建干部观、“守正创新、六廉兴企”的党建廉洁观、“贴近服务、引领发展”的党建群众观等。这些企业的党建文化为我们构建新时代企业党建文化体系提供了重要参考。

3. 新时代企业党建文化的行为规范

在100余年的非凡奋斗历程中，一代又一代中国共产党人顽强拼搏、不懈奋斗，涌现出一大批视死如归的革命烈士、一大批顽强奋斗的英雄人物、一大批忘我奉献的先进模范，形成了一系列伟大精神，构筑起了中国共产党人的精神谱系，为我们立党兴党强党提供了丰厚滋养。要教育引导全党大力发扬红色传统、传承红色基因，赓续共产党人精神血脉，始终保持革命者的大无畏奋斗精神，鼓起迈进新征程、奋进新时代的精气神。新时代企业党建文化要以中国共产党人的精神谱系为引领，展现新时代企业党建文化的行为风范。这是新时代企业党建文化体系框架的核心内容。

新时代企业党建文化的行为风范反映了新时代企业优秀党员干部的先进事迹、先进思想及其行为习惯、精神风貌，以及在此基础上形成的党建工作行为要求，也就是党建工作及其党员干部的行为规范。在一定意义上讲，新时代企业党建文化作为一种精神文化，必须将党建文化的基本理念转化为党建文化的行为风范，才能最终形成党建工作及其党员干部强大的凝聚力和战斗力。新时代企业党建文化的行为风范要体现在各项党建工作的具体要求之中。例如，反映干部行为风范的党建干部观、反映群众工作风范的党建群众观、反映廉洁工作风范的党建廉洁观、反映纪律工作风范的党建纪律观等。

4. 新时代企业党建文化的特色品牌

伟大建党精神、中国共产党人的精神谱系、中国共产党人的伟大政治品格，存在一种“源、流、海”的递进关系。在一定意义上讲，中国共产党人伟大政治品格和大海般伟大胸怀的形成，源于伟大建党精神，发展于中国共产党人的精神谱系。“七一勋章”获得者就是各条战线党员中的杰出代表，在他们身上，生动体现了中国共产党人坚定信念、践行宗旨、拼搏奉献、廉洁奉公的高尚品质和崇高精神。锤炼鲜明的政治品格，生动展现新时代企业党员干部坚定信念、践行宗旨、拼搏奉献、廉洁奉公的高尚品质和崇高精神，最终形成新时代企业党建文化的特色品牌，这是新时代企业党建文化的目标。因此，新时代企业党建文化要以塑造新时代企业党员干部的政治品格为重点，为加强党员干部的理想信念教育、增强宗旨意识、强化政治纪律、保持党的先进性和纯洁性，开发有特色品牌的党建工作活动、党建工作平台、党建工作载体等。譬如，党建组织活动、党建学习活动、党建宣传活动、党建先进人物选树活动等，都是打造新时代企业党建文化特色品牌的有力抓手。

三、新时代企业党建文化建设路径

新时代企业党建文化建设要展现一代又一代中国共产党人以及新时代企业党员干部顽强拼搏、不懈奋斗的精神面貌，传承中国共产党人形成的井冈山精神、长征精神、遵义会议精神、延安精神、西柏坡精神、红岩精神、抗美援朝精神、“两弹一星”精神、特区精神、抗洪精神、抗震救灾精神、抗疫精神等伟大精神及新时代企业党员干部的优良作风，构筑新时代企业党组织的党建工作理念体系，为加强党对新时代企业的领导以及新时代企业党的建设提供丰厚滋养。

1. 寻根：弘扬党的光荣传统和优良作风

寻根是指新时代企业党组织寻找新时代企业党建文化形成的历史根源和实践基础。企业党组织要在党史学习教育中，寻找新时代企业党建文化形成的历史根源，引导党员干部用党的奋斗历程和伟大成就鼓舞斗志、明确方向，用党的光荣传统和优良作风坚定信念、凝聚力量，用党的实践创造和历史经验启迪智慧、砥砺品格。而寻找新时代企业党建文化形成的实践基础，则需要全面梳理和总结新时代企业党组织在引导党员干部做强做优做大新时代企业的过程中，取得的重大成就以及积累的党建工作经验、党建工作思路、党建工作传统、党建工作习惯、党建工作品牌等。这是提炼和形成新时代企业党建文化体系的重要前提。所以，新时代企业党建文化建设一方面要收集整理新时代企业党组织的党建工作文件、资料以及党组织相关领导人的重要讲话；另一方面要通过问卷和访谈等形式对新时代企业党组织的党建工作进行实地调研，从而为新时代企业党建文化建设后续工作打下坚实基础。

2. 铸魂：展现党的初心使命和信仰信念

铸魂是指新时代企业党组织在寻根基础上，提炼和形成新时代企业党建文化理念体系。新时代企业党建文化必须以展现党的初心使命和信仰信念为核心，传承和发扬党的成功经验，为新时代企业党组织推进实现中华民族伟大复兴的中国梦，以及在新时代坚持和发展中国特色社会主义、推动党的自我革命、永葆党的生机活力提供强大精神动力。新时代企业党组织在提炼和形成新时代企业党建文化理念体系中，要重点考虑为什么、是什么、怎么做三个核心问题。这就是新时代企业党组织的党建宗旨（或党建使命）、党建愿景、党建价值观的内容。新时代企业党组织要以这三个核心问题为指导，提炼和形成新时代企业党建文化理念体系。譬如党建政治观、党建组织观、党建作风观以及党建宣传语、党建品牌等。

3. 增信：传播马克思主义思想

增信是指新时代企业党组织要通过新时代企业党建文化传播马克思主义思想，特别是习近平新时代中国特色社会主义思想，增强党员干部对马克思主义的信仰、对中国特色社会主义的信念、对实现中华民族伟大复兴的中国梦的信心。这就要求在新时代企业党建文化建设中，企业党组织要教育引导党员干部从党的非凡历程中，领会和感悟马克思主义的真理力量和实践力量，尤其是要结合党的十八大以来党和国家事业取得的历史性成就、发生的历史性变革，学习领会并运用新时代党的创新理论最新成果武装头脑、指导实践、推动工作，胸怀中华民族伟大复兴战略全局和世界百年未有之大变局，树立马克思主义大历史观，增强工作的系统性、预见性、创造性。在此基础上，新时代企业党组织还要教育引导党员干部，将新时代企业党建文化内化于心、外化于行，领会新时代企业党建文化的重大意义，掌握其丰富内涵，践行和传播新时代企业党建文化的理念和思想，全面提升自身综合素质特别是思想政治素质。

4. 立本：坚持党的全心全意依靠工人阶级的根本方针

立本是指新时代企业党组织在新时代企业党建文化建设中，必须坚持党的全心全意依靠工人阶级的根本方针。新时代企业党建文化要体现新时代企业党组织与职工同呼吸、共命运、心连心，要赢得职工信任，得到职工支持，只有这样，新时代企业才能够克服任何困难、无往而不胜。这就要求，在新时代企业党建文化建设中，企业党组织要教育引导党员干部深刻认识党的性质宗旨，坚持一切为了职工、一切依靠职工，始终把职工放在心中最高位置、把职工对美好生活的向往作为奋斗目标，推动改革发展成果更公平更广泛惠及全体职工，把职工群众凝聚起来，形成推动新时代企业做强做优做大的磅礴力量。新时代企业党组织要引导企业健全以职工代表大会为基本形式的民主管理制度，推进厂务公开、业务公开，落实职工群众知情权、参与权、表达权、监督权，充分调动工人阶级的积极性、主动性、创造性；企业在重大决策上要听取职工意见，涉及职工切身利益的重大问题必须经过职工代表大会审议；要坚持和完善职工董事制度、职工监事制度，鼓励职工代表有序参与公司治理。这些都体现了党的全心全意依靠工人阶级的根本方针是新时代企业党建文化建设的基石。

5. 塑行：保持党的先进性和纯洁性

塑行是指新时代企业党组织要通过新时代企业党建文化规范新时代企业党员干部的行为，以保持党的先进性和纯洁性，从而提高新时代企业党组织的领导水平和管理水平。因此，我国新时代企业不仅要用企业文化规范企业行为，还要用职工文化规范职工行为，更要用党建文化规范新时代企业党组织和党员干部行为。这也是中国特色现代国有企业制度的“特”。从这个意义上讲，在新时代企业党建文化建设中，企业党组织要加强对新时代企业党员干部的党性教育、宗旨教育、警示教育，严明政治纪律和政治规矩，引导他们不断提高思想政治素质、增强党性修养，做到对党忠诚、勇于创新、治企有方、兴企有为、清正廉洁，并坚定信念、勇于担当，牢记自己的第一职责是为党工作，牢固树立政治意识、大局意识、核心意识、看齐意识，把爱党、忧党、兴党、护党落实到经营管理各项工作中。这就是新时代企业党建文化要达到的塑行目标。

6. 展风貌：提升新时代企业党组织的政治判断力、政治领悟力、政治执行力

展风貌是指新时代企业党建文化要体现新时代企业党组织的党建工作特色以及在党建工作活动中展现出的新时代党建工作精神风貌，形成党建工作品牌，全面提升新时代企业党组织的政治判断力、政治领悟力、政治执行力，以高质量党建推动新时代企业高质量发展。例如，山东能源集团古城煤矿公司形成的党建文化、党建模式、党建工作法等党建工作品牌，以及星级党支部、星级党小组、星级车间工会、星级团支部、星级党员等富有特色的党建工作法，展现了该企业党组织和党员干部的精神风貌。因此，在新时代企业党建文化建设中，企业党组织要发挥党员干部的先锋模范作用，引导职工群众紧紧团结在党的周围，确保新时代企业党员干部和职工群众拧成一股绳，心往一处想、劲往一处使，树立新发展理念，构建新发展格局，在做强做优做大新时代企业以及全面建设社会主义现代化国家新征程中，发挥应有的作用。这就需要我国新时代企业通过一系列的党建工作活动打造党建工作品牌，形成党建工作引领力和组织优势。

第四节　新时代企业党建文化的新价值

新时代企业党建文化在本质上反映了党的基本思想以及党加强对我国新时代企业领导的最新要求，是党建文化①在我国新时代企业党建工作中的具体表现。因此，新时代企业党建文化要从党的百年奋斗历程中汲取智慧，既要体

① 党建文化是一个政党在长期党建实践过程中形成的、为全党所认同和践行的价值观念、制度规范、行为准则以及情感态度，基本内涵包括党的意识形态、政权理念、政治心理、价值取向、思维方式、情感态度、伦理道德等范畴，外延则涵盖党的制度规范、行为方式、形象作风、标识符号（如党徽党旗）和历史传统等范畴。参见陈金龙：《党建文化的界定与建构：以中国共产党为视角》，《理论学刊》2012年第10期；林志彬、郭文亮：《党建文化与新时期党的建设生命力》，《领导科学》2013年第3期。

现党对我国新时代企业的全面领导，又要符合党对文化建设提出的新要求，为开创新时代企业党建工作和生产经营工作提供坚强思想保证和强大精神力量，展现我国新时代企业党组织的领导智慧、党建工作经验和党建工作品牌。同时，新时代企业党建文化还要弘扬伟大建党精神，揭示立党之本及其精神本源，展示兴党之魂及其精神风貌，体现强党之力及其伟大品格，并加强职工思想政治工作，引导广大职工在理想信念、价值理念、道德观念上紧紧团结在党的周围。

一、新时代企业党建文化要从党的百年奋斗历程中汲取智慧

新时代企业党建文化既要体现党对企业的全面领导，又要符合党对文化建设提出的要求，更要展现党在百年奋斗中形成的伟大精神以及积累的宝贵历史经验。具体而言，新时代企业党建文化要坚持党对新时代企业的全面领导，保证新时代企业党组织及其党员的思想统一、政治团结、行动一致，提升新时代企业党组织的政治领导力、思想引领力、群众组织力、社会号召力，增强新时代企业党组织的自我净化、自我完善、自我革新、自我提高能力，特别是要坚持习近平新时代中国特色社会主义思想的指导，全面提升新时代企业凝聚力和向心力，为开创新时代企业党建工作和生产经营工作提供坚强思想保证和强大精神力量，弘扬党在百年奋斗中形成的以伟大建党精神为源头的精神谱系，展现新时代企业党组织及党的先进性和纯洁性以及新时代企业党组织的领导水平，体现百年党的宝贵历史经验，展现新时代企业党组织的领导智慧、党建工作经验和党建工作品牌。在一定意义上，新时代企业党建文化是新时代企业党组织和全体职工共同创造的精神财富。新时代企业党建文化要为新时代企业植“根”铸“魂”，体现企业党组织的领导核心和政治核心地位，特别是把方向、管大局、保落实的作用，反映党对企业的政治领导、思想领导、组织领导的有机统一，展现新时代企业党组织的政治纪律和政治规矩等，最终形成党建工作使命、党建工作愿景、党建工作价值观、党建工作理念、党建工作宗旨、党建工

作精神等文化体系，为高质量党建引领新时代企业高质量发展指明政治方向和提供政治保障。

1. 党建工作使命

党建工作使命是指新时代企业党建工作的意义和价值，体现了新时代企业党组织及其党员的历史责任和政治使命，是对我党的宝贵历史经验以及新时代企业党建工作的历史发展和成功经验的总结与提炼，包括坚持党的领导、坚持人民至上、坚持理论创新、坚持独立自主、坚持中国道路、坚持胸怀天下、坚持开拓创新、坚持敢于斗争、坚持统一战线、坚持自我革命等。新时代企业党建工作使命要从党的百年奋斗历程中汲取营养，展现中国共产党无愧为伟大、光荣、正确的政党的历史经验和历史担当，反映新时代企业党建工作的成功经验和时代价值。这就需要我们梳理新时代企业党建工作的历史，明确新时代企业党组织在夯实企业这一中国特色社会主义的重要物质基础和政治基础、党执政兴国的重要支柱和依靠力量，以及推动企业发展取得巨大成就等方面所发挥的重大历史作用和积累的重大历史经验。

2. 党建工作愿景

党建工作愿景是指新时代企业党组织对未来目标的定位和永恒追求，是对党建工作未来的设想，体现了新时代企业党组织及其党员的立场和信仰。我党在百年奋斗历程中，之所以能团结带领全国各族人民创造新民主主义革命的伟大成就、社会主义革命和建设的伟大成就、改革开放和社会主义现代化建设的伟大成就、新时代中国特色社会主义的伟大成就，关键在于党的初心使命和理想信念。中国共产党自1921年成立以来，始终把为中国人民谋幸福、为中华民族谋复兴作为自己的初心使命，始终坚持共产主义理想和社会主义信念，团结带领全国各族人民为争取民族独立、人民解放和实现国家富强、人民幸福而不懈奋斗，已经走过100多年光辉历程。党和人民的百年奋斗，书写了中华民族几千年历史上最恢宏的史诗。新时代企业党建工作要坚守党的初心使命和理想信念，结合新时代企业党建工作的发展历史和现状，为新时代企业党组织及其党员制定奋斗目标和指明发展方向，从而为新时代企业高质量党建确立方向、谋划布局。

3. 党建工作价值观

党建工作价值观是指新时代企业党组织及其党员的政治价值取向，是新时代企业党组织在党建工作成功实践过程中所推崇的基本信念和行为准则，体现了新时代企业党建工作的价值判断和价值标准。党建工作使命、党建工作愿景、党建工作价值观是新时代企业党建文化的三个核心要件，分别从为什么、是什么、怎么做三个方面，回答了新时代企业党建工作的意义、目标、做法。同理，企业使命、企业愿景、企业价值观也是企业文化的三个核心要件，分别从为什么、是什么、怎么做三个方面，回答了企业存在的意义、企业发展的目标、企业的行为准则。但是，新时代企业党建文化是政治文化，体现了党性要求；企业文化是管理文化，反映了经营管理要求。我党在百余年发展中始终坚定理想信念，牢记初心使命，始终谦虚谨慎、不骄不躁、艰苦奋斗，不为任何风险所惧，不为任何干扰所惑。新时代企业党建工作价值观要从党史中汲取智慧，梳理总结提炼新时代企业党建工作中积累的好经验、好做法及党员的先进故事、先进思想，最终形成能够体现新时代企业党建工作品牌的基本价值理念和行为准则。

4. 党建工作理念

党建工作理念是指新时代企业党组织对党建工作的相关领域及其相关活动提出的具体要求以及形成的工作规范，是新时代企业党建工作使命、愿景、价值观的生动表现和具体实践。我党在百余年发展中始终坚持全面从严治党，坚定不移推进党风廉政建设和反腐败斗争。新时代企业党建工作理念要结合新时代企业的实际情况，依据党中央对党建工作提出的要求，对企业党组织各方面的工作做出具体要求，从而形成具有企业自身特色的党建工作理念。新时代企业党建工作理念具体表现为，新时代企业党组织在政治建设、思想建设、组织建设、作风建设、纪律建设、廉政建设以及制度建设等方面提出的政治工作理念、思想工作理念、组织工作理念、作风工作理念、纪律工作理念、制度工作理念以及廉政工作理念等。

5. 党建工作宗旨

党建工作宗旨是党的宗旨在新时代企业党建工作中的具体表现，体现了党的性质以及新时代企业党组织的立场和观点，反映了新时代企业党组织的政治本色。我党在百余年发展中始终保持同人民群众的血肉联系，践行以人民为中心的发展思想，不断实现好、维护好、发展好最广大人民根本利益，团结带领全国各族人民不断为美好生活而奋斗。新时代企业党建工作宗旨要践行以人民为中心的发展思想，就需要坚持党的全心全意依靠工人阶级的根本方针，推动健全以职工代表大会为基本形式的民主管理制度，推进厂务公开、业务公开，落实职工群众知情权、参与权、表达权、监督权，充分调动工人阶级的积极性、主动性、创造性；企业在重大决策上要听取职工意见，涉及职工切身利益的重大问题必须经过职工代表大会审议；要坚持和完善职工董事制度、职工监事制度，鼓励职工代表有序参与公司治理；等等。为此，新时代企业党建工作宗旨要以落实职工群众知情权、参与权、表达权、监督权，以及充分调动工人阶级的积极性、主动性、创造性为核心。

6. 党建工作精神

党建工作精神是指新时代企业党组织及其党员在长期的实践中形成的精神风貌，反映了新时代企业党组织的党建工作态度及其党员的思想境界和党性风采，是伟大建党精神以及中国共产党人的精神谱系和政治品格在新时代企业党建工作中的具体表现。以伟大精神为源头的精神谱系对于保持党的先进性和纯洁性，以及提高党的执政能力和领导水平具有重大历史价值。伟大建党精神不仅是中国共产党的精神之源，也是新时代企业党建工作精神的思想之源。以伟大建党精神为源头形成的井冈山精神、长征精神、遵义会议精神、延安精神、西柏坡精神、红岩精神、抗美援朝精神、“两弹一星”精神、特区精神、抗洪精神、抗震救灾精神、抗疫精神等中国共产党人的精神谱系，更为新时代企业党建工作精神的培育提供了鲜活素材。这就要求新时代企业党建工作精神以伟大建党精神及中国共产党人的精神谱系为指导，展现具有新时代企业党组织及党员鲜明特点的精神风貌。

二、新时代企业党建文化要弘扬伟大建党精神

伟大建党精神是立党之本，中国共产党人的精神谱系是兴党之魂，政治品格是强党之力。如果说，伟大建党精神是“源”的话，那么中国共产党人的精神谱系就是“流”，政治品格则是“海”。“源”揭示了中国共产党百年历史发展的原动力，“流”展示了中国共产党百余年历史发展进程中的时代风范和精神风貌，“海”则体现了中国共产党在百年历史发展中汲取丰富的精神力量并海纳百川，最终形成党的伟大品格。新时代企业党建文化要弘扬伟大建党精神，既需要揭示立党之本及其原动力，又需要展示兴党之魂及其精神风貌，更需要体现强党之力及其伟大品格。在此基础上，新时代企业党建文化确定新时代企业党组织的工作目标、工作原则、工作规范、工作理念、工作品牌等内容。

新时代企业党建文化是坚持党的领导、加强党的建设的时代需要，是企业的“根”和“魂”，是我国新时代企业的独特优势，是坚持党对企业的领导这一重大政治原则的思想文化表现，是把党的领导融入公司治理各环节这一中国特色现代企业制度的“特”，是实现党对企业政治领导、思想领导、组织领导有机统一的思想文化前提，是发挥企业党组织领导核心和政治核心作用，最终实现把方向、管大局、保落实的思想文化要求。新时代企业党建文化为党员干部的党性教育、宗旨教育、警示教育提供了丰富的思想文化素材，有助于严明政治纪律和政治规矩，引导他们不断提高思想政治素质、增强党性修养。因此，新时代企业党建文化要坚持全心全意依靠工人阶级的方针，教育党员干部对党忠诚、勇于创新、治企有方、兴企有为、清正廉洁。

1. 新时代企业党建文化要从伟大建党精神中汲取政治智慧

伟大建党精神包括四个层面，即坚持真理、坚守理想的建党立场，践行初心、担当使命的建党追求，不怕牺牲、英勇斗争的建党原则，对党忠诚、不负人民的建党宗旨。其中，建党立场就是马克思主义立场，坚持的真理是马克思主义真理，坚守的理想是共产主义远大理想和中国特色社会主义共同理想。马克思主义是我们立党立国的根本指导思想，是我们党的灵魂和旗帜。中国共产党

坚持马克思主义基本原理，坚持实事求是，从中国实际出发，洞察时代大势，把握历史主动进行艰辛探索，不断推进马克思主义中国化时代化，指导中国人民不断推进伟大社会革命。中国共产党为什么能，中国特色社会主义为什么好，归根结底是因为马克思主义行！建党追求就是为人民谋幸福、为民族谋复兴。中国共产党一经诞生，就把为中国人民谋幸福、为中华民族谋复兴确立为自己的初心使命。建党原则就是为无产阶级解放和全人类解放而奋斗的牺牲精神、斗争精神。敢于斗争、敢于胜利，是中国共产党不可战胜的强大精神力量。建党宗旨就是坚持党的领导和全心全意为人民服务。中国共产党领导是中国特色社会主义最本质的特征，是中国特色社会主义制度的最大优势，是党和国家的根本所在、命脉所在，是全国各族人民的利益所系、命运所系。江山就是人民，人民就是江山，打江山、守江山，守的是人民的心。中国共产党根基在人民、血脉在人民、力量在人民。新时代企业党建文化从伟大建党精神中汲取的政治智慧就是要体现建党立场、建党追求、建党原则、建党宗旨。这是新时代企业党建文化的本色。

2. 新时代企业党建文化要从中国共产党人的精神谱系中汲取精神养分

新时代企业党建文化的核心在于构建完善的党建工作理念体系。中国共产党的精神谱系为新时代企业党建文化提供了宝贵精神财富。我党在100余年发展中，涌现出一大批视死如归的革命烈士、一大批顽强奋斗的英雄人物、一大批忘我奉献的先进模范，形成了井冈山精神、长征精神、遵义会议精神、延安精神、西柏坡精神、红岩精神、抗美援朝精神、“两弹一星”精神、特区精神、抗洪精神、抗震救灾精神、抗疫精神等伟大精神，构筑起了中国共产党人的精神谱系。我们党之所以历经百年而风华正茂、饱经磨难而生生不息，就是凭着那么一股革命加拼命的强大精神。这些宝贵精神财富集中体现了党的坚定信念、根本宗旨、优良作风，凝聚着中国共产党人艰苦奋斗、牺牲奉献、开拓进取的伟大品格，深深融入我们党、国家、民族、人民的血脉之中，为我们立党兴党强党提供了丰厚滋养。党的百年历史发展中形成的各种伟大精神以及革命烈士、英雄人物、先进模范等的先进事迹，不仅是我们党宝贵的精神财富，也是新时代企业党建文化亟须汲取的宝贵政治理念。新时代企业党建文化既要宣传这些先进事迹，更要全面展示这些伟大精神。中国共产党人的精神谱系体现的党的坚定信念、根本宗旨、优良作风、伟大品格不仅为我们立党兴党强党提供了丰厚滋养，更丰富了新时代企业党建文化的内容。也就是说，新时代企业党建文化体现的就是新时代企业党建工作的基本信念、根本宗旨、优良作风、伟大品格等内容。这是新时代企业党建文化的底色。

3. 新时代企业党建文化要从党的政治品格中汲取政治要求

2021年3月1日，习近平总书记在春季学期中央党校（国家行政学院）中青年干部培训班发表重要讲话强调："对党忠诚，是共产党人首要的政治品质。我们党一路走来，经历了无数艰险和磨难，但任何困难都没有压垮我们，任何敌人都没能打倒我们，靠的就是千千万万党员的忠诚。对党忠诚，必须一心一意、一以贯之，必须表里如一、知行合一，任何时候任何情况下都不改其心、不移其志、不毁其节。年轻干部要以先辈先烈为镜、以反面典型为戒，不断筑牢信仰之基、补足精神之钙、把稳思想之舵，以坚定的理想信念砥砺对党的赤诚忠心。要自觉加强政治历练，接受严格的党内政治生活淬炼，不断提高政治判断力、政治领悟力、政治执行力，使自己的政治能力同担任的工作职责相匹配。要立志为党分忧、为国尽责、为民奉献，勇于担苦、担难、担重、担险，以实际行动诠释对党的忠诚。"①按照习近平总书记的重要讲话精神，我们认为，新时代企业党建文化体现的就是新时代企业党组织及其党员干部的政治品质，培育的是忠诚干净担当，尤其是以坚定的理想信念砥砺对党的赤诚忠心的党员干部，提升的是党组织及其党员干部的政治判断力、政治领悟力、政治执行力，最终营造的是为党分忧、为国尽责、为民奉献，勇于担苦、担难、担重、担险，以实际行动诠释对党的忠诚的文化氛围。从这个意义上讲，新时代企业党建文化的本质是一种政治文化，体现了新时代党的建设的政治要求。因此，新时代企业党建文化要把党的政治建设摆在首位，旗帜鲜明讲政治是我们党作为马克

① 中华人民共和国中央人民政府官网：《习近平在中央党校（国家行政学院）中青年干部培训班开班式上发表重要讲话》，https://www.gov.cn/xinwen/2021-03/01/content_5589536.htm，2021-03-21。

思主义政党的根本要求，党的政治建设是党的根本性建设，决定党的建设方向和效果。新时代企业党建文化要从党的政治品质中汲取政治要求，保证我国新时代企业发展的政治方向。这是新时代企业党建文化的原色。

4. 新时代企业党建文化要从党建工作实践中汲取政治经验

新时代企业党建文化是新时代企业党建工作的核心内容，为新时代企业党建工作指明方向。与企业文化的管理属性相比，新时代企业党建文化具有政治属性。企业文化对于改革开放以来我国企业提高管理效率和展现企业形象发挥了重要作用。新时代企业党建文化对于提高党建工作效率和展现党组织形象也有着重大的战略价值。在一定意义上，企业文化体现的是生产经营中心的作用。党建文化展现的是党的领导核心和政治核心作用。中心要服从核心，核心要服务中心，二者是辩证统一的关系。党建文化与企业文化的融合对于解决党建工作与生产经营工作“两张皮”现象有着重要的现实意义。新时代企业党建文化是企业党组织按照党的要求，在长期的党建工作实践中形成的党建使命、党建愿景、党建价值观、党建精神、党建形象、党建品牌等。企业文化是企业行政部门按照企业生产经营需要和市场发展状况，在长期的经营管理实践中形成的企业使命、企业愿景、企业价值观、企业精神、企业形象、企业品牌等。我国新时代企业特别是国有企业是中国特色社会主义的重要物质基础和政治基础。企业文化以企业的物质生产和市场开发等物质基础为依托，确定物质生产和市场开发的发展目标是企业文化的核心内容。新时代企业党建文化主要依靠政治基础，即企业的党建工作和党组织建设。为党建工作和党组织建设确定发展方向，则是新时代企业党建文化的核心内容。新时代企业党建文化，一方面需要弘扬伟大建党精神保证政治方向；另一方面需要传承和践行伟大建党精神积累党建工作经验，形成具有企业党组织特色的政治智慧和政治力量。这是新时代企业党建文化的亮色。

三、新时代企业党建文化要加强职工思想政治工作

新时代企业党建文化要以全面加强和改进职工思想政治工作为抓手，既为

生产经营管理、企业精神培育和企业文化建设指明政治方向，更为人力资源开发和职工素质提升明确政治导向，为职工文化建设提出政治要求。新时代企业党建文化举旗帜，是信仰文化，引导广大职工听党话、跟党走；企业文化抓管理，是信念文化，以企业使命、企业愿景、企业价值观等指明企业发展方向；职工文化提素质，是信心文化，以职工责任、职工理想、职工信念等提供企业发展动力。新时代企业党建文化的灵魂是伟大建党精神，企业文化的灵魂是企业家精神，职工文化的灵魂是劳模精神、劳动精神、工匠精神。因此，新时代企业党建文化要引领企业文化，实现党建工作的领导核心和政治核心与生产经营管理中心的有机融合，使党建工作的领导核心和政治核心服务于生产经营管理中心，生产经营管理中心服从党建工作的领导核心和政治核心。同时，新时代企业党建文化要引导职工文化，坚持党的全心全意依靠工人阶级的根本方针，通过加强对广大职工的人文关怀和心理疏导，丰富广大职工的精神文化生活以满足其精神文化需求，全面提升职工整体素质，从而为全面建设社会主义现代化国家以及实现中华民族伟大复兴的中国梦提供高素质的职工队伍。这就要求新时代企业党建文化加强职工思想政治工作，把解决广大职工的思想问题同解决实际问题结合起来，既要向广大职工讲道理，又要为广大职工办实事，最终达到得人心、暖人心、稳人心的目的。所以，新时代企业党建文化加强职工思想政治工作，要以组织职工群众、宣传职工群众、教育职工群众、引导职工群众为抓手；以社会主义核心价值观为引领；以打造健康文明、昂扬向上、全员参与的职工文化为载体；以推动线上线下职工思想政治工作融合发展为平台；以统一思想、凝聚人心、化解矛盾、增进感情、激发动力为核心；以强信心、聚民心、暖人心为关键；以引导广大职工在理想信念、价值理念、道德观念上紧紧团结在党的周围为目标，从而筑牢新时代职工思想政治工作这条党的“生命线”，为企业生存和发展提供政治保障。

1. 政治认同：用习近平新时代中国特色社会主义思想武装头脑

新时代企业党建文化是一种政治文化，政治认同是前提。新时代企业党建文化加强职工思想政治工作，必须用习近平新时代中国特色社会主义思想武装头脑、教育职工，增进广大职工对习近平新时代中国特色社会主义思想的政治认同、思想认同、理论认同和情感认同，巩固马克思主义在意识形态领域的指导地位，充分发挥思想政治工作这一党的优良传统和政治优势，提升企业的凝聚力和竞争力，发挥思想政治工作对于统一思想、凝聚共识、鼓舞斗志、团结奋斗的重要作用。为此，新时代企业党建文化必须自觉承担起举旗帜、聚民心、育新人、兴文化、展形象的职责使命，充分调动广大职工的积极性、主动性、创造性，坚持为中国共产党治国理政、为巩固和发展中国特色社会主义制度、为改革开放和社会主义现代化建设服务，从而巩固中国特色社会主义的重要物质基础和政治基础，增强我们党执政兴国的重要支柱和依靠力量。所以，政治认同是新时代企业党建文化的灵魂。

2. 政治立场：坚持党的全心全意依靠工人阶级的根本方针

新时代企业党建文化要加强职工思想政治工作，必须践行党的群众路线，尤其是坚持党的全心全意依靠工人阶级的根本方针，把职工群众对美好生活的向往作为新时代企业工作的出发点和落脚点，组织职工群众、宣传职工群众、教育职工群众、服务职工群众，强信心、聚民心、暖人心、筑同心，从而提高企业的凝聚力和向心力。同时，新时代企业党建文化还必须全面贯彻党的基本理论、基本路线、基本方略，把职工思想政治工作与企业生产经营和其他各项工作结合起来，为企业的生产经营中心工作提供有力的政治和思想保障。这就要求新时代企业党建文化加强职工思想政治工作，将显性教育与隐性教育、解决思想问题与解决实际问题、广泛覆盖与分类指导结合起来，因地制宜、因人制宜、因事制宜、因时制宜地开展工作，并且坚持守正创新，推进职工思想政治工作的理念创新、手段创新、基层工作创新，使新时代职工思想政治工作始终保持生机活力。政治立场既是新时代职工思想政治工作创新的基石，也是新时代企业党建文化发展的方向。

3. 政治核心：发挥党的领导核心和政治核心作用

新时代企业党建文化要加强职工思想政治工作，必须坚持和加强党的全面领导，把职工思想政治工作贯穿企业党的建设和企业治理的各个领域、各个方面、各个环节。强化企业党组织的主体责任，尤其要把政治责任放在首位，切实负起领导责任，建立健全职工思想政治工作责任制，制定责任清单。企业党组织要依据党章规定，做好党员和职工群众的思想政治工作，坚持党要管党、全面从严治党，以党的政治建设为统领，坚持思想建党和制度治党相统一，善于运用职工思想政治工作和体制制度优势，为推动企业与职工共同发展提供充分的政治保障。同时，新时代企业党建文化要加强职工思想政治工作，还必须把党的领导融入公司治理各环节，把企业党组织内嵌到公司治理结构之中，明确并落实党组织在公司法人治理结构中的法定地位，实现党对企业的政治领导、思想领导、组织领导的有机统一，发挥企业党组织把方向、管大局、保落实的作用。新时代企业党建文化必须以政治核心为统领。

4. 政治教育：培育和践行社会主义核心价值观

新时代企业党建文化要加强职工思想政治工作，必须推动理想信念教育常态化制度化，在广大职工中广泛开展中国特色社会主义和中国梦宣传教育，弘扬民族精神和时代精神，加强爱国主义、集体主义、社会主义教育，加强马克思主义唯物论和无神论教育，培育和践行社会主义核心价值观，通过加强教育引导、实践养成、制度保障，推动社会主义核心价值观融入企业发展和职工生活；加强广大职工的党史、新中国史、改革开放史、社会主义发展史和形势政策教育，引导广大职工旗帜鲜明地反对历史虚无主义，继往开来走好新时代长征路；加强广大职工社会主义法治教育，深入学习宣传习近平法治思想，在企业普遍开展宪法宣传教育，有针对性地宣传普及法律法规和法理常识，加大党章党规党纪宣传力度，全面提升广大职工的政治素养和思想水平。新时代企业党建文化必须以政治教育为核心。

5. 政治宣传：坚持正确政治方向、舆论导向、价值取向

新时代企业党建文化要加强职工思想政治工作，必须巩固壮大主流思想舆论，并将其融入企业的主题宣传、形势宣传、政策宣传、成就宣传、典型宣传中，运用各级各类媒体提高企业新闻舆论的传播力、引导力、影响力、公信力；充分利用重要传统节日、重大节庆日和纪念日，发挥礼仪制度的教化作用，丰富职工道德实践活动，推动广大职工形成适应新时代要求的思想观念、精神面貌、文明风尚、行为规范；要更加注重以文化人、以文育人，深入实施职工文艺作品质量提升工程，深入实施中华优秀传统文化传承发展工程，推进职工文化服务体系建设，更好满足职工精神文化需求；充分发挥先进职工典型的示范引领作用，深化对时代楷模、道德模范、最美职工、全国劳模、大国工匠、身边模范等的学习宣传，持续讲好不同时期的劳模故事、劳动故事、工匠故事，探索完善先进职工模范发挥作用的长效机制，把榜样力量转化为职工群众的生动实践；切实加强职工人文关怀和心理疏导，健全党员领导干部联系群众制度、党员联系服务群众制度，健全职工心理服务体系和疏导机制、危机干预机制，建立职工思想动态调查与分析研判机制，培育职工自尊自信、理性平和、积极向上的心态。新时代企业党建文化必须以政治宣传为抓手。

6. 政治保障：构建共同推进职工思想政治工作的大格局

在新时代企业党建文化建设中，要加强职工思想政治工作，必须完善领导体制和工作机制，完善党委统一领导、党政齐抓共管、宣传部门组织协调、有关部门和群团组织分工负责、全员共同参与的职工思想政治工作大格局，建设企业专兼结合的工作队伍，配齐配强职工思想政治工作骨干队伍，充实优化兼职工作队伍，不断壮大职工志愿服务工作队伍，有计划有步骤地开展全员培训，深化思想政治工作专业职务评聘制度改革，培养职工思想政治工作的行家里手；用好企业各类文化设施和阵地，加强各级各类党员教育培训基地、爱国主义教育基地等的规划建设和管理使用，全面加强职工文化建设，设立职工思想政治工作示范点；建立科学有效的评价考核体系，建立内容全面、指标合理、方法科学的职工思想政治工作测评体系，将测评结果纳入落实全面从严治党主体责任情况巡视巡查内容和监督检查范围，纳入企业党政领导班子、领导干部综合考核评价内容，把“软指标”变为“硬约束”。新时代企业党建文化必须以政治保障为基础。

第五章

新时代班组党建文化的新要求

新时代班组党建文化是新时代班组文化与党建文化相结合的产物，是新时代企业党建文化在班组管理中的具体表现，反映了新时代班组党组织在党建工作实践中形成的党建工作理念和党建工作品牌。因此，新时代班组党建文化在本质上是一种政治文化，既体现了新时代班组文化的政治属性和党建文化的本质要求，又展现了新时代企业党建文化的新要求和新时代班组党建工作的新特点，是新时代班组党建工作的灵魂和方向。

第一节　新时代班组文化与党建文化的辩证关系

新时代班组文化要以党建文化为引领，班组党建文化要以班组文化为支撑，二者是辩证统一的关系。新时代班组文化要从党建文化中汲取营养，弘扬伟大建党精神，宣传班组党建工作先进经验和先进思想等。新时代班组文化与党建文化要双向互动、彼此融合、相互促进，体现党的领导核心和生产经营中心的辩证统一。新时代班组文化与党建文化还要深度融合、同频共振，实现班组业务发展方向与党建发展方向的辩证统一。

一、新时代班组文化要从党建文化中汲取营养

新时代班组文化的政治属性意味着必须加强党对新时代班组的领导，发挥党员的先锋模范作用，大力宣传中国特色社会主义文化特别是党建文化并从中汲取营养，包括红色传统、红色基因、共产党人精神血脉、革命者的大无畏奋斗精神，以及迈进新征程、奋进新时代的精气神等。这不仅是新时代党建文化的灵魂，更是新时代班组文化要汲取的营养。新时代党建文化要引导班组党建工作，传承中国共产党人的精神谱系，筑牢班组党员的精神根基。一方面要传承井冈山精神、长征精神、遵义会议精神、延安精神、西柏坡精神、红岩精神、抗美援朝精神、“两弹一星”精神、特区精神、抗洪精神、抗震救灾精神、抗

疫精神等伟大精神；另一方面要结合班组党建工作的先进经验，特别是班组党员的先进事迹和先进思想，构建党建文化的理念体系。

1. 汲取信仰信念力量

新时代班组文化首先要从党建文化中汲取的就是信仰信念的力量。信仰信念在任何时候都至关重要。对共产主义的信仰，对中国特色社会主义的信念，是共产党人的政治灵魂，是共产党人经受住任何考验的精神支柱。在新时代，坚定信仰信念，最重要的就是要坚定中国特色社会主义道路自信、理论自信、制度自信、文化自信。因此，信仰信念作为共产党人的政治灵魂和精神支柱，既是新时代党建文化的政治灵魂，也是新时代班组文化的精神支柱。

2. 汲取精神营养

新时代班组文化从党建文化中汲取的主要精神营养，就是中国共产党人的强大精神和伟大品格。我们党之所以历经百年而风华正茂、饱经磨难而生生不息，就是凭着那么一股子革命加拼命的强大精神。这些宝贵精神财富跨越时空、历久弥新，集中体现了党的坚定信念、根本宗旨、优良作风，凝聚着中国共产党人艰苦奋斗、牺牲奉献、开拓进取的伟大品格，深深融入我们党、国家、民族、人民的血脉之中，为我们党立党兴党强党提供了丰厚滋养。党的坚定信念、根本宗旨、优良作风以及中国共产党人的伟大品格，构成新时代党建文化的核心内容，也为新时代班组文化指明政治方向。

3. 汲取智慧和力量

新时代班组文化从党建文化中汲取的智慧和力量，就是党的性质宗旨。我们党来自人民，党的根基和血脉在人民。为人民而生，因人民而兴，始终同人民在一起，为人民利益而奋斗，是我们党立党兴党强党的根本出发点和落脚点。江山就是人民，人民就是江山，人心向背关系党的生死存亡。赢得人民信任，得到人民支持，党就能够克服任何困难，就能够无往而不胜。反之，我们将一事无成，甚至走向衰败。从这个意义上讲，新时代班组文化要以党建文化为引领，坚持党的全心全意依靠工人阶级的根本方针，全面激发每一位班组成员的积极性、主动性、创造性。

4. 汲取思想伟力

新时代班组文化从党建文化中汲取的思想伟力，就是马克思主义。在近代中国最危急的时刻，中国共产党人找到了马克思列宁主义，并坚持把马克思列宁主义同中国实际相结合，用马克思主义真理的力量激活了中华民族历经几千年创造的伟大文明，使中华文明再次迸发出强大精神力量。马克思主义是我们认识世界、把握规律、追求真理、改造世界的强大思想武器，是我们党和国家必须始终遵循的指导思想。所以，马克思主义不仅是新时代党建文化的指导思想，也是新时代班组文化的理论根基。

二、新时代班组文化与党建文化要双向互动

2021年3月15日，人民网以《江西中烟南昌卷烟厂“党建+班组建设”提升企业基础管理》为题报道①，江西中烟南昌卷烟厂创新“党建+班组建设”，实现班组管理方式的创新、管理过程的增值和管理结果的增效。具体措施如下：一是聚焦班组自身建设，通过作用双发挥，将党建与班组建设深度融合，充分发挥班组长和党小组长、班委的双向互动作用；既将党小组打造为班组建设的中坚力量，又将班组建设打造成党小组发挥作用的载体。二是聚焦职工队伍成长，通过队伍双培养，按照“把党员培养成骨干，把骨干培养成党员”的工作思路，既培养政治坚定、思想上进、团结协作、奉献担当的党员，也培养专业技术精、综合素质高的技术人才。三是聚焦服务中心工作，通过机制双联动，积极搭建班组之间、党小组之间的交流平台，促进班组、党小组之间的交流互动，将基层班组、职工的活力转化为可见的工作效果和隐形的工作氛围。江西中烟南昌卷烟厂创新“党建+班组建设”的关键在于，通过作用双发挥、队伍双培养、机制双联动，实现了新时代班组文化与党建文化的双向互动。

新时代班组文化与党建文化的双向互动，是指新时代班组文化与党建文化既要保持各自的发展和特色，又要支持对方的发展和进步，实现班组党建

① 参见人民网：《江西中烟南昌卷烟厂“党建+班组建设”提升企业基础管理》，http://jx.people.com.cn/n2/2021/0315/c355185-34622087.html，2021-03-15。

与业务融合，最终解决“两张皮”现象。新时代党建文化是各级党组织在总结提炼党建工作中取得的好经验、好做法、好思路中所制定的党建工作使命、党建工作愿景、党建工作价值观、党建工作品牌、党建工作规范及党建工作精神风貌。新时代党建文化可分为机关党建文化、学校党建文化、军队党建文化、企业党建文化等。在一个集团企业内，还会有党建文化子文化之分，譬如集团党建文化下的企业党建文化、车间党建文化、班组党建文化等。新时代班组党建文化是党小组的核心竞争力，体现了党组织的领导核心作用。新时代班组文化是班组核心竞争力，展现了班组业务中心地位。业务中心要围绕党的领导核心，党的领导核心要服务业务中心。

1. 双向融入

新时代班组文化与党建文化的双向融入，是指新时代班组文化与党建文化要将自身的核心理念融入对方的文化理念体系中，实现班组发展讲政治、党建工作服务班组建设的目的。江西中烟南昌卷烟厂在班组建设中通过作用双发挥，既发挥班组和党小组以及班组长和党小组长的作用，又发挥班组文化与党建文化的作用，同时展现班组管理思路与党建工作思路。新时代班组文化与党建文化通过双向互动，融入对方文化理念体系中，最终既将党小组打造为班组中坚力量，又将班组打造成党小组发挥作用的载体。

2. 双向支撑

新时代班组文化与党建文化的双向支撑，就是二者都有两个方向，即新时代班组文化既支撑班组业务水平的提升又推动党建工作的开展，而新时代党建文化既保证班组党建工作发展的方向又服务于班组业务的发展。这就如同车之双轮、鸟之双翼，相辅相成，缺一不可。道德修养对于一个人的发展具有更根本的意义。党建文化对于新时代班组发展也具有更根本的意义。江西中烟南昌卷烟厂在职工队伍成长方面，实现了职工“双培养一输送”，把党员培养成骨干，把骨干培养成党员，既提高了党员的业务水平，又提升了骨干的政治素质。

3. 双向联动

新时代班组文化与党建文化的双向联动，是指新时代班组文化与党建文化因对方变化而变化、因对方要求而调整的过程。任何一个班组都肩负着双重使命，既要完成班组任务，又要满足职工需求。班组的任务和发展思路主要体现在新时代班组文化之中，而新时代党建文化则是满足职工需求和发展的基本保障，反映了以人民为中心的党的基本立场。新时代班组文化与党建文化是实现班组双重使命的文化表现。江西中烟南昌卷烟厂在服务中心工作方面，通过机制双联动，积极搭建班组之间、党小组之间的交流平台，促进双方之间的交流互动，就是为了保证新时代班组双重使命的实现。

三、新时代班组文化与党建文化要互融同频共振

2021年4月17日，《班组天地》杂志微信公众号以《“党小组+班组”互融共振 双细胞工程谱安全新篇》为题报道，准能集团哈尔乌素露天煤矿运输队运行三班（以下简称运行三班）为了避免党的建设与生产经营出现“两张皮”的现象，将党小组建在班组内，并行设置党小组和班组，通过“一会”“三课”“三争先”活动，实现党小组和班组两个细胞功能互补、融入融合。“一会”是指每月至少召开一次党小组会。“三课”是指“党小组一会包含三课”，即安全文件分析课、安全技术教育课、安全措施讨论课。“三争先”是指党员争先、职工争先、班组争先。党员争先包括党员亮身份、作表率，带思想、带学习、带安全、带技能、带作风；职工争先是指在职工群体中形成“比、学、赶、超”的良好氛围；班组争先主要突出党建的政治引领作用。新时代班组文化必须以运行三班的“党小组+班组”互融共振双细胞工程为参考，实现新时代班组文化与党建文化的互融同频共振。

在内涵方面，新时代班组文化反映了班组生产经营的责任定位、目标追求和经营理念等，引导新时代班组的业务发展方向；党建文化则体现了新时代班组在党的建设中确立的使命、愿景和价值观等，引领新时代班组的党建发展方向。在意义方面，新时代班组文化与党建文化都是为了每个班组成员有更好的

成长，整个班组有更好的发展，二者是同途同归。回顾中国共产党成立100多年的历史，三湾改编提出“支部建在连上”，确立党对军队的绝对领导，古田会议提出思想建党原则，进一步强化党对军队的政治领导，对于党领导人民群众取得革命的伟大胜利，并最终成立新中国有着重大的历史意义，更有着重大的现实启发意义。新时代班组文化与党建文化互融同频共振是为了加强党对新时代班组的领导，用习近平新时代中国特色社会主义思想武装每一位班组成员的头脑，在全面建设社会主义现代化强国的新发展阶段，确立新发展理念，开创新发展格局，从而实现新时代班组的业务发展有前途、政治立场有保障。

1. 功能互融

新时代班组文化与党建文化首先要在功能上互融，既要保持各自的独立性，更要彼此融入对方的内容，形成辩证统一的关系。新时代班组文化与党建文化的功能融合必须以党小组与班组的融合为前提，才会有实质性效果。这就要求，新时代班组必须做到“支部建在连上”，确立党组织对班组的领导，有效解决党的建设与生产经营“两张皮”现象。

2. 思想同频

新时代班组文化与党建文化的互融尽管要以党小组与班组的融合为前提，但是，二者真正融入融合必须体现为思想同频、内容同步、发展同向。思想同频是基础，内容同步是关键，发展同向是目的。新时代班组文化与党建文化的本质都是一种思想文化。其中，新时代班组文化是关于生产经营的思想文化，党建文化是关于党的建设的重要思想文化。新时代班组文化要以党建文化为指导，党建文化要服务于班组业务发展。运行三班的“一会”“三课”就体现了新时代班组文化与党建文化的思想同频。

3. 行为共振

新时代班组文化与党建文化的功能互融、思想同频最终必须落实在行为共振上，“心动”更要“行动”。新时代班组文化是激发班组职工积极性、主动性、创造性的内生动力，党建文化则展现了班组党员先锋模范作用的精神风貌。这两个文化为新时代班组提供了发展的“双驱动”。运行三班推出的“三争先”活动——党员争先、职工争先、班组争先，既发挥了党员的表率作用和思想引领作用，也激发了职工的“斗志”，更突出了班组争先中的党建政治引领作用。

第二节　新时代班组党建文化的新价值

新时代班组党建文化要从党的百年奋斗历程中汲取智慧，传承伟大建党精神，加强思想政治引领，强信心、聚民心、暖人心、筑同心，充分发挥党小组的引领保障作用，体现新时代班组党建工作的基础立场、观点、方法，反映新时代党小组带班组的政治方向、政治立场、政治核心、政治保障等作用，展现班组党员的示范带头作用，聚焦新时代班组党组织的工作目标和工作作风，在班组中营造风清气正的良好政治生态，不断提高政治觉悟和政治能力等。

一、新时代班组党建文化要从党的百年奋斗史中汲取智慧

作为党建文化在新时代班组中的具体表现形式以及企业党建文化的班组实现形式，新时代班组党建文化要从党的百年奋斗史中汲取智慧。新时代班组党建文化是在新时代班组党组织领导班组取得重大业绩、总结历史经验过程中形成的班组党建工作使命、班组党建工作愿景、班组党建工作价值观、班组党建工作宗旨等精神文化理念体系，是“过去班组党组织为什么能够成功、未来班组党组织怎样才能继续成功”的强大精神动力。新时代班组党建文化要以传承党的百年奋斗精神为基础，在梳理新时代班组党建工作历史经验的过程中，形成具有新时代班组党组织特色的党建工作文化品牌。

1. 思想引领

新时代班组党建文化的本质是文化，首先必须发挥思想引领的作用。与新时代班组文化的管理思想相比，新时代班组党建文化是政治思想，是党内政治文化在新时代班组党建工作中的生动体现。新时代班组党建文化要坚持用习近平新时代中国特色社会主义思想教育人，用党的理想信念凝聚人，用社会

主义核心价值观培育人，用中华民族伟大复兴的历史使命激励人，培养造就大批堪当时代重任的接班人。

2. 素质提升

新时代班组党建文化以提升政治素质为重点，班组文化则以提升业务水平为核心。新时代班组党建文化要以培养选拔德才兼备、忠诚干净担当的高素质专业化干部特别是优秀年轻干部为重要任务，教育引导广大党员、干部自觉做习近平新时代中国特色社会主义思想的坚定信仰者和忠实实践者，牢记空谈误国、实干兴邦的道理，树立不负人民的家国情怀，追求崇高的思想境界，增强过硬的担当本领。

3. 党性修养

新时代班组党建文化体现的是班组党组织的党建工作水平，班组文化则展示了班组的业务管理水平。因此，新时代班组党建文化要以加强党性修养为关键，以吸收各方面先进分子特别是优秀青年加入党组织为目标，教育引导青年党员永远以党的旗帜为旗帜、以党的方向为方向、以党的意志为意志，赓续党的红色血脉，弘扬党的优良传统，在斗争中经风雨、见世面、壮筋骨、长才干。

4. 人才培育

新时代班组党建文化不仅体现了新时代党建工作的总体要求，也反映了新时代班组党组织自身的党建工作经验和品牌，更体现了党对人才队伍建设的要求。新时代班组党建文化要以人才培育为核心，大力弘扬伟大建党精神特别是劳模精神、劳动精神、工匠精神，全面提升班组成员的综合素质。新时代班组党建文化要培育爱国奉献、勇于创新的优秀人才，倡导真心爱才、悉心育才、精心用才的人才理念，把各方面优秀人才集聚到党和人民的伟大奋斗中来。

二、新时代班组党建文化要传承伟大建党精神

2021年6月28日，《班组天地》杂志微信公众号以《把支部建在高炉上，让“毛细血管”活起来》为题报道，新天钢集团天津钢铁公司炼铁厂（以下简称

天津炼铁厂），通过发挥每一位党员的作用，让他们成为一面旗、一束光，并把支部建在高炉上。天津炼铁厂的党建实践为新时代班组党建文化传承伟大建党精神提供了有益参考。

1. 坚持真理、坚守理想是新时代班组党建文化的魂

新时代班组党建文化是新时代班组党组织按照党的要求提出的班组党建工作目标、党建工作思路、党建工作规范以及营造的党建工作氛围和党建工作品牌。其中，坚持马克思主义真理、坚守共产主义远大理想和中国特色社会主义共同理想，尤其是推动习近平新时代中国特色社会主义思想进班组、进头脑，是新时代班组党建文化的核心。

2. 践行初心、担当使命是新时代班组党建文化的根

新时代班组党建文化必须以党的初心、使命为核心，坚持全心全意依靠工人阶级的根本方针，激发每一位党员和职工的积极性、主动性、创造性。天津炼铁厂以“党建引领，红炉铸魂”为发展理念，通过发挥每一名党员的作用，不仅打通了党建工作进班组、到现场的“最后一公里”，还通过党员“头雁”引领，带动职工“群雁齐飞”。这实际上就是党的初心、使命的具体表现。

3. 不怕牺牲、英勇斗争是新时代班组党建文化的力

新时代班组党建文化必须传承党的不怕牺牲、勇于斗争精神，充分发挥党员的先锋模范作用。天津炼铁厂2号高炉党组织通过开展以“急难险重跟我上、党员先锋勇担当”为主题的党员承诺践诺活动和成立“党员突击队”，使党员队伍成为生产会战中一面迎风飘扬的旗帜；通过开展“炼铁状元擂台赛”，形成了“比、学、赶、帮、超”的良好氛围；按照“干实事、实干事、事干实”的工作包保和责任要求，对每一名党员压实“责任链条”，让他们成为高炉上的一面旗、一束光，等等，展现了党的担当精神和斗争精神。

4. 对党忠诚、不负人民是新时代班组党建文化的本

新时代班组党建文化既要体现党的要求，又要展现人民的立场。对党忠诚、不负人民是新时代班组党建文化的本色。因此，新时代班组党建文化一方面要充分发挥党组织的领导核心和政治核心作用，积极开展党史学习教育，引导广大职工听党话、跟党走；另一方面要以班组业务发展为中心，最终实现职工发展和班组发展的双赢。天津炼铁厂开展的“亮身份，树品牌，争创红旗炉”活动给高炉产量指标带来翻天覆地的变化；天津炼铁厂2号高炉党组织通过深入开展谈心谈话，使职工感受到党组织的关怀和温暖，提升了职工幸福感，就是新时代班组党建文化党性和人民性的具体表现。

三、新时代班组党建文化要加强思想政治引领

2021年3月29日，人民网以《南昌卷烟厂：“班组大讲堂”，聚力聚思想》为题报道[①]，江西中烟南昌卷烟厂（以下简称南昌卷烟厂）开展“班组大讲堂”专题系列活动，创新“党建+班组建设”工作，打造车间乃至厂部的特色品牌，为企业发展注入活力。他们以党员为骨干，带领成员、培训成员、引导成员，形成“以人为本，有活力”的团队，进一步提高了产品的品质，激发了职工改进创新的动力。他们重点加强“班组是我家，人人都爱它”的思想培育，职工逐渐有了主动参与班组管理建设的自主性，形成“人人有事管，事事有人管”的局面，把原来班组工作中需要硬性考核才能完成的工作，逐步转化为主动担当、自主自觉地做好做细做实，班组的创新思维、思想观念也得到了提升。根据南昌卷烟厂的经验做法，新时代班组党建文化要加强思想政治引领，既要体现政治要求，又要强化思想政治教育。

1. 政治引领

新时代班组党建文化要发挥党的政治引领和党员先锋模范作用，有效发挥统一思想、凝聚共识、鼓舞斗志、团结奋斗的重要作用，强化班组党小组的政治责任，认真贯彻党章规定要求，做好党员和职工群众的思想政治工作，坚持用习近平新时代中国特色社会主义思想武装班组、教育职工，增进全体职工对习近平新时代中国特色社会主义思想的政治认同、思想认同、理论认同、情感认同。南昌卷烟厂以党员为骨干，发挥的正是党员的先锋模范作用。

---

① 参见人民网：《南昌卷烟厂：“班组大讲堂”，聚力聚思想》，http://m.people.cn/n4/2021/0329/c1494-14914114.html，2021-03-29。

2. 思想教育

新时代班组党建文化要推动理想信念教育常态化、制度化，广泛开展中国特色社会主义和中国梦宣传教育，培育和践行社会主义核心价值观，加强教育引导、实践养成、制度保障，推动社会主义核心价值观融入班组发展和职工生活，把思想政治工作同班组生产经营管理、人力资源开发、企业精神培育、企业文化和职工文化建设等工作结合起来，在思想上解惑、精神上解忧、文化上解渴、心理上解压。南昌卷烟厂班组的创新思维、思想观念得到提升，便是思想教育的成果。

3. 素质提升

新时代班组党建文化要以全面提升班组成员的整体素质（尤其是思想政治素质）为核心，深化拓展职工群众性主题实践，丰富职工道德实践活动，推动形成适应新时代要求的职工思想观念、精神面貌、文明风尚、行为规范。南昌卷烟厂形成的“以人为本，有活力”团队，激发了职工改善创新的动力，职工有主动参与班组管理建设的自主性，把原来班组工作中需要刚性考核才能完成的工作，逐步转化为主动担当和自主自觉地做好做细做实等，体现的就是班组成员素质的提升。

4. 舆论宣传

新时代班组党建文化要实现以文化人、以文育人的目的，就必须加强舆论宣传，营造健康文明、昂扬向上的文化氛围。这就需要坚持正确的政治方向、舆论导向、价值取向，把思想政治工作融入班组的主题宣传、形势宣传、政策宣传、成就宣传、典型宣传中，尤其要充分发挥先进典型示范引领作用，深化对时代楷模、道德模范、最美人物、身边好人等的学习宣传，把榜样力量转化为职工群众的生动实践。南昌卷烟厂的“党建+班组建设”工作涵盖精益现场、降本增效、产品质量、安全巡检、改善创新、文化宣传、党建引领等方面，其中，文化宣传、党建引领等对于新时代班组党建文化的弘扬和践行有着重要意义。

四、新时代班组党建文化要充分发挥党小组的引领保障作用

新时代班组党建文化是党小组为了充分发挥引领保障作用，在班组党建工作实践中形成的使命、愿景、价值观、品牌及其展现出的精神风貌，是班组党建工作基本立场、观点和方法的具体表现。新时代班组党建文化对于弘扬伟大建党精神、丰富中国共产党人的精神谱系以及展现中国共产党人鲜明的政治品格，有着重大的现实意义。在中国共产党成立100多年来的发展历程中，我党领导全国人民取得一个又一个伟大成就的重要原因之一在于，“支部建在连上”这一党建工作的伟大创举，充分发挥了基层党组织的引领保障作用。新时代班组党建文化是伟大建党精神、中国共产党人精神谱系及其鲜明政治品格在新时代班组党建工作中的生动展现，反映了在党支部领导下，党小组引领班组的政治方向、政治立场、政治核心、政治保障等引领保障作用。

1. 政治领导力

新时代班组党建文化展现的是新时代党小组的政治领导力以及党的领导核心和政治核心作用，班组文化体现的是班组的管理领导力以及生产经营的业务中心作用。党的领导核心和政治核心要服务于生产经营业务中心，生产经营业务中心要服从党的领导核心。二者是辩证统一的关系。所以，新时代班组要规范设置党小组，使党小组与班组有机结合，使党员责任区成为党小组与班组相容互促的载体，要体现党小组的政治引领作用。

2. 思想引领力

新时代班组党建文化和班组文化一样，本质上都是一种思想文化。但是，新时代班组党建文化是一种政治思想文化，体现的是党的要求以及新时代党小组党建工作的思想引领力。新时代班组文化是一种管理思想文化，展现的是生产经营的管理要求以及新时代班组业务管理工作的思想引领力。譬如，可以建立党支部委员、党小组组长和非党员班组长定期“通气会机制”，做到管人管事管思想的有机统一，体现政治思想引领力和管理思想引领力的有机统一。

3. 党员战斗力

新时代班组党建文化作为一种文化，也是人化和化人的产物。人化是指新时代班组党建文化是以我党的先进人物特别是新时代班组中优秀党员的先进事迹及先进思想为基础形成的。化人是指新时代班组党建文化要以文化人、以文育人，全面提升广大党员的整体素质特别是党员战斗力。与企业文化是企业的核心竞争力以及班组文化是班组的核心竞争力一样，新时代班组党建文化是新时代党小组的核心竞争力。譬如，可以发挥班组党员的模范带头作用，带头保障安全与环保、带头创效益、带头强技能、带头提指标、带头建和谐等，表面看是党员的业务战斗力，其背后是党小组的政治领导力和思想引领作用，这些体现了党员的先锋模范作用。

五、新时代班组党建文化要体现党员的带头作用

新时代班组党建文化要体现党员的带头作用，聚焦新时代班组党组织的工作目标和工作作风，而新时代班组文化则关注新时代班组的工作追求和工作风格。新时代班组党组织的工作目标和工作作风主要是将党的奋斗目标“人民对美好生活的向往”以及党的宗旨“全心全意为人民服务”，落实在班组党建工作中，将“职工对美好生活的向往”作为新时代班组党组织的奋斗目标，秉持“全心全意为人民服务”的根本宗旨。新时代班组的工作追求和工作风格则主要是新时代班组的业务目标和管理要求，体现的是新时代班组的战略任务和管理水平。新时代班组党建文化要发挥党组织的领导核心和政治核心作用，新时代班组文化要发挥新时代班组的业务中心和管理中心作用。“核心”要服务“中心”，“中心”要服从“核心”，二者是辩证统一的关系。其中，作为展现班组领导核心和政治核心作用的新时代班组党建文化，要体现党员的带头作用。

1. 党建引领

新时代班组党建文化要体现党员的带头作用，首先是党建引领的需要。因为党员既是广大职工群众中的先进分子，更是新时代班组党建文化的创造者和体现者。所以，新时代班组党建文化发挥党建引领作用与体现党员的带头作

用内在是一致的，要激发班组建设新活力，把党建优势转化为发展优势，推动企业高质量发展。

2. 政治保障

新时代班组党建文化要体现党员的带头作用，需要发挥党组织的政治保障作用。这就需要，一方面加强新时代班组党组织建设，另一方面体现新时代班组党组织的政治性和先进性。譬如，倡导班组长由党员担任，党支部书记要带头讲党课，班组要组织特色“党建+”活动，班组内党员要带头实现班组目标，以及义务承担班组内急难险重工作等。这正是发挥党组织政治保障作用的具体表现。

3. 亮明身份

新时代班组党建文化要体现党员的带头作用，就需要亮明党员身份。党员身份不仅代表了党员个人的先进性，更代表了我党的先进性。我党在100多年的发展历程中能够带领人民取得一个又一个重大成就，首要的原因就在于我党的先进性，尤其是一大批优秀党员的前赴后继和英勇奋斗。譬如，班组党员可以为班组成员讲述红色故事，班组党员要亮身份、亮职责、亮承诺，班组目标实现承诺宣誓、党员示范岗挂牌、党员技术交底活动等，充分发挥党员的带头作用。

4. 融合发展

新时代班组党建文化要体现党员的带头作用，最终目的是实现党建与业务的融合发展，既保障党建的引领作用，又实现业务的健康发展。党员之所以能够起到带头作用，一方面是因为政治上和思想上的先进性，另一方面则是业务上和发展上的先进性。因此，党建与业务的融合发展在党员身上必须得到完美体现。例如，可以通过“党建+”活动，助力班组目标实现，体现党建与业务融合发展。

六、新时代班组党建文化要发挥政治领航作用

2022年6月8日，人民网以《江西中烟赣州卷烟厂以“三正”助推班组建设

行稳致远》为题报道[1]，赣州卷烟厂成型车间（以下简称赣州卷烟厂）以“三正”助推班组建设工作。一是“航正”，即坚持政治领航，推动班组党建与业务融合，提高全员政治理论水平；搭建“支委挂点班组”平台，借助基层党组织力量帮助班组解决问题；创建“党员示范岗”和“党员责任区”，引导党员敢于创先争优、主动担当作为，确保党建工作与业务工作同频共振。二是“风正”，即作风决定班风，一方面车间通过评选先进、树立典型的方式，充分发挥榜样的示范作用，掀起班组职工学习先进的活动热潮；另一方面加强职工作风建设，提升职工综合素质。三是“行正”，即结合“六型”班组建设要求，规范职工行为，打造特色班组队伍，使得标杆机台和技能人才不断涌现。赣州卷烟厂以“三正”助推班组建设的经验启示我们，新时代班组党建文化要发挥政治领航作用，为班组确立正确的政治方向。

新时代班组党建文化要符合新时代党的建设总要求，以党的政治建设为统领，以坚定理想信念宗旨为根基，以调动班组党员的积极性、主动性、创造性为着力点，全面推进班组党的政治建设、思想建设、组织建设、作风建设、纪律建设，特别是要把党的政治建设摆在首位，坚定执行党的政治路线，严格遵守政治纪律和政治规矩，在政治立场、政治方向、政治原则、政治道路上同党中央保持高度一致，增强党内政治生活的政治性、时代性、原则性、战斗性，营造风清气正的良好政治生态，弘扬忠诚老实、公道正派、实事求是、清正廉洁等价值观，不断提高政治觉悟和政治能力，永葆共产党人政治本色。作为展示新时代班组党建工作使命、愿景、价值观及党建工作品牌和党建工作精神风貌的新时代班组党建文化，要发挥政治领航作用，就应该保证班组党组织的领导核心和政治核心地位，体现班组党组织及其党员的先进性。这就需要新时代班组党建文化的三个核心内容，即精神层、制度层、行为层，这就要求既要形成一套富有班组党建工作特色的思想文化体系，打造一批展示班组党建品牌的制度、平台和载体，还要选树一些代表班组党组织及其党员先进性的榜样人

---

① 人民网：《江西中烟赣州卷烟厂以“三正”助推班组建设行稳致远》，http://jx.people.com.cn/n2/2022/0608/c186330-35305862.html，2022-06-08。

物，并全面宣传其先进事迹以推动学先进做先进活动。

1. 党性领航

新时代班组党建文化首先要体现党性，发挥班组党组织的先锋队和党员的先锋模范作用。这是新时代班组党建文化发挥政治领航作用的前提。实际上，政治领航的作用就是班组党组织的领导核心和政治核心作用。赣州卷烟厂体现的就是班组党组织的党性及其先进性，发挥的就是新时代班组党建文化的党性领航作用。

2. 党风领航

新时代班组党建文化发挥政治领航作用的关键，就是要营造风清气正的党风，以党风带动作风和班风。2014年5月9日，习近平总书记在指导兰考县委常委班子党的群众路线教育实践活动专题民主生活会上指出："作风建设是永恒课题，要标本兼治，经常抓、见常态，深入抓、见实效，持久抓、见长效，通过立破并举、扶正祛邪，不断巩固和扩大已经取得的成果，努力以优良的党风政风带动全社会风气根本好转。"①赣州卷烟厂发挥榜样示范引领作用和提升职工综合素质的做法，是党风领航的具体表现。

3. 党纪领航

新时代班组党建文化要发挥政治领航作用，必须以党纪领航为保障。党性领航和党风领航也必须以党纪领航为基础。在一定意义上讲，新时代班组党建文化的本质就是体现党纪的文化。我们党是用革命理想和铁的纪律组织起来的马克思主义政党，组织严密、纪律严明是党的优良传统和政治优势，也是我们的力量所在。赣州卷烟厂的"六型"班组建设的做法既体现了班组业务标准化，又体现了党的优良传统和政治优势。

① 《习近平：作风建设要经常抓深入抓持久抓 不断巩固扩大教育实践活动成果》，《人民日报》2014年5月10日第1版。

第三节　新时代班组党建文化的新内涵

新时代班组党建文化要以党的要求为指引、以党的使命为导向，体现党的先进性和党员先锋模范作用，从理念层、制度层、物质层等层面丰富新时代班组党建文化新内涵，以红色文化为底色传承红色基因、弘扬红色精神，以点燃红色引擎为目标确立新时代班组党建工作思想体系，以激活红色动能为核心体现党组织的政治领导力、思想引领力、群众组织力，在新时代班组创新创造活动中展示党的鲜明政治品格和强大政治优势。

一、新时代班组党建文化要体现党的先进性

2022年10月14日，澎湃新闻报道①，广州港集团党委开展“先锋助班组”专项活动，构建“党组织搭台、班组唱戏”一对一精准助力模式，将党建工作优势转化为班组执行力、凝聚力和战斗力。广州港集团党委开展的“先锋助班组”专项活动给我们的启发是，新时代班组党建文化要全面展现班组党组织的先进性和党员的先锋模范作用，将班组党组织的党建优势转化为班组的发展优势。

1. 展现班组党组织的先进性

新时代班组党建文化在本质上反映了新时代班组党组织的价值追求、行为规范、工作风格及精神面貌，是新时代班组党组织践行党的初心使命和党的宗旨的生动体现。新时代班组党建文化要发挥班组党组织（党小组）的领导引领作用，首先体现在展现班组党组织的先进性。广州港集团党委为实现“一支部助力一班组”，聚焦主业主力作业码头、确保试点工作与一流港口建设有机融合，突出一线、业务承包班组，精准选择操作、安全以及综合等不同类型党支部作为结对对象，就是展现党组织先进性的具体做法。

---

① 澎湃新闻：《国企党建丨广州港集团党委聚焦基本单元，“先锋助班组”进一步推进党业融合》，https://m.thepaper.cn/newsDetail_forward_20303213，2022-10-14。

2. 发挥班组党员的先锋模范作用

新时代班组党建文化不仅反映新时代班组党组织的精神面貌，更反映新时代班组党员的先进思想及其精神风范。当前，新时代班组党建文化要以宣传党的二十大精神为重点，充分发挥班组党员的先锋模范作用，推动班组党建优势转化为班组发展优势。广州港集团党委从直属党组织大处着手，组织“同堂听党课”，搭建与优秀班组交流共建平台，建设班组党建活动室、文化长廊等，以及从基层党支部小处着眼，建立支部书记和党员骨干挂点联系、定期谈话机制，定期组织骨干党员深入班组进行技能培训，建立业务承包班组党员示范岗、党员责任区等，发挥的就是党员的先锋模范作用。

3. 打造班组党建工作品牌

新时代班组党建文化要按照党的二十大要求，弘扬以伟大建党精神为源头的中国共产党人精神谱系，加强社会主义核心价值观宣传教育，深化爱国主义、集体主义、社会主义教育，弘扬中华传统美德以及劳动精神、奋斗精神、奉献精神、创造精神、勤俭节约精神，在班组党组织的引领和班组党员先锋模范作用的影响下，推动班组成员道德水准和文明素养的提高，结合班组实际，形成新时代班组党建文化的特色，打造新时代班组党建工作品牌。广州港集团党委形成的班组建设的“特色化”，实际上打造的就是班组党建工作品牌。

二、新时代班组党建文化的三个层次

2022年8月9日，中国石油新闻中心以《大庆庆新油田首创“两组融合”党建模式》为题报道[①]，大庆庆新油田（以下简称庆新油田）将党建工作融入新型采油气管理区建设，实现了党小组和班组“两组融合”。一是将党小组嵌入班组设置，融入班组专业化整合架构，将8个党小组内嵌到8个班组中，选拔政治过硬、业务精通、作风优良的党员担任班组长，并兼任党小组长，通过配强“兵头将尾”，确保党员先锋模范作用充分发挥。二是完善党小组建设标准，融入班

① 中国石油新闻中心：《大庆庆新油田首创“两组融合”党建模式》，http://news.cnpc.com.cn/system/2022/08/09/030076322.shtml，2022-08-09。

组规范化整合建设体系，编写了《基层党支部管理手册》《基层党支部操作手册》，确保党小组工作有目标、推进有措施、检查有标准，有效推进党建工作与生产经营深度融合。三是发挥党小组阵地作用，融入班组标准化整合载体，以创建"六好党支部"为契机，开展"红旗党员先锋岗"创建活动，以党小组所在班组为参评范围，形成月打分、季授旗、年评比的常态化机制。同时，构建以党建协作区、党建工作室、数字化工作室、大讲堂、读书室等为核心的"基层党建功能区"，为党小组搭建党建活动阵地。

对庆新油田的"两组融合"党建模式，我们可以用三个"化"来概括，即组织化、标准化、品牌化。组织化是指发挥党组织（党小组）在班组管理中的政治引领和组织保障作用。标准化是指将班组党建工作标准化，以提高班组党建工作的规范化水平。品牌化是指班组党建工作要通过各种载体和活动等，打造班组党建工作品牌。以这三个"化"为基础，新时代班组党建文化就会形成三个层次，即理念层、制度层、物质层。理念层主要代表新时代班组党组织的党建工作理念，包括党建工作使命、党建工作愿景、党建工作价值观、党建工作宗旨、党建工作精神、党建工作宣传语等。制度层是以新时代班组党建工作理念为指导所形成的党建工作制度，包括党建工作标准、党建工作流程、党建工作考核、党员干部行为规范等。物质层是通过各种物质载体和实践活动将党建工作理念、党建工作制度展示出来，包括党建工作室、党建工作展板、党建工作宣传栏、党建工作活动、党建工作标识、党建工作品牌、党员干部先进事迹等。

1. 理念层反映班组党组织的要求和追求

理念层是新时代班组党建文化的核心和灵魂，反映了班组党组织的党建工作要求及其工作追求。理念层可以重点从两个方面加以提炼，一是在班组党组织及其负责人的党建工作经验中提炼，二是在党员干部的先进事迹中提炼。而这些都需要以建立健全班组党组织为前提。庆新油田将党小组建在班上，融入班组专业化整合建架构，将8个党小组内嵌到8个班组中，把政治过硬、业务精通、作风优良的党员任命为班组长，并担任党小组长，通过配强"兵头将尾"，确保党员先锋模范作用充分发挥等做法，为理念层的形成奠定了组织基础。

2. 制度层规范班组党建工作的行为和习惯

制度层既为理念层转化为新时代班组党建工作行为与习惯提供具体指导和参考，也为新时代班组党建文化的“落地”提供具体流程和方法。“落地”是指新时代班组党建文化提出的要求和追求要在具体的党建工作实践中一一实现。没有规矩，不成方圆。制度层就是新时代班组党建工作的“规矩”。这里的“规矩”既有班组党建工作的“规矩”，即如何做好党建工作；又有党员干部的行为“规矩”，即如何做一名优秀的党员干部。庆新油田完善党小组建设标准，编写了《基层党支部管理手册》《基层党支部操作手册》，确保党小组工作有目标、推进有措施、检查有标准等，为新时代班组党建文化提供了制度保障。

3. 物质层展示班组党组织的精神面貌和党建工作品牌

如果说新时代班组党建文化的“魂”是理念层，“体”是制度层，那么“形”则是物质层。也就是说，新时代班组党建文化在理念层提出的思路以及在制度层提出的“规矩”，要通过物质层提供的“载体”展现出来、传播出去，对内形成班组党建工作的氛围，对外形成班组党建工作的品牌。庆新油田发挥党小组阵地作用，融入班组标准化整合建载体，开展“红旗党员先锋岗”创建活动，构建以党建协作区、党建工作室、数字化工作室、大讲堂、读书室等为核心的“基层党建功能区”等，为新时代班组党建文化的展示和传播提供了物质条件。

三、新时代班组党建文化要传承红色基因

2022年9月16日，人民网报道，广西中烟工业有限责任公司南宁卷烟厂制丝车间党总支（以下简称制丝车间党总支）开展三个“进班组”活动，推动党史学习教育常态化、长效化。制丝车间党总支三个“进班组”活动的实质是宣传和学习红色文化。新时代班组党建文化要以红色文化为底色，讲好红色故事，传承红色基因，弘扬红色精神，进而提升班组党员干部的党性素养。

这就要求，新时代班组党建文化既要推动党史学习教育常态化、长效化，还要推动新时代班组党建工作制度化、科学化，更要推动新时代班组红色精神

主流化、大众化，从而引导职工群众听党话、跟党走。新时代班组党建文化在本质上体现党的坚定信念、根本宗旨、优良作风，展现中国共产党人艰苦奋斗、牺牲奉献、开拓进取的伟大品格，教育引导新时代班组党员干部发扬红色传统、传承红色基因，赓续共产党人精神血脉，鼓起迈进新征程、奋进新时代的精气神。这种精气神不仅有百年共产党人的精神积淀，还有新时代班组党员干部的精神洗礼。

1. 打牢思想基础

新时代班组党建文化要传承红色基因，首先就要在班组党员干部和职工群众中加强理论宣传和学习，主要内容包括马克思列宁主义、毛泽东思想、邓小平理论、“三个代表”重要思想、科学发展观、习近平新时代中国特色社会主义思想的理论宣传和学习。新时代班组党建文化建设要充分利用线上线下载体，包括新媒体平台，为新时代班组党员干部和职工群众打牢思想基础。制丝车间党总支把党员每月的理论知识学习纳入班委会议程，组织班组全体职工学习时政红色书籍，就是打牢思想基础的具体表现。

2. 开展主题教育

新时代班组党建文化要传承红色基因，既需要加强理论宣传和学习，又需要通过开展生动活泼的主题教育，使红色传统、红色精神在党员干部和职工群众中内化于心、外化于行。这就要求新时代班组党建文化在宣传红色传统、红色故事的同时，引导党员干部和职工群众将红色精神血脉贯彻到日常工作和生活中。制丝车间党总支组织职工开展党史知识猜词、爱国主义教育主题活动、“喜迎二十大，全民健身”运动会等群众性文体活动，让职工领悟百年党史的魅力，提升了传承红色基因的效果。

3. 展现党的宗旨

新时代班组党建文化要传承红色基因，宣传红色故事、红色传统、红色精神，其本质是要展现党的全心全意为人民服务的宗旨。党的百年奋斗历程实际上就是我党带领全国人民为人民谋幸福、为民族谋复兴的过程。新时代班组党建文化要大力宣传我党为人民谋幸福的先进事迹和先进思想，全面提升新时代班组党员干部的党性素养。制丝车间党总支定期处理职工提出的合理建议，在炎炎夏日为职工提供清凉饮品，为职工整理过期药物，建立“我为群众办实事”实践活动长效机制，用心用情用力解决基层困难事、群众烦心事，展现的就是党的宗旨。

四、新时代班组党建文化要点燃红色引擎

2022年3月10日，搜狐网以《【党支部工作法】北京福田戴姆勒汽车有限公司党委：党小组+班组双驱动探索实践“党建也是生产力”新路径》为题报道[①]，北京福田戴姆勒汽车有限公司（以下简称戴姆勒公司）带领生产型党支部研究制定“党小组+班组双驱动工作法”，使党建成为基层班组的“红色引擎”。

戴姆勒公司给我们的启发是，新时代班组党建文化要点燃红色引擎，展现班组党组织的政治本色，为每一位班组党员注入强大精神力量，将班组党建优势转化为班组的生产力和竞争力。我们认为，新时代班组党建文化是指新时代班组党组织以伟大建党精神为引领，以中国共产党人的精神谱系为依据，以展现新时代班组党组织及其党员的先进性为核心，以点燃新时代班组的红色引擎为目标，在成功的班组党建工作实践中形成并确立的班组党建工作使命、党建工作愿景、党建工作价值观、党建工作精神、党建工作品牌等党建工作思想体系，以及展现的新时代班组党组织及其党员的精神风貌。

1. 红色融合

新时代班组党建文化具有政治属性，是班组党建管理的软实力，为新时代班组发展确定政治方向，体现了党的先进性。而新时代班组文化具有管理属性，是班组业务管理的软实力，为新时代班组发展指明战略目标，展现了业务管理水平。新时代班组党建文化要引领班组文化，实现班组党建与业务的有机融合。戴姆勒公司党建管理进班组，将班组建设指标与党小组职责“有机融

---

① 搜狐网：《【党支部工作法】北京福田戴姆勒汽车有限公司党委：党小组+班组双驱动探索实践“党建也是生产力”新路径》，https://roll.sohu.com/a/528779111_121106842，2022-03-10。

合”，以及将党小组长和班组长职责绩效捆绑考核、将党小组会议融入班前会等做法，体现的就是红色融合。

2. 红色升级

新时代班组党建文化与班组文化是辩证统一的关系，党建文化服务于班组文化，班组文化服从于党建文化。也就是说，新时代班组党建文化要为班组文化确定的班组使命、班组愿景、班组价值观等班组业务管理思想提供政治保障；而新时代班组文化要为党建文化确立的班组党建工作使命、党建工作愿景、党建工作价值观等党建管理思想奠定业务基础，并实现班组文化的红色升级。戴姆勒公司党建文化进班组，对班组园地进行红色升级，创建“班组党建园地”看板，培育并积蓄红色精神等，进而实现了班组文化的红色升级。

3. 红色责任

新时代班组党建文化本质上反映的是新时代班组党组织的党性立场及其党员的党性修养，即新时代班组党组织及其党员的红色责任。红色责任是党赋予每个党组织及其党员的政治责任。新时代班组党组织及其党员的红色责任在于坚定理想信念、不忘初心使命，始终发挥党员的先锋模范作用。戴姆勒公司党员干部进班组，将与生产相关的党员领导干部分配到生产一线认领“责任田”，打通干部员工信息互通的“最后一公里”，这是红色责任的具体表现。

4. 红色成效

新时代班组党建文化以班组高质量党建为目标，班组文化则以班组高质量发展为目标。新时代班组的高质量党建与高质量发展相辅相成。新时代班组高质量党建是高质量发展的政治前提，新时代班组高质量发展是高质量党建的经济基础。其中，新时代班组高质量党建是新时代班组党建文化点燃红色引擎、创造红色成效的必然结果。戴姆勒公司党建创新进班组，取得显著红色成效，通过建立班组党建质量管理体系和党员质量包干体系等做法，获得北京市100个“两新”组织“党建强、发展强”党建品牌项目等荣誉称号。

五、新时代班组党建文化要激活红色动能

新时代班组党建文化要以激发红色动能为核心，全面展现班组党建工作的使命、愿景、价值观以及品牌等，大力发扬红色传统、传承红色基因，赓续共产党人精神血脉，引导班组党员始终保持革命者的大无畏奋斗精神，鼓起迈进新征程、奋进新时代的精气神。这便是新时代班组党建文化要激发出的红色动能。与新时代班组党建文化激发的红色动能相比，新时代班组文化激发的主要是业务动能。红色动能体现了党组织的政治领导力、思想引领力、群众组织力，业务动能则体现了班组的管理影响力、业务发展力、市场开拓力。新时代班组党建文化激发的红色动能要服务于业务动能，树立业务中心的理念；新时代班组文化激发的业务动能要服从于红色动能，坚持党的领导核心和政治核心地位。

1. 组织建起来

新时代班组党建文化由班组党组织在党建工作实践中形成的党建工作思想、路径、理念、风格及价值追求、精神面貌等构成。因此，新时代班组党建文化要激活红色动能的前提是必须建立班组党组织。譬如，可以将党组织体系下沉到底，形成“支部建在连上，支部在班组”的工作格局，创建党建工作品牌。这为新时代班组党建文化激活红色动能奠定了组织基础。

2. 党员带起来

党员带起来是指发挥党员的先锋模范作用。新时代班组党建文化展现班组党员的先进思想、优秀品质及高尚的政治品格等精神面貌。新时代班组党建文化激活红色动能的核心就是让党员发挥先锋模范作用。譬如，可以推动党员进班组，实现帮扶班组全覆盖，将“党员帮扶班组”和“五星班组创建”相结合，使其成为各班组思想上的“领头羊”，在各项业务工作中发挥先锋模范作用。

3. 水平提起来

水平提起来是指新时代班组党建文化激活的红色动能可以推动班组业

务水平和全员素质水平提升。这也体现了党的先进性和党员的先锋模范作用，是红色动能为业务动能服务的具体表现。譬如，可以通过党建与业务双向发力，充分发挥党组织思想政治引领作用并融入班组各业务板块，推动“技能竞赛”“技能培训”等活动，全面提升全员技能和思想水平。

4. 服务搞起来

新时代班组党建文化激活红色动能的最终目的是更好地为班组及其全员服务，充分体现党的全心全意为人民服务的根本宗旨。所以，新时代班组党建文化激活红色动能要以搞好服务为目标。譬如，坚持班组为职工群众办实事，实现服务职工群众零距离，秉持“班组要建设好，也要服务好”的理念，解决班组职工群众迫切关注的生活和工作问题。这是搞好服务的关键。

六、新时代班组党建文化要发挥创新引领作用

2022年11月22日，中国石油新闻中心以《“王海班组”创新“三在前”》为题报道[①]，中国石油抚顺石化公司石油三厂王海班（以下简称王海班）以“三在前”的具体行动，践行新时代“守正创新”总要求，实现了班组建设水平的全面提升。

在党建创新“领在前”方面，王海班把党小组功能融入班组管理，把党员先锋岗、党员责任区、党员设备包干工作与职工素质提升同部署，使班组交接班会、安全会与党小组会同步开展，创新党建工作方法，在业务技能培训中增加党务知识，于党务培训中增加专业理论，同步推进技能培训与思政教育融合开展，开展党员与职工帮扶结对活动，不断提升班组职工的思想素质和岗位技能等。他们坚持管理创新“做在前”，提升了班组“战斗力”，并坚持“四勤”操作法，即勤观察、勤调整、勤分析、勤总结，推行“领着干、带着干”工作法，接班前采用“验收制”工作法，巡检实行“标准化”管理，交班执行“日报日结”工作法等。同时，他们还坚持培训创新“比在前”，练就职工“全岗通”，摸索出职

① 中国石油新闻中心：《“王海班组”创新“三在前”》，http://news.cnpc.com.cn/system/2022/11/22/030085734.shtml，2022-11-22。

工技能培训方法，营造出“比技术、学技术、练技术”的浓厚氛围。王海班的创新实践启发我们，新时代班组党建文化要发挥“创新”引领作用，展现党的先进性。

1. 思路创新：创新党建品牌

新时代班组党建文化是新时代班组党组织在党建工作中秉持的指导思想、形成的工作思路、追求的工作目标以及展示的党建工作面貌，体现党建工作思路的创新，发挥党组织（党小组）的政治引领作用及其先进思想的引领作用，进而创新打造党建工作品牌。王海班以党建创新“领在前”为引领，把党小组功能融入班组管理，将党员先锋岗、党员责任区、党员设备包干工作与职工素质提升同部署，使班组交接班会、安全会与党小组会同步开展，形成了富有特色的党建工作品牌。

2. 机制创新：创新融合机制

新时代班组党建文化要坚持班组党组织的政治引领和班组经营管理的业务中心有机统一，实现班组党建工作与业务管理工作同频共振。王海班在坚持班组党组织领导的前提下，坚持管理创新“做在前”，提升了班组“战斗力”，开展党员与职工帮扶结对活动，提升了班组职工的思想素质和岗位技能，坚持“四勤”操作法，即勤观察、勤调整、勤分析、勤总结；推行“领着干、带着干”工作法，接班前采用“验收制”工作法，巡检实行“标准化”管理，交班执行“日报日结”工作法等，在创新融合机制方面取得显著成效。

3. 平台创新：创新培训方法

新时代班组党建文化借助班组党组织的先进思想引领以及党建工作与业务工作的有机融合，最终提升班组党员干部职工的思想素质、业务素质及综合素质。这就要求新时代班组党建文化推动党员干部职工发展平台的创新，创新党员干部职工的培训方法，达成以文化人、以文育人的目的。王海班坚持培训创新“比在前”，练就职工“全岗通”，摸索出职工技能培训方法，在业务技能培训中增加党务知识，在党务培训中增加专业理论，同步推进技能培训与思政教育融合开展，营造出“比技术、学技术、练技术”的浓厚氛围。

第四节　新时代班组党建文化的新目标

新时代班组党建文化的新目标在于打造党建工作模式，形成新时代班组党建工作目标、流程、规范、平台、原则、习惯及品牌；发挥“党建+”优势，强化政治引领，增强政治能力，涵养政治生态，展现政治素质及党性修养；打造党建“新高地”，做到政治站位高、目标追求高、党建要求高、思想境界高；积蓄党建引领班组发展“新动能”，注入强大红色精神动力；创建党建品牌，全面落实和展现党内政治文化；展现政治觉悟与新时代班组党建工作的精神风貌。

一、新时代班组党建文化要打造党建工作模式

新时代班组党建文化要以打造党建工作模式为目标，为新时代班组党建工作指明方向。新时代班组党建工作模式是指新时代班组党组织以党建文化为引领，在长期的党建工作实践中形成的班组党建工作目标、党建工作流程、党建工作规范、党建工作平台、党建工作原则、党建工作习惯以及最终形成的党建工作品牌。其中，新时代班组党建文化是党建工作模式的灵魂，党建工作模式是新时代班组党建文化的载体，即党建工作模式要体现新时代班组党建文化的基本要求，新时代班组党建文化要展现党建工作模式的风格和特色，二者是“魂”与“体”的关系。新时代班组党建文化既包括新时代班组党建工作的使命、愿景、价值观，又涵盖新时代班组党建工作的基本立场、观点、方法，还包含新时代班组党建工作的基本规范、优良传统、鲜明品牌等。因此，新时代班组党建文化也是一种党建工作模式。

1. 阵地模式：举旗帜

新时代班组党建文化首先要举旗帜，建立健全党组织阵地，形成阵地模式，发挥党组织（党小组）的政治引领作用，协助党支部筑牢战斗堡垒。新时代班组党建文化展现的是新时代班组党组织的党建工作风貌，党建工作模式体现的是新时代班组党组织的党建工作习惯和党建工作风格。这就要

求新时代班组党建文化充分发挥新时代班组党组织在打造党建工作模式中的主体作用。

2. 先锋模式：亮身份

新时代班组党建文化展现的新时代班组党组织风采，是通过发挥党员的先锋模范作用实现的。这就是先锋模式。亮明党员身份，发挥模范作用是新时代班组党建文化打造党建工作模式的关键。

3. 运行模式：定规范

新时代班组党建文化打造党建工作模式最终要形成运行模式，确立新时代班组党建工作的基本规范和流程。新时代班组党建工作要以班组党建文化为引领，制定规范班组党组织及其党员的基本制度，发挥党员的先锋作用，激发全体班组成员的积极性和主动性。

4. 绩效模式：求实效

新时代班组党建文化打造党建工作模式既要产生实际效果，还需形成绩效模式。这种模式要求新时代班组党建文化具备影响力和感召力，党建工作模式要有推动力和牵引力。新时代班组党建文化打造党建工作模式要以高质量党建推动高质量发展。

二、新时代班组党建文化要发挥“党建+”优势

2022年7月11日，《西北信息报》以《陕煤蒲白矿业：煤矿运营公司发挥“党建+”优势，促进班组建设》为题报道①，陕煤蒲白矿业煤矿运营公司（以下简称陕煤蒲白煤矿）通过“党建+”工作模式，发挥党支部战斗堡垒作用，提升班组水平。

陕煤蒲白煤矿“党建+”工作模式给我们的启发是，新时代班组党建文化要发挥“党建+”优势，就需要发挥班组党组织的战斗堡垒作用及其党员干部的模范带头作用，把党的政治建设摆在首位，提高政治站位，强化政治引领，

---

① 《西北信息报》：《陕煤蒲白矿业：煤矿运营公司发挥“党建+”优势，促进班组建设》，http://www.xbxxb.com/2022/0711/676264.shtml，2022-07-11。

增强政治能力，涵养政治生态，既要体现新时代班组党组织的政治要求及其党建品牌，又要展现新时代班组党员干部的政治素质及其党性修养。

1. 先锋优势

新时代班组党建文化首先要体现党的先进性。这种先进性一方面表现为党的性质，即中国共产党不仅是中国工人阶级的先锋队，同时是中国人民和中华民族的先锋队；另一方面表现为党员干部的先锋模范作用。陕煤蒲白煤矿的“党建+安全生产”模式中，党员干部发挥模范带头作用，带头学习安全知识、带头宣传安全生产的重要意义、带头学习安全技能、带头严格执行安全生产制度、带领职工抓好安全生产等，体现的就是先锋优势。

2. 思想优势

新时代班组党建文化要以马克思主义特别是习近平新时代中国特色社会主义思想为指导，通过党员干部的先进事迹总结提炼其先进思想，展现思想优势。陕煤蒲白煤矿的“党建+教育培训”模式，将班组思想政治建设放在首位，借助“主题党日”“谈心谈话”等活动，向职工宣传党的路线、方针、政策，体现的就是思想优势。

3. 行为优势

新时代班组党建文化要发挥“党建+”优势，需要通过行为优势表现出来。行为优势就是按照党的要求，规范新时代班组党组织的党建工作行为以及党员干部的日常行为，并以此引导班组全体职工养成良好的行为习惯。陕煤蒲白煤矿的“党建+行为治理”模式，做到人人上标准岗、个个干标准活，行为规范精准到位，体现的就是行为优势。

4. 组织优势

新时代班组党建文化的本质是体现党的组织优势的文化，既要把党的领导融入班组管理的各个领域，又要把党的精神深入班组发展的各个层面。习近平总书记强调：“我们党是按照马克思主义建党原则建立起来的，形成了包括党的中央组织、地方组织、基层组织在内的严密组织体系。这是世界上任何其他政党都不具有的强大优势。”[1]陕煤蒲白煤矿的“党建+生产经营”模式，党员做工作带头人、学习领路人、生活暖心人等，体现的就是组织优势。

三、新时代班组党建文化要打造党建“新高地”

2022年4月20日，人民网以《江西中烟井冈山卷烟厂：打造班组建设“红色引擎”》为题报道[2]，井冈山卷烟厂制丝车间党支部（以下简称制丝车间党支部），让基层班组不仅成为企业生产发展的“主战场”，更成为企业党建的“新高地”。一是强基固本，着力提升组织保障力，即优化党小组设置，搭建“党小组建在班组上”组织平台；深化“红旗型”班组建设，强化党小组在班组建设中的组织引领作用；构建党员积分制，推动党建工作与中心工作同部署、同落实、同考核。二是赋能增效，着力提升融合发展动力，即组建党员先锋队，充分发挥党员骨干在班组“急难险重”工作中的“尖刀”作用；建立党员责任区，发挥党员示范带头作用；构建党员骨干双培养机制，以“培养党员为骨干，骨干发展为党员”为目标，着力把党员培养成业务骨干、把骨干培养成党员。三是铸魂聚力，着力构建思想引领力，即创新思政教育载体，充分利用党小组建在“班”上的组织优势，为班组建设注入红色基因；深化党建带团建，不断丰富班组文化建设形式；积极发挥先进典型在班组建设中的模范引领作用，进一步提升全体员工向党员先锋和岗位标兵看齐的意识。

制丝车间党支部给我们的启发是，新时代班组党建文化要打造党建“新高地”。新时代班组党建文化要以班组为基础，以新时代为背景，以新时代党建新要求为指导，以班组文化为对照，全面打造企业党建的“新高地”。班组既是企业的业务工作“细胞”，也是企业的党建工作“细胞”。我国新时代的奋斗目标是全面建成社会主义现代化强国，而强国必先强企，强企必先强班组。新

---

① 共产党员网：《习近平在全国组织工作会议上的讲话》，https://www.12371.cn/2018/09/17/ARTI1537150840597467.shtml，2018-09-17。

② 人民网：《江西中烟井冈山卷烟厂：打造班组建设“红色引擎”》，http://jx.people.com.cn/n2/2022/0420/c355185-35232450.html，2022-04-20。

时代党建的新要求是全面加强党对一切工作的领导，包括企业和班组；班组文化聚焦班组管理思想，班组党建文化关注党中央的要求以及班组所属行业企业党组织的党建工作要求。班组文化具备管理属性，班组党建文化具有政治属性。新时代班组党建文化打造的企业党建“新高地”主要包含四个“高”，即班组的政治站位高、新时代的目标高、党建的要求高、思想的境界高。这就要求新时代班组党建文化以伟大建党精神为引领，以中国共产党人精神谱系为依据，以做强班组为目标，以提升班组党组织的政治判断力、政治领悟力、政治执行力为关键，以坚定理想信念为核心，全面展示新时代班组党组织的党建工作使命、党建工作愿景、党建工作价值观及党建工作品牌。

1. 思想高地

新时代班组党建文化体现了党组织的先进性和党员的先进性，其实质是思想的先进性。新时代班组党建文化要打造思想高地，就必须坚定理想信念，以马克思主义特别是习近平新时代中国特色社会主义思想为指导，大力弘扬伟大建党精神，传承红色基因，确保新时代班组发展的正确政治方向。制丝车间党支部利用党小组打造思想高地的做法主要包括为班组建设注入红色基因、深化党建带团建以不断丰富班组文化建设形式、积极发挥先进典型在班组建设中的模范引领作用、提升全体员工向党员先锋和岗位标兵看齐的意识等。

2. 组织高地

新时代班组党建文化展现的是新时代班组党组织的党建工作面貌，体现的是党组织的先进性。新时代班组党建文化必须建立健全新时代班组的党组织建设，提高班组党组织的凝聚力、组织力和战斗力，展现新时代班组党组织的形象。制丝车间党支部搭建“党小组设在班组”的组织平台，深化“红旗型”班组建设，强化党小组在班组建设中发挥组织引领作用，推动党建工作与中心工作同部署、同落实、同考核等，打造的就是企业党建的组织高地。

3. 人才高地

新时代班组党建文化既要打造组织高地，更要打造人才高地，因为组织高地最终要通过人才高地来体现。任何文化都表现为人化和化人。人化是指文化由人创造，化人是指文化用于教化、同化、感化人。新时代班组党建文化既要体现党员的先进性，又要发挥党员的先锋带头作用，而打造人才高地的目的在于保持党的先进性和纯洁性。制丝车间党支部组建党员先锋队发挥党员骨干在班组“急难险重”工作中的“尖刀”作用、建立党员责任区发挥党员示范带动作用、以“培养党员为骨干，骨干发展为党员”为目标等，就是打造人才高地的具体做法。

四、新时代班组党建文化要积蓄党建引领班组发展“新动能”

2021年10月11日，灯塔–党建在线网以《实施“班组党建工作法”积蓄党建引领企业发展“鑫”动能》为题报道[①]，山东鑫迪家居装饰有限公司党支部（以下简称山东鑫迪公司），弘扬“支部建在连上”的光荣传统，创新实施“班组党建工作法”。

山东鑫迪公司弘扬的“支部建在连上”的光荣传统，是我党基层党建工作的宝贵经验。1927年，毛泽东率领秋收起义部队到达江西省永新县三湾村进行改编，首次提出“支部建在连上”，这之后一直是中国人民解放军加强基层党建的优良传统。所以，山东鑫迪公司实施的“班组党建工作法”，将我党“支部建在连上”的光荣传统全面落地，既激发了作为企业最小行政“细胞”的班组的强大活力，又挖掘了作为企业“兵头将尾”的班组长的巨大潜能。新时代班组党建文化通过激发班组活力，挖掘班组长潜能，为积蓄党建引领班组发展的“新动能”注入强大的红色精神动力。

1. 组织引领

新时代班组党建文化首先体现的是新时代班组党组织（党小组）的政治引领和思想引领作用。这就要求在新时代班组党建文化建设中，建立健全班组党组织，体现党对新时代班组的领导。山东鑫迪公司通过延伸“组织触角”，抓

① 灯塔-党建在线网：《实施“班组党建工作法” 积蓄党建引领企业发展“鑫”动能》，https://www.dtdjzx.gov.cn/staticPage/zhuanti/ggpytjddzzhgzyxfg/20211011/2818724.html，2021-10-11。

实班组党小组建设，将党的组织体系嵌入企业生产经营的全链条、各环节，全部实现党小组长、班组长"一肩挑"，将定期召开的党小组会与每日晨会、周例会、月调度会紧密结合等做法，为新时代班组党建文化积蓄党建引领班组发展的"新动能"提供了组织保障。

2. 党员带头

新时代班组党建文化是通过发挥新时代班组党员的模范带头作用，展示新时代班组党组织的品牌形象。新时代班组党建文化要重点宣传新时代班组党员的先进事迹及先进思想，以此打造新时代班组党建文化的品牌人物和党建品牌。山东鑫迪公司通过创设"红色载体"，做到关键岗位有党员、技术攻关有党员、困难面前有党员，党员身边无事故、无次品、无违章，举办"微党课""小组夜校""五小"竞赛活动，实施企业骨干与党员"双向培养"工程等，为塑造班组党建文化品牌人物和党建品牌提供了具体思路。

3. 服务至上

新时代班组党建文化体现了班组党组织的领导核心和政治核心作用，班组文化则体现了班组生产经营管理的中心地位。而班组生产经营管理中心要服从党组织的领导核心和政治核心，班组党组织的领导核心和政治核心要为班组生产经营管理中心服务，特别要为班组生产经营管理一线的党员、职工服务。山东鑫迪公司打通"最后一米"，切实服务党员、职工，开展"我为职工办实事"活动，让党员有荣誉、有奔头，随时倾听职工心声、收集第一手资料，建立党建带群建机制、设立党群服务室等，这体现了新时代班组党建文化服务至上的理念。

五、新时代班组党建文化要创建党建品牌

2021年9月6日，澎湃网以《党建引领优服务！他们是这样做的…》为题报道，[①]安徽阜阳颍河船闸有限公司党支部（以下简称颍河船闸支部）始终将"创

① 澎湃新闻：《党建引领优服务！他们是这样做的…》，https://m.thepaper.cn/baijiahao_14378047，2021-09-06。

建党建品牌、建设特色支部”作为党建工作的重要内容，通过强根基、创品牌、抓安全、带队伍、优服务，有效夯实党建工作基础。

颍河船闸支部的“创建党建品牌、建设特色支部”党建工作给我们的启发是，新时代班组党建文化要以创建党建品牌为目标，全面落实和展现党内政治文化。我们认为，新时代班组党建文化是新时代班组党组织的党性文化及其政治生活的灵魂，倡导和弘扬优秀价值观，抵制和反对庸俗腐朽的政治文化，培厚良好政治生态的土壤，形成新时代班组党建工作的党建品牌。

1. 党性品牌

新时代班组党建文化展示新时代班组党组织的党性品牌，反映新时代班组党建工作的党性文化本质。在党性品牌展示方面，新时代班组党建文化要重点展示新时代班组及其党员的党性素质、政治素质、思想素质、道德素质等，做到明大德、守公德、严私德。颍河船闸支部牢牢把握党史学习教育这条主线，为广大党员“聚能充电”，展示的就是党性品牌。

2. 活力品牌

新时代班组党建文化是新时代班组党组织的核心竞争力，展示的是新时代班组党建工作的活力。颍河船闸支部围绕1个中心、依托2个载体、利用3个特色做法，实现3个方面工作提升，特别是其中的党员突击队和“红旗班组”评比，展示的就是班组党建工作的活力品牌。班组党建工作的活力品牌主要包括党建工作的思想活力、组织活力、工作活力、效率活力等。

3. 先锋品牌

新时代班组党建文化展现的是新时代班组党组织的先锋引领作用。新时代班组党建文化要以伟大建党精神为引领，积极宣传和丰富中国共产党人的精神谱系，还包括宣传新时代班组党员的先锋模范事迹及其先进思想，形成新时代班组党组织的先锋品牌及其党员的鲜明政治品格。颍河船闸支部通过发挥班组党员作用，建战斗堡垒、亮党员身份、创荣誉佳绩，形成的就是班组党组织的先锋品牌。

4. 组织品牌

新时代班组党建文化展现的也是新时代班组的党组织品牌。作为一种政治文化，新时代班组党建文化要反映我党的政治立场、观点、方法，展现新时代班组党组织的政治判断力、政治领悟力、政治执行力，体现党对新时代班组的领导核心和政治核心作用。颍河船闸支部组织“红旗班组”评比，引导党员在班组中发挥“传帮带”作用，展现的就是党组织的品牌。

5. 形象品牌

新时代班组党建文化最终要打造新时代班组党建工作的形象品牌。新时代班组党建文化要以党性品牌为基础，以活力品牌为核心，以先锋品牌为抓手，以组织品牌为标志，以形象品牌为目的。颍河船闸支部成立“女子收费班”、推行“六声服务法”、设立“爱心驿站”等，争当基层党建工作排头兵，展示的就是形象品牌。

六、新时代班组党建文化要展现政治觉悟

2022年1月17日，《青岛日报》以《加强班组建设 筑牢发展根基》为题报道①，青岛地铁运营分公司（以下简称青岛地铁）聚焦班组党建，提升班组团队凝聚力、战斗力。

青岛地铁给我们的启发是，新时代班组党建文化要展现政治觉悟。新时代班组党建文化体现了党对新时代班组的领导以及新时代班组党建工作的精神风貌，是党内政治文化在新时代班组党建工作中的生动展现。所以，新时代班组党建文化要展现新时代班组党组织及其党员的政治觉悟，为新时代班组党组织及其党员修身立德“定规矩”，推动理想信念教育常态化，强化新时代班组党组织及其党员对党和人民的忠诚。从这个意义上讲，新时代班组党建文化要展现新时代班组党组织及其党员的政治觉悟，关键在于为新时代班组党组织及其党员找到政治行为准则。

① 《加强班组建设 筑牢发展根基》，《青岛日报》2022年1月17日第7版。

1. 思想引领

新时代班组党建文化要展现新时代班组党组织及其党员的政治觉悟，首先要通过思想引领，即发挥党的创新理论，特别是习近平新时代中国特色社会主义思想的引领作用，全面提升新时代班组党组织及其党员乃至班组全员的思想觉悟。青岛地铁加大班组长党员发展培养力度，密切关注班组长思想动态，提高青年骨干思想觉悟，开展班组内党员与员工结对帮扶，发挥党员先锋模范作用等做法，全方位发挥了思想引领的作用。

2. 典型示范

新时代班组党建文化要展现新时代班组党组织及其党员的政治觉悟，必须体现党的先进性，这既包括班组党组织的先进性，也包括岗位党组织的先进性，还包括党员的先进性。青岛地铁打造党建班组示范岗、党建示范阵地、“欣欣服务示范班组”、“彩虹车站”、“红色车站”等主题车站，体现的就是党的先进性。作为一种先进文化，新时代班组党建文化与班组文化的先进性既有共性，又各有侧重。共性在于二者都是一种先进的思想文化。而新时代班组党建文化的先进性主要体现为思想政治觉悟的先进性，新时代班组文化的先进性则主要体现在经营管理思想的先进性。

3. 党建统领

新时代班组党建文化要展现新时代班组党组织及其党员的政治觉悟，根本上要发挥党建的统领作用。按照习近平总书记在全国国有企业党的建设工作会议上的重要讲话精神，党建的统领作用就是要发挥党对新时代班组的政治领导、思想领导、组织领导作用，体现新时代班组党组织的领导核心和政治核心作用。新时代班组党组织要把方向、管大局、保落实。青岛地铁为把运营分公司的每个班组建设成为一支适应网络化管理的精干高效团队，将党建统领作用充分发挥在基层班组建设的思想建设、作风建设、组织建设、制度建设等各个环节中，这也为新时代班组党建文化建设指明了方向。

第六章

新时代班组安全文化的新思考

班组是企业的最小行政“细胞”，影响乃至决定着企业几乎所有方面的工作，特别是企业安全生产工作。据统计，90%以上的企业安全生产事故发生在班组，而导致班组发生安全生产事故的大部分原因与班组成员的心理、思想、行为等直接相关，也就是班组成员的安全素质。①新时代班组安全文化作为班组安全生产工作的灵魂和管理思想，对于全面提升班组成员的安全素质、帮助班组成员养成良好的安全生产习惯等有着重要的战略意义和现实价值，这也体现了新时代班组安全文化研究的重大理论意义和实践价值。

第一节　新时代班组安全文化的新要求

作为班组安全管理的方向和指导，新时代班组安全文化要进一步增强推动新时代班组安全管理改革的责任感、使命感、紧迫感，充分发挥班组党组织在安全生产中的思想引领作用，全面展现班组党员在安全生产中的先锋模范风采，以保护职工群众生命安全为宗旨，构建全员参与、立体高效的班组安全防护体系，还要适应新质生产力发展要求，提高班组安全管理数字化水平，以科学构建班组安全管理文化理念体系为抓手，营造先进的班组安全管理氛围。

一、新时代班组安全文化要推动班组安全管理改革

党的二十届三中全会是在我国以中国式现代化全面推进强国建设、民族复兴伟业的关键时期召开的一次十分重要的会议。全会审议通过的《中共中央

① 参见田水承、孙雯、杨鹏飞等：《煤矿班组不安全状态影响因素及评价》，《西安科技大学学报》2022年第3期；段新伟、都阳：《高原型煤矿班组安全建设关键措施研究》，《河南理工大学学报（自然科学版）》2020年第3期。

关于进一步全面深化改革 推进中国式现代化的决定》，[①]紧紧围绕推进中国式现代化这个主题擘画了进一步全面深化改革的战略举措，是指导新征程上进一步全面深化改革的纲领性文件。它不仅是新时代征程中推动全面深化改革向广度和深度进军的总动员、总部署，而且对以中国式现代化全面推进强国建设、民族复兴伟业具有重大而深远的意义，为党和国家事业以及我国经济社会各个领域指明了发展方向，提供了基本遵循。作为班组安全管理的方向和指导，新时代班组安全文化要全面反映改革开放以来我国班组安全建设取得的历史成就，明确进一步全面深化改革对于新时代班组安全管理的重要意义，增强推动新时代班组安全管理改革的责任感、使命感、紧迫感。

新时代班组安全文化作为班组文化与班组安全管理的结合体，一方面要通过文化强班，推动新时代班组文化繁荣，丰富新时代班组成员的精神文化生活，提升新时代班组文化软实力和班组文化影响力；另一方面要健全新时代班组安全管理体系，增强维护班组安全管理能力，有效构建新时代班组安全管理新格局等。因此，新时代班组安全文化既要围绕“进一步全面深化改革的总目标”，全面深化班组安全文化理念改革，为全面创建安全管理标准化班组奠定基础；又要按照“中国式现代化是物质文明和精神文明相协调的现代化”要求，增强新时代班组安全文化自信，激发班组全体成员的安全文化创新创造活力；还要根据“健全因地制宜发展新质生产力体制机制”要求，形成与新质生产力发展相适应的班组安全文化等。

1. 尊重班组职工主体地位和首创精神

新时代班组安全文化要坚持以职工为中心，尊重职工主体地位和首创精神，全面激发职工安全管理的智慧和能量，做到班组安全为了职工、班组安全依靠职工、班组安全成果由职工共享，把党的全心全意依靠工人阶级的根本方针贯彻落实到班组安全管理的各个方面。这就要求，新时代班组安全文化要以提升职工安全管理素质为目标，在班组安全管理实践中体现“全过程人民

① 中华人民共和国中央人民政府官网：《中共中央关于进一步全面深化改革 推进中国式现代化的决定》，https://www.gov.cn/zhengce/202407/content_6963770.htm?sid_for_share=80113_2，2024-07-21。

民主是社会主义民主政治的本质属性”这一中国式现代化的本质要求，健全和加强“吸纳民意、汇集民智”“反映民意、联系群众、服务职工”的班组安全管理机制，完善职工参与班组安全管理的有效形式，充分发挥班组安全文化“凝聚人心、汇聚力量”的作用等。

2. 激发班组全体成员安全文化创新创造活力

新时代班组安全文化要以发展社会主义先进文化、弘扬革命文化、传承中华优秀传统文化为使命，全面激发班组全体成员安全文化创新创造活力。所以，新时代班组安全文化要按照班组党建文化的要求，完善班组意识形态工作责任制，推动班组成员理想信念教育常态化、制度化，完善班组培育和践行社会主义核心价值观的制度机制，推动班组全体成员崇尚安全标兵、学习安全标兵、争做安全标兵，教育引导班组全体成员自觉遵守安全生产法律法规制度、遵循安全生产规程，健全班组全体成员参与班组安全文化建设机制，构建班组安全文化标识体系，丰富班组安全主题的业余文化生活，讲好班组安全故事，提高班组安全文化影响力，打造班组安全文化品牌等。

3. 推进班组安全管理体系和能力现代化

新时代班组安全文化要全面贯彻总体国家安全观，完善维护班组安全的体制机制，健全班组安全管理体系，强化班组之间安全管理工作协调机制，推进班组安全科技赋能。具体而言，新时代班组安全文化要以完善班组安全治理机制为核心，提高班组安全管理能力，加强班组网络安全机制建设，建立人工智能班组安全管理制度，加强班组党建引领班组安全管理机制，健全班组职工心理服务体系和危机干预机制，健全班组“高效办成一件事”重点事项清单管理机制和常态化推进机制，健全发挥班风建设在班组安全管理中的作用机制，完善班组安全管理整体防控体系，建立健全班组之间安全管理工作协调机制，提高班组成员的安全感等，最终打造出安全管理标准化班组。

二、新时代班组安全文化要为安全生产注入“红色动能”

2023年8月21日，云南网以《云煤集团：“四字经”释放安全管理“大能量”》为题报道[1]，云南省煤炭产业（煤化）集团有限公司（以下简称云南煤化）党委以“党小组+班组建设”为重点，让党小组成为班组的“大脑中枢”，为更好地服务和引领企业高质量发展注入红色动能。

云南煤化班组管理实践启发我们，新时代班组安全文化要为安全生产注入“红色动能”，就要充分发挥班组党组织在安全生产中的思想引领作用，全面展现班组党员在安全生产中的先锋模范风采，充分发挥班组党组织在安全生产中的战斗堡垒作用，引导班组党员牢记党的宗旨、坚定理想信念、锤炼党性等。新时代班组安全文化要增强班组全员对安全文化的认同感和自觉意识，激发班组全员安全文化创新创造活力，不断提升班组安全文化软实力和影响力，从而为建设安全管理标准化班组提供强大精神动力。

1. 思想“红”

新时代班组安全文化要为安全生产注入“红色动能”，就要以班组党建文化引领班组安全文化建设，将党的优良传统和党的伟大精神注入班组安全文化中，在新时代班组安全文化建设中做到思想“红”。云南煤化紧扣“学”字抓思想保障，把主题党日与班组安全文件分析课、安全技术教育课、安全措施讨论课这“三课”活动相结合，促使班组成员的安全意识和业务能力得到有效提升，为新时代班组安全文化建设做到思想“红”提供了参考。

2. 目标“红”

新时代班组安全文化为安全生产注入“红色动能”，是为了保障班组安全管理实践的政治方向，坚持人民至上、生命至上，实现安全生产零事故，在新时代班组安全文化建设中做到目标“红”，这是建设安全管理标准化班组的基本要求。云南煤化紧扣“严”字抓体系建设，把班组建设情况纳入各级党组织党建目标管理考核指标、安全生产管理积分考核指标体系中，实现员工从“要我安全”到“我要安全”的转变，这就是目标“红”的具体做法。

---

① 云南网：《云煤集团：“四字经”释放安全管理“大能量”》，https://yn.yunnan.cn/system/2023/08/21/032722450.shtml，2023-08-21。

3. 素质“红”

新时代班组安全文化要为安全生产注入“红色动能”，关键是发挥班组党员的先锋模范作用，全面提升班组党员的党性修养和政治素质和业务能力，做到素质“红”。在新时代班组安全文化建设中，要重点总结梳理班组党员在班组安全管理实践中的先进事迹和先进思想，这是新时代班组安全文化的重要思想源泉。云南煤化紧扣“实”字抓干事氛围，做到业务骨干是党员、重要岗位有党员、关键时刻靠党员，为党小组、班组拓视野、提技能、促交流创造条件，打造品德优良、技能精湛、素质过硬的党员员工队伍，做到了素质“红”。

4. 氛围“红”

新时代班组安全文化要为安全生产注入“红色动能”，班组党组织和班组党员要充分发挥党的群众路线这一生命线和根本工作路线的作用，全面提升每一位班组成员的安全管理素质，充分激发每一位班组成员的安全管理积极性、主动性、创造性，营造积极向上的文化氛围，做到氛围“红”。云南煤化紧扣“家”字抓和谐文化，营造“尊重员工、关心员工、培育员工、发展员工”的良好人文环境，让人人关注安全、人人参与安全，营造团结向上、干事创业的热情氛围，实现了氛围“红”。

三、新时代班组安全文化要构建班组安全防护体系

新时代班组安全文化要以保护职工群众生命安全为宗旨，以树立班组安全生产理念为根本，以保障班组安全生产为基础，以遵守安全生产法律法规为保障，以促进企业安全生产为依托，构建全员参与、立体高效的班组安全防护体系，其主要内容包括为提升新时代班组安全能力、强化安全教育、增强全员安全意识和素养提供思想引领，为提升新时代班组安全治理水平、完善班组安全管理体系提供制度保障，为提升新时代班组安全治理效能以及构建人人有责、人人尽责、人人享有的班组安全治理共同体提供行动指南。

2022年12月19日，中华网以《“三个六”班组安全文化建设体系推动寺河

煤矿高速发展》为题报道[①]，在应急管理部宣传教育中心联合国务院国资委主管的《企业管理》杂志社开展的第二届企业安全文化最佳实践案例研究与征集活动中，晋能控股装备制造集团有限公司寺河煤矿（以下简称寺河煤矿）的“三个六”班组安全文化建设体系入选“2021年企业安全文化十大案例”。依据《煤矿安全生产标准化管理体系基本要求及评分方法》《山西省煤矿班组安全建设规定》《晋能控股煤业集团及晋城煤炭事业部煤矿班组安全建设管理考核办法》等文件精神，寺河煤矿构建了“三个六”班组安全文化建设管理体系，即以“六型”班组创建为工作核心，培养安全、学习、技能、民主、团队、创新型班组长和职工队伍，以“六星”班组竞赛为工作载体，建立有效激励机制，发现一批“明星班组长”，以点带面激发班组活力；以“6·3·5”工作法为行动指南，推行班前“六项”（班前会要排查不放心人、学习规程措施、讲述安全状况、开展安全提问、明确职责分工、集体安全宣誓），执行班中“三步”（接班现场要做到安全确认、班中安全巡查、交班安全评估），落实班后“五管”（落实班后的工作总结、工分公示、安全帮教、技能培训、科技创新）。寺河煤矿的“三个六”班组安全文化建设体系，将安全生产理念根植于一线班组的“土壤”，安全的基因已流淌进班组每个人的血脉，为矿井的高质量发展提供了安全保障。新时代班组安全文化可借鉴寺河煤矿经验，将其成熟做法融入思想引领、制度保障等安全防护体系建设中。

1. 思想引领

新时代班组安全文化的核心是新时代班组安全生产的基本思想、先进理念及其特色。作为思想引领，新时代班组安全文化首先要反映党和国家关于安全生产的最新要求以及安全生产法律法规的基本精神；其次要符合所在行业、企业关于安全生产的相关规定；最后要体现班组安全生产的先进经验及其品牌。寺河煤矿能够入选“2021年企业安全文化十大案例”，关键在于他们的班组安全文化充分体现了安全生产的相关文件精神。

---

① 中华网：《“三个六”班组安全文化建设体系推动寺河煤矿高速发展》，https://tech.china.com/article/20221219/122022_1197719.html，2022-12-19。

2. 制度保障

新时代班组安全文化要发挥思想引领作用，必须建立健全班组安全生产经营管理体系。新时代班组安全生产管理体系作为制度层，要对班组安全生产目标、班组长安全管理水平、班组成员安全管理素质以及班组安全生产激励等方面提出制度要求，为班组安全生产提供体制机制保障。寺河煤矿构建的“三个六”班组安全文化建设管理体系，就是为班组安全生产提供的制度保障。

3. 行动指南

新时代班组安全文化的思想引领和制度保障，必须转化为班组全员的自觉意识和行为习惯，才能真正为班组安全生产提供最终保障。新时代班组安全文化必须由班组全员的“心动”转化为班组全员的实际“行动”，成为班组安全生产及班组全员的安全行动指南。新时代班组安全文化的本质就是为班组全员提供的思想指南、制度指南以及行动指南。寺河煤矿推行的班前“六项”、班中“三步”、班后“五管”等，即“6·3·5”工作法，就是为班组生产及班组全员提供的安全行动指南。

四、新时代班组安全文化要适应新质生产力发展要求

2023年11月15日，青海省能源化工机冶工会微信公众号报道，盐湖股份公司工会印发《关于深入开展班组“夯基计划”的指导意见》（以下简称《指导意见》）指出，为切实加强企业管理的基础，彰显班组建设新时代、新内容，夯实班组在安全生产、文化引领、阵地服务、科技创新等最基层组织单元发展根基，增强班组优胜力量，释放新质生产力，增强推进公司高质量发展的战斗力。

《指导意见》强调，要坚持“安全为核心、文化为主线、班建为抓手”，巩固和深化“夯基计划”基础模式，实现所有班组深入实践，优秀班组深化创标，班组自主管理水平持续提高，班组安全生产周期有效延长，特别是在盐湖资源开发利用处于新旧动能转换、新质生产力培育的关键时期，打造一批管理高

效、安全稳固、技术过硬、数字智能、和谐共进的精品示范班组，推动班组“夯基计划”落实落地。《指导意见》指出，要将搭建“基础、安全、能力、创新、思想、文化、宣传”等七个方面的赋能举措落实到班组，按照“整体规划、以点带面、全面推进”的工作思路，推进学习型、安全型、效益型、管理型、创新型和标准化班组建设。

《指导意见》提出的班组“夯基计划”启示我们，新时代班组安全文化要适应新质生产力发展要求，推动安全管理标准化班组高质量发展，构建符合新发展理念的新时代班组安全管理新理念体系，提高班组安全管理数字化水平，催生适应新质生产力发展要求的班组安全管理新动能，营造适应新质生产力发展要求的班组安全文化新氛围等。

1. 高质量发展的要求

新时代班组安全文化要适应新质生产力发展要求，其目的是实现安全管理标准化班组的高质量发展。要实现安全管理标准化班组的高质量发展，需要转变班组安全管理方式、优化班组安全管理结构、转换班组安全管理动力。按照中国安全生产协会发布的团体标准《安全管理标准化班组评定规范通用要求》，要建立和形成班组安全管理长效机制。《指导意见》提出的班组“夯基计划”，是为了彰显班组建设新时代、新内容，增强班组优胜力量，释放新质生产力等，最终目的是实现高质量发展。因此，高质量发展是新时代班组安全文化适应新质生产力发展的内在要求。

2. 创新的要求

新时代班组安全文化要适应新质生产力发展要求，必须创新班组安全管理模式和方式，包括班组安全管理理念、制度、流程、方式、手段、氛围，特别是要大力推动班组安全管理数字化转型和人工智能的广泛应用等。《指导意见》强调，要坚持“安全为核心、文化为主线、班建为抓手”，巩固和深化“夯基计划”基础模式，优秀班组深化创标，班组自主管理水平持续提高等，就是在创新班组安全模式和方式。

3. 转型的要求

新时代班组安全文化要适应新质生产力发展要求，关键在于推动班组安全管理动能转型，打造适应新质生产力发展要求的班组安全管理新动能。所以，新时代班组安全文化建设要大力宣传班组安全管理新动能的政策、案例和做法等，教育引导班组成员掌握班组安全管理新动能的基本知识和技能等，如班组安全管理数字化以及人工智能应用等。《指导意见》提出，在盐湖资源开发利用达到新旧动能转换、新质生产力培育的关键时期，打造一批管理高效、安全稳固、技术过硬、数字智能、和谐共进的精品示范班组等，能为我们推动班组安全管理动能转型提供有益参考。

4. 赋能的要求

新时代班组安全文化要适应新质生产力发展要求，要利用各种科技创新成果尤其是文化赋能班组安全管理，实现班组安全管理的精准化和标准化。新时代班组安全文化建设要在安全管理标准化班组的文化赋能上下功夫，这就需要强化班组成员的安全管理数字化理念和人工智能思想，在班组安全管理实践中培养班组成员的数字化习惯和人工智能素养等。《指导意见》指出，要将搭建“基础、安全、能力、创新、思想、文化、宣传”等七个方面的赋能举措落实到班组，按照“整体规划、以点带面、全面推进”的工作思路，推进学习型、安全型、效益型、管理型、创新型和标准化班组建设等。因此，文化赋能是新时代班组安全文化适应新质生产力发展要求的应有之义。

五、新时代班组安全文化要营造先进的班组安全管理氛围

2024年3月20日，澎湃新闻报道了中国中车5个班组安全管理经验[①]。

中车5个先进企业班组安全管理经验启发我们，新时代班组安全文化要以安全生产目标为参照，以提高班组安全管理水平为目的，以全面提升每一位

---

① 澎湃新闻：《中国中车五个青年集体荣获“全国青年安全生产示范岗”称号》，https://m.thepaper.cn/baijiahao_26757404，2024-03-20。

班组成员的安全管理素质为核心，以科学构建班组安全管理文化理念体系为抓手，从而营造良好的班组安全管理氛围。中国安全生产协会发布的团体标准《安全管理标准化班组评定规范通用要求》提出的“5831班组安全屋”模型，为营造先进班组安全管理氛围奠定了基础。“5”确定了制度、规程、教育、台账、设施等先进基础，“8”提出了准备、班会、风控、隐患、行为、过程、现场、标准等先进支柱，“3”规划了活动、预案、改进等先进支撑，“1”明确了先进目标。“5831班组安全屋”模型本质上是一种先进的企业班组安全管理模式，为新时代班组安全文化营造先进班组安全管理氛围创造了条件。

1. 先进安全理念

新时代班组安全文化的核心是一系列先进班组安全理念的集合，反映了新时代班组安全管理的基本要求、基本思想、基本价值。中车大同公司总装分厂调试二组坚持贯彻“安全生产 青年当先”的理念，通过安全警示教育、安全标语、安全家书、安全漫画、安全隐患分析、安全生产合理建议征集等方式，形成良好的安全管理监督氛围，充分发挥了先进安全理念的引领作用。

2. 先进安全计划

新时代班组安全文化要营造先进的班组安全管理氛围，需要将先进安全理念转化为先进安全计划，并落实到班组安全管理实践中。中车浦镇公司车体分厂 B05工区自动焊二组制订“青年安全生产示范岗”创建月、季度计划，开展安全理念宣贯、安全知识学习、安全技能提升、安全管理加强、安全文化建塑、志愿者社会公益、学雷锋等活动，推动安全生产走深向实，实现了新时代班组安全文化的全面落地。

3. 先进安全标准

新时代班组安全文化要营造先进的班组安全管理氛围，需要符合先进安全标准的基本要求。中车资阳公司资电公司调试班坚持“安全第一、预防为主、综合治理”的安全生产方针，贯彻落实各项安全生产管理制度及作业标准化，以更高标准、更实举措为电力机车安全生产、安全运行保驾护航，为新时代班组安全文化营造先进班组安全管理氛围提供了参考。

4. 先进安全目标

先进安全目标是新时代班组安全文化的重要内容之一，也是营造先进班组安全管理氛围的方向。新时代班组安全文化要以先进安全目标为重点，调动每一位班组成员参与安全管理的积极性和主动性。中车株洲所半导体公司IGBT芯片制造班围绕“保安全，促生产，青年先行创模范”工作目标，营造青年苦学本领、勇于担当的组织氛围，体现了先进安全目标的重要作用。

5. 先进安全岗位

新时代班组安全文化要提高每一位班组成员的安全管理素质，帮助其养成良好的安全管理习惯，就需要发挥先进安全岗位的示范引领作用。中车株洲所风电事业部机舱布线班倡导“不抛弃、不放弃，一个都不能少”的理念，在推动“青年安全生产示范岗”创建活动的基础上，进一步深化班组安全管理工作，提升人员安全意识，发挥的就是先进安全岗位的作用。

第二节　新时代班组安全文化的新定位

新时代班组安全文化要激发每一位班组成员在安全生产中的自主性和能动性，让其树立自我安全意识，营造自我安全氛围，养成“我要安全、我能安全、我会安全”的良好习惯，按照树标、立规、塑行、展效的新步骤，构建新时代班组安全文化理念体系。同时强化职工在安全生产中的主体地位和主人翁意识，在班组内营造“人人参与、人人建设、人人享受”的安全文化氛围，形成全员认同、共同遵守、带有本班组特点的安全价值观，让家属的关注成为“我要安全”的动力、家属的关心成为“我会安全”的保障、家属的关爱成为“我能安全”的支撑。

一、新时代班组安全文化的新内涵

2023年1月13日，中国新闻网以《青年管制奋勇担当　力保空中丝路畅通——新疆空管局“超越”班组荣获“2022年度全国民航安全作风建设优秀班组”称号》为题报道①，新疆空管局空管中心区域管制一室“超越”班组（以下简称“超越”班组），牢固树立“忠诚、奉献、协同、创新”的核心价值观理念，不断提高班组成员综合素质和班组安全保障能力，荣获“2022年度全国民航安全作风建设优秀班组”称号。

“超越”班组的先进经验启发我们，新时代班组安全文化要坚持职工的安全主体地位，充分体现职工的安全意志、保障职工的安全权益、激发职工的安全智慧和潜力，为每一位班组成员树立科学的核心价值观，不断提升每一位班组成员的综合素质和班组安全保障能力。为此，我们将新时代班组安全文化界定为，新时代班组是以培养每一位班组成员的自我安全意识为核心，以树立自我安全标准为手段，以规范自我安全行为为重点，以营造自我安全氛围为目的，使每一位班组成员从“要我安全”的习惯转变为“我要安全”的习惯，而在长期的成功安全管理实践中形成的班组安全理念、班组安全行为规范及班组安全管理整体精神面貌。

1. 培养自我安全意识

新时代班组安全文化首先展现的是每一位班组成员的自我安全管理意识。这就需要在新时代班组安全文化建设实践中，开发各种资源和平台，激发每一位班组成员的自我安全管理意识。自我安全意识是内生于每一位职工内心的自我安全保护本能以及自我安全管理的自律意识和自我要求素质。“超越”班组每月定期开展两次政治学习和安全教育学习，经常了解班组成员的思想动态，通过老同志“传帮带”方式，帮助年轻职工树立积极正确的世界观、人生观、价值观等做法，对于培养每一位班组成员的自我安全管理意识有着重要的作用。

2. 树立自我安全标准

新时代班组安全文化培养每一位班组成员的自我安全意识，从根本上需

① 中国新闻网：《青年管制奋勇担当 力保空中丝路畅通——新疆空管局“超越”班组荣获“2022年度全国民航安全作风建设优秀班组”称号》，http://www.xj.chinanews.com.cn/ziyuan/2023-01-13/detail-ihcispqx0268775.shtml，2023-01-13。

要每一位班组成员树立自我安全标准并加以“固化”和深化。自我安全标准要通过自我安全规范、自我安全示范等体现出来，为自我安全意识的形成指明方向、确立标准。“超越”班组始终以“青年安全生产示范岗”创建标准要求自己，以此树立自我安全标准。中国安全生产协会班组安全建设工作委员会在全国推广的“5831”安全管理标准化示范班组创建，提供了一个通用而有效的自我安全标准。

3. 规范自我安全行为

新时代班组安全文化培养每一位班组成员的自我安全意识，树立自我安全标准，最终要通过班组成员的每一次自我安全行为展现出来。因此，新时代班组安全文化要规范每一位班组成员的自我安全行为，促使其形成良好的自我安全行为习惯，提升每一位班组成员的自我安全管理素质和能力。“超越”班组抓基层、打基础、苦练基本功，培养班组成员严谨科学的专业精神、团结协作的工作作风和扎实过硬的技术能力，实质上就是在规范每一位班组成员的自我安全行为。

4. 营造自我安全氛围

新时代班组安全文化作为一种文化体系，要通过为每一位班组成员营造自我安全氛围，发挥以文化人、以文育人的作用。新时代班组安全文化的主要内容包括班组安全使命、班组安全目标、班组安全价值观、班组安全精神、班组安全品牌以及班组安全口号等。“超越”班组打造自己的班组文化，形成了自己的班组口号，确定了自己的班组目标，从而营造了班组大家庭的融洽氛围，建设成为和谐优秀班组。

二、新时代班组安全文化建设新路径

为配合推动中国安全生产协会倡导开展的全国企业安全管理标准化班组创建活动，中国安全生产协会班组安全建设工作委员会提出“5831”班组安全模型并发布团体标准。“5831”模型中的“5”是指班组的五项基础工作，包括班组全员安全生产责任制、制度规程和标准、教育与培训、安全管理台账与档案、设备与设施；“8”是指班组安全管理的八大支柱，包括作业前准备、班前与班后会、风险分级管控、事故隐患排查与治理、作业行为管理、作业过程控制、作业现场管理、标准化作业；“3”是指班组安全需要三方面支撑，包括班组安全活动、应急预案与事故管理、持续改进；“1”是指班组安全管理的一个目标。新时代班组安全文化建设要以“5831”班组安全模型为依据，形成树标、立规、塑行、展效的新步骤。

1. 树标：安全管理目标

新时代班组安全文化建设首先要树立班组安全管理目标，形成班组安全管理理念，实现生产事故、人员伤害、设备事故、环境污染事故“零发生”的安全目标，并要求全员理解并熟记。这就是“5831”模型中的“1”。班组安全管理目标和班组安全管理理念是班组文化在班组管理中的具体表现。譬如，新时代班组安全文化可以提出“零隐患”和实现“‘三违’现象为零，伤害事故为零，职业病事故为零”的安全目标，为班组安全生产指明努力方向。

2. 立规：安全管理制度

新时代班组安全文化建设要通过具体的安全管理制度实现安全管理目标，将班组安全理念文化转变成班组安全制度文化。这是“5831”模型中“5”的内容，主要包括制定班组安全生产责任制、班组安全生产规章制度规程和标准、班组安全教育培训计划、班组安全管理制度台账、班组安全生产设备设施安全标识等。譬如，为实现班组安全管理目标，可制定班组例会制度，根据安全生产存在的问题制定管控措施，根据企业提出的安全工作任务制订班组安全工作计划以及班组职工日常培训教育计划等，这就是班组安全管理制度。

3. 塑行：安全管理行为

新时代班组安全文化建设要以班组安全行为文化为落脚点。这是“5831”模型中“8”的内容，主要包括班组作业前的相关准备、召开班前班后会、班组作业前做相关风险分析管控、对各种事故隐患排查、班组作业中进行安全行为管理、加强作业过程控制、开展作业现场管理、积极推行标准化作业等。譬如，班组可通过全员立足本岗位，在安全生产中坚持自查、自改的原则，养成在安全生产中“互相监督、互相帮助、互相提醒、互相保证”的习惯，这就是班组良好的安全管理行为。

4. 展效：安全管理成效

新时代班组安全文化建设要取得成效，还需要班组安全成效文化做保障。这是“5831”模型中“3”的内容，主要包括三个方面的内容，一是开展系列班组安全活动，譬如安全活动日、安全专题会、班组安全文化建设活动等，以营造“想安全、会安全、能安全”的班组安全氛围。二是应急预案与事故管理，譬如班组应急培训和演练、应急设备物资等责任人确定、事故预防和处置工作、应急处置方案等。三是持续改进，做到不断修改完善班组管理制度，提高班组安全管理有效性和实效性等。

三、新时代班组安全文化要强化职工的主体地位

2023年11月15日，齐鲁壹点以《山东鲁泰控股集团太平煤矿点上发力，拧紧安全“螺丝钉”》为题报道①，山东鲁泰控股集团太平煤矿（以下简称太平煤矿）紧盯安全工作目标不放松，以高水平安全护航矿井高质量发展。一是紧扣“严”字抓现场管理，牢固树立“现场为王”安全理念，以职工“互保、联保、自保”为主要内容，确保班组成员作业标准、作业全过程受控。二是盯住“细”字抓基础管理，深入开展“职工安全行为习惯21天养成”活动，利用班组“每周一案”事故案例学习讨论，深化无“三违”、无隐患、无事故班组创建，提升班组治理能力。三是认准“练”字抓技能提升，进一步强化班组安全素质教育，常态化开展岗位技术大练兵、技能比武、技术革新等活动，切实强化职工个体安全素质。四是聚焦“狠”字抓绩效考评，着力打造“双一流”安全班组，从“人、物、环、管”四个要素入手，加大安全“三违”“四化”考核力度，充分调动班组抓好安全工作的积极性和创造性。

---

① 齐鲁壹点：《山东鲁泰控股集团太平煤矿点上发力，拧紧安全“螺丝钉”》，https://www.qlld.com/general/22587436.html，2023-11-15。

太平煤矿的班组安全管理实践经验启发我们，新时代班组安全文化要强化每一位班组成员在安全生产实践中的主体地位，营造“我”是安全生产第一责任人的文化氛围。中国安全生产协会发布的团体标准《安全管理标准化班组评定规范通用要求》提出，班组应以多种形式开展安全文化创建活动，逐步形成为全员所认同、共同遵守、带有本班组特点的安全价值观，逐步塑造“想安全、会安全、能安全”的本质安全型职工。中华全国总工会印发《关于加强职工安全文化建设的指导意见》进一步明确了职工的主体地位，即调动广大职工参与安全文化建设的积极性和主动性，形成“人人参与、人人建设、人人享受”的安全文化氛围，做到懂安全、会安全、保安全，等等。

1. 我想安全

新时代班组安全文化要强化职工的主体地位，首先应该让每一位班组成员树立“我想安全”的理念。这种理念是发自每一位班组成员内心的“安全诉求”“安全追求”。要树立“我想安全”的理念，除了需要每一位班组成员的自觉和较高素质，还需要从班组制度上加以保障。太平煤矿紧扣“严”字抓现场管理，牢固树立“现场为王”安全理念，以职工“互保、联保、自保”为主要内容，确保班组成员作业标准、作业全过程受控等做法，为树立“我想安全”理念提供了参考。

2. 我懂安全

新时代班组安全文化要强化职工的主体地位，不仅要让每一位班组成员树立“我想安全”的理念，还要树立“我懂安全”的理念。要做到“我懂安全”，每一位班组成员需要认真学习安全生产的相关基本知识，养成安全生产的良好习惯，严格遵循安全生产操作规程，等等。太平煤矿盯住“细”字抓基础管理，深入开展“职工安全行为习惯21天养成”活动，利用班组“每周一案”事故案例学习讨论，深化无“三违”、无隐患、无事故班组创建，提升班组治理能力，让“我懂安全”落到了实处。

3. 我能安全

新时代班组安全文化要强化“我”的主体地位，关键在于提升每一位班组成员的安全生产技能，让每一位班组成员做到“我能安全”。“我能安全”需要将学到的安全生产基本知识和良好的安全生产习惯，转化为具体的安全生产技能和素质。太平煤矿认准“练”字抓技能提升，进一步强化班组安全素质教育，常态化开展岗位技术大练兵、技能比武、技术革新等活动，切实强化职工个体安全素质，为实现每一位班组成员“我能安全”创造了机会和平台。

4. 我保安全

新时代班组安全文化要强化“我”的主体地位，最终目的是按照安全生产管理的要求，完成安全生产管理的任务，创造安全生产管理的品牌。这就需要每一位班组成员做到“我保安全”，即每一位班组成员都为完成安全生产管理任务提供有力保障，实现安全生产零事故。只有这样，才是名副其实的安全管理标准化班组。太平煤矿聚焦“狠”字抓绩效考评，着力打造“双一流”安全班组，从“人、物、环、管”四个要素入手，加大安全“三违”“四化”考核力度，充分调动班组抓好安全工作的积极性和创造性，就是在打造安全管理标准化班组。

四、新时代班组安全文化要激发职工的主人翁意识

2023年7月10日，澎湃新闻报道①，青岛地铁改变班组自上而下“管与被管”的关系，实现班组成员从“要我安全”到“我要安全”，再到“我要作贡献”和“我要提升自我价值”的转变，真正让职工成为企业的主人。青岛地铁将部分分配权下放至班组，有效激发了职工参与意识和主人翁意识。青岛地铁让班组成员每一颗“螺丝钉”都有参与感和荣誉感，使集团自然整合为一个牢固的“机器完全体”。青岛地铁班组建设还尊重职工群众的首创精神，相信“高手在民间”，通过实施“揭榜挂帅”机制，激发了职工的创新热情，释放了企业每个“细胞”的最大活力。青岛地铁10个班组获批安全管理标准化班组，7人获评安全管理标准化班组长。青岛地铁班组建设成果荣获2022全国国企管理创新

① 澎湃新闻：《青岛地铁：践行“班组一线工作法”，打造国企管理新范例》，https://m.thepaper.cn/baijiahao_23794680，2023-07-10。

一等奖。

青岛地铁的班组建设给我们的启发是，新时代班组安全文化要激发职工的主人翁意识。按照中国安全生产协会发布的团体标准《安全管理标准化班组评定规范通用要求》，新时代班组安全文化要形成全员认同、共同遵守、带有本班组特点的安全价值观，逐步塑造“想安全、会安全、能安全”的本质型职工。本质安全型职工能够做到“想安全、会安全、能安全”，根本原因在于新时代班组安全文化激发了职工的主人翁意识。在一定意义上讲，新时代班组安全文化展现的是班组安全管理的要求和每一位班组成员的安全诉求。其中，班组安全管理的要求是企业安全文化在班组管理实践中的具体表现，每一位班组成员的安全诉求都是职工安全文化在班组成员安全意识中的生动展现。同企业文化与职工文化的辩证关系一样，企业安全文化是“要我安全”的文化，包括企业安全管理的目标、准则、理念、风气等内容，是企业安全管理水平的体现。职工安全文化是“我要安全”的文化，包括职工安全行为的习惯、信念、追求等内容，是职工安全素质水平的体现。对于企业的安全生产来讲，企业安全管理水平和职工安全素质水平有着同等的战略价值，都应该成为企业党政一把手工程。安全大于天。职工安全文化作为职工安全素质水平的体现具有更根本的意义。

1. 让职工成为企业的主人

新时代班组安全文化要激发职工的主人翁意识，首先必须让职工成为企业的主人，使每一位班组成员成为安全的第一负责人。这就需要企业，特别是班组，充分尊重每一位班组成员在安全生产实践中的主体地位，担当安全生产的第一教练员、第一运动员、第一裁判员和第一指挥官等角色。青岛地铁改变了班组自上而下的“管与被管”关系，实现了班组成员从“要我安全”到“我要安全”，再到“我要作贡献”和“我要提升自我价值”的转变，真正让职工成为企业的主人，增强了每一位班组成员的主人翁意识。

2. 让职工有参与感更有荣誉感

新时代班组安全文化要激发职工的主人翁意识，还需让职工有参与感更有荣誉感，确保每一位班组成员能够真正参与安全生产管理的各个重要环节，体现和实现自身价值。这不仅包含参与安全生产的存在感，更包含取得安全生产成绩后的获得感和荣誉感。为此企业特别是班组要创新管理体制机制和方式方法，为职工提供获得参与感和荣誉感的机会和平台。青岛地铁将部分分配权下放至班组，激发职工的参与意识和主人翁意识，使每一颗“螺丝钉”都有参与感和荣誉感，在新时代班组安全文化激发职工主人翁意识方面取得显著成效。

3. 尊重职工群众的首创精神

新时代班组安全文化要激发职工的主人翁意识，关键在于尊重职工群众的首创精神，充分挖掘每一位班组成员的安全意识、安全潜能、安全智慧，实现从“要我安全”到“我要安全、我想安全、我会安全、我能安全”的根本性转变。这一转变会真正将职工主人翁意识彻底激发出来。青岛地铁班组建设尊重职工群众的首创精神，相信“高手在民间”，通过实施“揭榜挂帅”机制，激发了员工的创新热情，释放了企业每个细胞的最大活力。特别是以全国劳模尹星创新工作室为代表的广大职工群众首创精神得以充分发挥，为新时代班组安全文化激发职工主人翁意识提供了参考。

五、新时代班组安全文化要“以情化人”

2020年1月7日，搜狐网以《南方电网云南曲靖师宗供电局迎新活动促安全》为题报道[①]，南方电网云南曲靖师宗供电局城区供电所（以下简称师宗供电局）联合该局计划建设部组织开展了“家属进班组，共同促安全”活动，旨在让职工家属成为“安全生产监督员”，用真情共同促进安全生产。首先，组织全体人员观看了《电力安全宣传片》，以强化全员安全生产意识，引导职工养成良好的安全工作习惯；其次，进行了“三宝”穿戴演示，强化十个规定动作肌肉记忆，让家属知晓“三宝”是保证安全的个人防护用品；最后，召开了座谈会，让

① 搜狐网：《南方电网云南曲靖师宗供电局迎新活动促安全》，https://www.sohu.com/a/365315677_100093662，2020-01-07。

家属对职工安全生产进行嘱托，职工对家属做出安全生产承诺，以情化人，共促安全生产。本次活动内容丰富多彩，让职工家属走进了职工的工作环境，了解职工的工作任务、工作风险，增进了家属对职工的理解与支持。新时代班组文化也要“以情化人”，唤醒每一位班组成员内心的安全意识，从“要我安全”到“我要安全”“我会安全”“我能安全”的根本转变。

新时代班组文化要营造“以情化人”的氛围，让每一位班组成员意识到，安全不仅是个人责任，更是企业、家庭和社会的共同责任。一个人一旦出现了安全事故甚至丢掉了生命，不仅是企业的损失，也是社会的损失，更是家庭的损失。家庭的损失是最大的。在任何安全事故中，失去了儿女或父母，对于家庭来说，都几乎是“天塌”一样的“灭顶之灾”。新时代班组文化“以情化人”，不仅可以参考师宗供电局将家属请进班组的做法，还可以把家属“请”进每一位班组成员的内心，让每一位班组成员时时处处带着家属的“嘱托”和责任，安全上班，更要安全回家。“以情化人”的新时代班组文化要做到，让家属的关注成为“我要安全”的动力，家属的关心成为“我会安全”的保障，家属的关爱成为“我能安全”的支撑。

1. 家属的关注为“我要安全”提供动力

从“要我安全”到“我要安全”的思想转变，也是企业文化向职工文化的转变。企业文化是“要我做”的文化，而职工文化是“我要做”的文化。新时代班组文化既要符合“要我做”的企业文化要求，更要通过“我要做”的职工文化，激发每一位班组成员的积极性、主动性和创造性。在班组安全管理中，“以情化人”的新时代班组文化，要通过家属对每一位班组成员的关注，为“我要安全”思想的转变提供动力。师宗供电局让家属成为“安全生产监督员”，就是让家属的关注为每一位班组成员坚持和践行“我要安全”理念提供动力。“我要安全”理念让每一位班组成员为家庭而工作、为家庭而安全。

2. 家属的关心让“我会安全”成为习惯

如果说家属的关注更多是靠眼睛，那么家属的关心则更多依靠的是内心。让家属成为“安全生产监督员”，主要是让家属监督每一位班组成员的日常安全行为表现。但是，让家属时时处处盯着每一位班组成员的日常安全行为，也是不现实的。“以情化人”的新时代班组文化，主要是让家属“走进”每一位班组成员的内心，使得每一位班组成员将家属的安全嘱托牢牢记在心里，让家属的关心成为每一位班组成员养成“我会安全”的日常习惯。师宗供电局组织全体人员观看《电力安全宣传片》，督促职工养成良好安全工作习惯，以及进行“三宝”穿戴演示，让家属知晓“三宝”是保证安全的个人防护用品等，就是让每一位班组成员为了家属和家庭，让“我会安全”成为习惯。这种习惯带给家属和家庭的是一种安全期待。

3. 家属的关爱给“我能安全”带来支撑

家属之所以会关注、关心每一位班组成员的安全，并乐意成为“安全生产监督员”和愿意了解相关的安全生产知识，就是源于家属对每一位班组成员深深的爱。家属的关爱为每一位班组成员真正做到“我能安全”提供有力的支撑。如果说“我要安全”是一种理念、“我会安全”是一种习惯，那么“我能安全”则是实力的象征。师宗供电局召开座谈会，让家属对职工安全生产进行嘱托，职工对家属做出安全生产承诺，特别是增进家属对职工的理解与支持。这就是家属关爱的力量。这种关爱是相互的，家属的关爱体现在对职工的安全嘱托上，每一位班组成员的关爱则是对家属的安全承诺。

第三节　新时代班组安全文化的新内容

新时代班组安全文化要增强班组成员的安全责任意识，明确安全目标，并对安全目标实施情况进行监督与评估，形成一系列班组安全管理的好理念，包括班组安全管理的好目标、好标准、好准则等，追求班组安全管理的好效果，还要孕育良好的安全习惯，引导每一位班组成员从安全思想到安全行为等方面做到“人人讲安全、个个会应急”，更要为班组创造良好的安全环境，营造全员齐抓共管安全的良好氛围，赋能每一位班组成员，做到“想安全、会安全、能安全、真安全”。

一、新时代班组安全文化要明确安全责任

2024年5月23日，上游新闻报道[①]，晋能控股集团阳泉公司保安煤业安检二班组（以下简称安检二班组）安全管理的主要做法包括，一是找问题，互动式学习，探索出“读、讲、看、谈”系统化学习法，即班前会队员读一条法规，班长有针对性地讲一讲原理；看一段家属安全寄语，队员谈一条看（听）后感悟，经过长时间坚持、不间断滴灌、多方式推进，他们个个成了煤矿安全知识的“活字典”；二是增环节，一站式服务，针对严重“三违”少、习惯性“三违”多的特点，采取“老人重处严教、新人重教轻处、不许只处不教”的管理方式，改变了“安检就是罚款”的旧印象，重新树立了“宽严相济、严管厚爱，执法有力度有温度”的新形象；三是换方式，一体化推进，把排查治理隐患作为现场的重点，推行查隐患、定措施、定整改负责人、定完成时限、定押金、定处罚“六定单”措施，灵活采用不同方式、不同手段的监督方法，有效促进了安全生产；四是定目标，示范式引导，以强化基本功为抓手，顺利实现从“要我学”到“我想学”、从“你强任你行”到“你行我也行”的两个转变。在员工的共同努力下，班组获得了“保安煤业2023年度优秀班组”荣誉称号。

安检二班组的安全管理实践经验启发我们，新时代班组安全文化要明确安全职责，增强班组成员的安全责任意识，全面提升班组成员的安全管理素质。中国安全生产协会发布的《安全管理标准化班组评定规范通用要求》团体标准指出，班组应当遵守生产经营单位的安全生产责任制管理制度，明确本班组各岗位（含劳务派遣人员、实习学生等）的安全生产责任、责任范围和考核标准，具体包括班组长的安全生产职责、安全员的安全生产职责、安全监督员（群众）的安全生产职责、职工的安全生产职责等。新时代班组安全文化主要包括班组安全责任、班组安全目标、班组安全信念等，其中班组安全责任是第一位的。新时代班组安全责任体现了新时代班组安全管理的使命，是新时代

① 上游新闻：《高质量发展看山西国企：“小细胞”有大能量！为晋能控股集团这些模范班组点赞》，https://baijiahao.baidu.com/s?id=1799834395274759644&wfr=spider&for=pc，2024-05-23。

班组安全管理存在的价值和意义。

1. 增安全知识

新时代班组安全文化要明确安全责任，首先就要让每一位班组成员加强学习，正确理解和全面把握班组安全管理的重大意义和基本常识，牢记班组安全管理的具体要求和操作规程。安检二班组通过找问题、互动式学习，探索出“读、讲、看、谈”系统化学习法，即班前会队员读一条法规，班长针对性讲一讲原理，看一段家属安全寄语，队员谈一条看（听）后感悟。经过长时间坚持、不间断渗透、多方式推进，他们个个成了煤矿安全知识的“活字典”，这就是增安全知识的做法。

2. 树安全形象

新时代班组安全文化要明确安全责任，还需要每一位班组成员将学到的安全管理知识内化于心、外化于行，自觉养成良好的班组安全管理习惯，树立班组安全管理的品牌和形象。安检二班组通过增环节、一站式服务，针对严重“三违”占比低、习惯性“三违”占比高的特点，采取“老人重处严教、新人重教轻处、不许只处不教”的执法方式，改变了“安检就是罚款”的旧印象，重新树立了“宽严相济、严管厚爱，执法有力度有温度”的新形象。

3. 定安全规矩

新时代班组安全文化要明确班组责任，离不开班组安全规矩的制定和推行。新时代班组安全文化是班组安全管理的“软实习”和“硬约束”，最终还要通过班组安全管理制度和规范做实做细。安检二班组通过换方式、一体化推进确定安全管理“规矩”，把排查治理隐患作为现场的重点，推行查隐患、定措施、定整改负责人、定完成时限、定押金、定处罚“六定单”措施，灵活采用不同头面、不同手段的监督方法，有效促进了安全生产。

4. 强安全素质

新时代班组安全文化明确安全责任，最终目的是通过责任落实增强每一位班组成员的安全管理素质。只有每一位班组成员都能明确自己的安全管理责任，将班组安全管理作为自觉的习惯，在班组安全管理实践中做到自我管理和自我提升，才是班组安全管理素质的最高体现。安检二班组通过定目标、示范式引导提高了班组成员的内在安全素质，强化了安全管理的基本功，实现了从“要我学”到“我想学”、从“你强任你行”到“你行我也行”的两个转变。这是他们获得“保安煤业2023年度优秀班组”荣誉称号的根本原因。

二、新时代班组安全文化要有明确的安全目标

2023年4月20日，东北新闻网以《北票发电公司加强班组安全文化建设 夯实安全生产基础》为题报道①，北票发电公司以党的二十大精神为指引，以安全管理模式为统领，进一步提升基层班组安全文化建设及班组管理水平。为此，该公司在班组安全文化方面提出了明确的安全目标。一是要求职工统一思想，提高认识，积极投入到强化安全工作中来，开展班组规范化、标准化管理活动，做到责任明确、任务量化、措施落实，在安全工作中不放过任何一个细节，立足小处，持续完善安全规章制度、规程等管理标准，切实把班组安全文化建设工作落到实处，促进公司安全健康稳定发展。二是组织开展标准化达标治理季和文明生产治理月活动，发动职工深入现场找问题、查隐患，对查出的问题进行定人、限期、定措施的三项整改，并采取相关措施确保安全运行，深刻领会安全管理的重要作用。三是压实安全责任，狠抓安全风险隐患排查整治，找准安全切入点，在班组安全文化建设上下足功夫，从交接班、班前会、台账管理到生产岗位，使每位职工做到任务明确、工序清楚、风险知晓，织密安全防护网，坚决杜绝有章不循、有禁不止的不良风气，为企业创造良好的安全环境。

北票发电公司为新时代班组安全文化的安全目标确定提供了参考。作为营造班组安全管理氛围和提高班组成员安全管理意识的新时代班组安全文化，应该首先确立明确的安全目标。中国安全生产协会发布的《安全管理标准化班组评定规范通用要求》在“安全管理标准化班组创建核心要求”部分，对安全目标界定为，一是班组应承接企业的安全目标，建立符合本班组风险特性的

① 东北新闻网：《北票发电公司加强班组安全文化建设 夯实安全生产基础》，http://finance.nen.com.cn/network/finance/caijingqiye/2023/04/20/503594118736253201.shtml，2023-04-20。

年度安全目标、指标，制订并实施达成目标、指标的工作计划。二是班组应将安全目标、指标分解至各岗位。三是班组应对目标、指标的实施情况定期进行监视测量，对未达成的，应分析原因并制定改善方案。四是班组应根据上级要求、现场风险变更情况等，及时修订目标、指标。五是班组应以多种形式开展安全文化创建活动，逐步形成为全员所认同、共同遵守、带有本班组特点的安全价值观，逐步塑造"想安全、会安全、能安全"的本质安全型职工。中国安全生产协会提出的这5个安全目标，实际上体现了三个层次的要求，一是思想统一，即企业、班组、岗位的安全目标要统一。二是步调一致，即班组要对安全目标实施情况进行监视测量，必要时要对安全目标做出修订和完善。三是文化引领，即班组要加强班组安全文化建设。

1. 思想统一

新时代班组安全文化建设的首要任务就是实现班组成员对安全目标的高度认同和思想统一，关键是要保证企业安全目标、班组安全目标、岗位安全目标的内在一致性，从而为班组安全管理提供思想保障。北票发电公司通过统一思想，做到责任明确、任务量化、措施落实，在安全工作中不放过任何一个细节，立足小处，持续完善安全规章制度、操作规程等管理标准，切实把班组安全文化建设工作落到实处等，为公司安全健康稳定发展提供了思想保障。

2. 步调一致

新时代班组安全文化建设要以思想统一为前提，更要在落实安全目标上做到步调一致，将安全目标落实在安全管理实践和安全行为习惯上。北票发电公司组织开展标准化达标治理季和文明生产治理月活动，发动职工深入现场找问题、查隐患，对查出的问题进行定人、定时间、定措施的三项整改，而且必须采取相关措施确保安全运行，深刻领会安全管理的重要性等，为班组在安全目标上做到步调一致夯实了实践基础。

3. 文化引领

新时代班组安全文化最终要通过文化引领，达到以文化人、以文育人的目的，营造良好的安全氛围，提高班组成员的安全素质。而形成班组全员所认同、共同遵守、带有本班组特点的安全价值观，以及培育“想安全、会安全、能安全”的本质安全型职工，是新时代班组安全文化的核心内容。北票发电公司在班组安全文化建设上下足功夫，从交接班、班前会、台账管理到生产岗位，使每位职工能够做到任务明确、工序清楚、风险知晓，织密安全防护网，坚决杜绝有章不循、有禁不止的不良行为等，是文化引领的典范。

三、新时代班组安全文化要有好理念

2023年5月18日，澎湃新闻以《安全生产　青年当先——全国青年安全生产示范岗事迹展播（六）》为题报道①，呼伦贝尔东明矿业运维综合班（以下简称运维综合班）坚持以“5831”班组安全管理为重要遵循，党员带头示范，落实全员安全生产责任制，探索出好理念、好知识、好习惯、好创意、好环境的班组“五好”创建模式，将安全意识教育、安全技能提升、安全班组建设、安全管理监督作为着力点，用“五好”固守班组安全，激励引导青年职工为推动经济高质量发展创造良好的生产环境。其中，好理念让班组安全文化入心固行。运维综合班将班组安全文化提升作为一项重要内容来抓，坚持党建引领，强化责任担当，深层次激发青年党员职工的“活力因子”，根据“12134+N”党建工作格局，围绕“1”个核心，坚持“2”个原则，筑牢“1”个阵地，树立“3”个标杆，实现“4”个目标，创新“N”个自选动作，创造安全环保基础，共享改革发展成果。

在好理念指导下，运维综合班还将以高标准开展各项安全生产工作，强化安全生产意识，提高安全生产技能，充分发挥青年在安全生产中的重要作用，为推动企业高质量发展贡献青春力量。

新时代班组安全文化的本质就是一系列班组安全管理的好理念集合。班组安全管理的好理念一般包括班组安全管理的好目标、班组安全管理工作的好标准、班组安全管理行为的好准则等，这也是打造“5831班组安全屋”的思

① 澎湃新闻：《安全生产　青年当先——全国青年安全生产示范岗事迹展播（六）》，https://m.thepaper.cn/baijiahao_23151697，2023-05-18。

想基础。中国安全生产协会发布的团体标准《安全管理标准化班组评定规范通用要求》指出，“5831班组安全屋”模型是中国安全生产协会班组安全建设工作委员会提出的班组安全模型。“5831班组安全屋”模型就是以一系列好理念构建的班组安全模型。“5831班组安全屋”模型为新时代班组安全文化建设指明了方向。

1. 创建班组安全管理好模式

新时代班组安全文化要有好理念，首先需要结合企业和班组实际情况，创建班组安全管理好模式，为班组安全管理好理念提供落地的平台和载体。运维综合班为落实全员安全生产责任制，探索出好理念、好知识、好习惯、好创意、好环境的班组“五好”创建模式，将安全意识教育、安全技能提升、安全班组建设、安全管理监督作为着力点，用“五好”固守班组安全等，这就是运维综合班创建的班组安全管理好模式。

2. 形成班组安全管理好格局

新时代班组安全文化要有好理念，还需要形成班组安全管理好格局，以推动班组安全管理好理念的落地。好理念的落地一般表现在班组全员要形成好的安全管理行为习惯、增强安全管理的责任担当、激发安全管理的积极性和主动性等。运维综合班通过好理念让班组安全文化入心固行，坚持党建引领，强化责任担当，根据“12134+N”党建工作格局，围绕“1”个核心，坚持“2”个原则，筑牢“1”个阵地，树立“3”个标杆，实现“4”个目标，创新“N”个自选动作，创造安全环保基础等，形成了运维综合班独具特色的班组安全管理好格局。

3. 追求班组安全管理好效果

新时代班组安全文化要有好理念，最终要以追求班组安全管理好效果为目标。创建过程要以中国安全生产协会发布的团体标准《安全管理标准化班组评定规范通用要求》为指导，致力于创建“5831班组安全屋”，体现“5”个好标准、“8”个好工作、“3”个好活动、“1”个好目标等一系列好理念，特别是在安全目标上，要实现生产事故为零、人员伤害事故为零、设备事故为零、环境污染为零等班组安全管理的好效果。运维综合班在好理念指导下，将以高标准开展各项安全生产工作，提高安全生产技能等，就是为了追求班组安全管理的好效果。

四、新时代班组安全文化要孕育良好的安全习惯

2024年6月15日，上游新闻以《高质量发展看山西国企：晋能控股集团班组勇担当 筑牢安全防火墙》为题报道①，太原煤气化公司神州煤业机电队电工班（以下简称太煤电工班）始终秉持“一次做好、不许返工”的理念，工作效率和标准极高，多年来从未发生过事故，并多次获得模范班组称号。

太煤电工班的班组安全管理实践启发我们，新时代班组安全文化要孕育良好的安全习惯，应该引导每一位班组成员从安全思想到安全行为等方面做到“人人讲安全、个个会应急”。中国安全生产协会发布的团体标准《安全管理标准化班组评定规范通用要求》指出，班组应以多种形式开展安全文化创建活动，逐步形成全员所认同、共同遵守、带有本班组特点的安全价值观，逐步塑造“想安全、会安全、能安全”的本质安全型员工。其中，全员认同、共同遵守、带有本班组特点的安全价值观是良好安全习惯的思想基础，“想安全、会安全、能安全”是本质安全型员工的行为习惯。新时代班组安全文化要以孕育良好安全习惯为抓手，以培养本质安全型员工为目标，最终形成包括班组安全使命、班组安全愿景、班组安全价值观、班组安全精神、班组安全品牌等在内的完整班组安全文化体系。

1. 强化安全意识

新时代班组安全文化要孕育良好的安全习惯，首先必须强化安全意识，从灵魂深处牢记安全使命，自觉树立“安全大于天”的理念。这就需要新时代班组安全文化从安全思想理念上引导和激励每一位班组成员，坚持坚定坚信班组安全文化、践行班组安全文化、展示班组安全文化、宣传班组安全文化

---

① 上游新闻：《高质量发展看山西国企：晋能控股集团班组勇担当 筑牢安全防火墙》，https://baijiahao.baidu.com/s?id=1801898559117530716&wfr=spider&for=pc，2024-06-15。

等，将班组安全文化“软实力”转变为推动班组安全管理高质量发展的“硬动力”。太煤电工班始终秉持“一次做好、不许返工”的理念，多次获得模范班组称号等，将“软实力”变成了“硬动力”。

2. 做好安全防范

新时代班组安全文化要孕育良好的安全习惯，还需要教育引导每一位班组成员做好安全防范，将各种安全隐患“消灭”在萌芽状态。最大的安全不是“没有发生过安全事故”，而是没有安全隐患和安全风险。新时代班组安全文化要营造“全员防范安全隐患和安全风险”的良好氛围。太煤电工班每个成员都有一个“作业本”，上面密密麻麻抄满了安全知识“每日一题”，入井前，每个人都会检查自己的工作包，清点工具等，这些做法是良好安全习惯的具体表现。

3. 注重安全现场

新时代班组安全文化要孕育良好的安全习惯，要重点引导和教育每一位班组成员注重安全现场管理，重视安全生产现场点点滴滴的安全隐患，把良好的安全习惯贯彻到安全生产现场的始终。太煤电工班的现场作业技术高超，大家重视检查作业环境，排查安全风险源，重复当班工作内容，整理工具包，一切准备就绪，正式作业开始。完成检修后，大家还要进行二次检验，清理工业卫生，整理井下电缆，整修警戒围栏等，这些做法为班组安全生产现场管理树立了典范。

4. 抓好安全培训

新时代班组安全文化要孕育良好的安全习惯，必须抓好安全培训，不仅要增长每一位班组成员的安全生产和管理知识，更要提升每一位班组成员的安全生产和管理的基本素养和良好习惯。所以，每一位班组成员不能只是按照班组安全管理的要求“被动学”，更要基于自我安全管理素养提升“主动学”。从“要我学”转变为“我要学”，从“要我安全”到“我要安全”，这样班组安全管理才会发生根本变化。太煤电工班除了学习安全知识，大家还轮流授课，共同探讨提升工作效率的方法，达到一人授课，全员受益的效果等，实现了班组安全管理的根本转变。

五、新时代班组安全文化要为班组营造良好的安全环境

2023年6月19日，中国民航网以《神农架机场开展安全生产月系列活动》为题报道①，作为华中地区唯一的高原机场，神农架机场安检“高原情”班组（以下简称“高原情”班组）紧紧围绕“人人讲安全、个个会应急”主题，形成全员齐抓共管安全生产的良好氛围，为机场安全平稳运行营造良好的环境和条件。

“高原情”班组开展的安全生产月系列活动启发我们，新时代班组安全文化要营造全员齐抓共管安全的良好氛围，实现“人人讲安全、个个会应急”的安全管理目标，为班组创造良好的安全环境。按照中国安全生产协会发布的团体标准《安全管理标准化班组评定规范通用要求》，新时代班组安全文化要营造全员齐抓共管安全的良好氛围，需要对每一位班组成员进行亲情般的关爱和积极心理的塑造，形成阳光向上和正能量的思想情绪，养成良好的安全生产行为习惯，牢记“安全大于天”的安全生产责任，既要坚守高度一致的班组安全价值观，更要共同追求做“想安全、会安全、能安全”的本质安全型职工。传统班组安全文化以“要我安全”为重点，新时代班组安全文化则以“我要安全”为目标，不仅实现每一位班组成员从“要我安全”到“我要安全”的转变，而且赋能每一位班组成员，做到“想安全、会安全、能安全、真安全”。

1. 安全理念要入心

新时代班组安全文化的灵魂是一系列安全理念形成的思想文化体系。安全理念要入心，得到班组全员的认同是新时代班组安全文化落地的关键，也是新时代班组安全文化营造全员齐抓共管安全良好氛围的前提。“高原情”班组为了厚植安全理念、实现安全文化入脑入心，通过班组例会、班前会层层组织动员，分解任务、细化措施、压实责任；以党员干部带头讲、分队长互动讲等形

① 中国民航网：《神农架机场开展安全生产月系列活动》，http://www.caacnews.com.cn/1/5/202306/t20230619_1368232_wap.html，2023-06-19。

式分批次、有重点地开展安全宣讲，进一步压实安全责任，深植安全文化等，就是安全理念入心的具体路径。

2. 安全技能要提升

新时代班组安全文化要营造全员齐抓共管安全的良好氛围，安全技能提升是根本。这就需要通过班组安全管理制度的制定和系列班组安全管理活动的开展等实现。“高原情”班组积极开展“安康杯”业务技能竞赛，通过开展安检法规、危险品运输和应急处置流程等理论知识及图像识别、人身检查、开箱包检查等基础岗位的业务技能竞赛，让技能优秀的队员脱颖而出，发挥模范带头作用，充分调动全员苦练基本功，争当技术小能手，扎实推进岗位安全业务技能提升等，为安全技能提升提供了参考。

3. 安全屏障要筑牢

新时代班组安全文化要营造全员齐抓共管安全的良好氛围，必须筑牢安全屏障。中国安全生产协会发布的《安全管理标准化班组评定规范通用要求》提出，在存在较大危险因素的生产经营场所和有关设施、设备上，应设置明显的安全警示标志。班组需定期维护所辖区内预防、控制和减少事故影响的安全设施(包括但不限于防护措施、监控设施和应急救援措施)，确保其齐全、完好、有效，不得随意拆除、挪用或弃置不用。如果发现设备设施中存在不安全因素应及时反馈到有关部门，并积极提出技术改造建议及进行现场改善。这些措施是筑牢安全屏障的重要组成部分。“高原情”班组对各类应急物资、系统、设备进行全面彻底的检查、更新和维护，使其处于良好状态，确保在关键时刻能正常使用，做到拿得出、用得上、用得好，这正是筑牢安全屏障的具体体现。

第四节　新时代班组安全文化的新作用

新时代班组安全文化要激发班组安全管理活力，全面推进安全管理标准化班组建设，激发每一位班组成员积极参与班组安全管理实践，发挥他们的主动性、创造性，形成包含班组安全责任、班组安全目标、班组安全理念、班组安全宗旨等在内的安全管理思想文化体系。还要让班组“活”起来，提升新时代班组安全文化管理水平，激发班组成员参与安全管理的动力，彰显每一位班组成员在班组安全管理中的主体地位和创新精神，增强安全管理意识，为筑牢班组安全管理基石注入强大精神力量。

一、新时代班组安全文化要激发班组安全管理活力

2024年2月20日，中国日报中文网以《冀中能源峰峰集团羊东矿精细管理“升级”班组建设“提速”》为题报道①，冀中能源峰峰集团羊东矿（以下简称羊东矿）通过激发班组安全管理活力，为矿井安全平稳发展保驾护航。

羊东矿的班组安全管理实践经验启示我们，新时代班组安全文化要以激发班组安全管理活力为目标，全面推进安全管理标准化班组建设。中国安全生产协会发布的《安全管理标准化班组评定规范通用要求》提出，在存在安全隐患的条件下，班组能够依靠内部的功能保障和制度约束，实现本班组及岗位的长效安全生产，达到“岗位有职责、作业有程序、操作有标准、过程有记录、绩效有考核、改进有保障”的要求。新时代班组安全文化要为“岗位有职责”设定班组安全责任，为“作业有程序”提出班组安全目标，为“操作有标准”确立班组安全理念，为“过程有记录”出台班组安全规范，为“绩效有考核”营造班组安全氛围，为“改进有保障”打造班组安全品牌等。

1. 制度活力

新时代班组安全文化要激发班组安全管理活力，首先要激发班组安全管理制度活力，即在班组安全管理制度中融入班组安全文化的新思想、新目标、新要求，增强每一位班组成员尤其是班组长的安全管理意识，激发其安全管理活力。安全管理标准化班组建设就是为了激发班组安全管理制度活力。羊东

① 中国日报中文网：《冀中能源峰峰集团羊东矿精细管理“升级”班组建设“提速”》，http://ex.chinadaily.com.cn/exchange/partners/82/rss/channel/cn/columns/snl9a7/stories/WS65d4573aa3109f7860dd259a.html，2024-02-20。

矿制定《班组建设管理实施细则》，实行班组长选聘制度，优先从后备班组长中选拔，激发全体职工的积极性和上进心，就是为了激发安全管理制度活力。

2. 氛围活力

新时代班组安全文化激发班组安全管理活力的优势在于营造良好的安全管理氛围。因为新时代班组安全文化的本质是营造“人人是安全管理第一责任人”的氛围。羊东矿通过全方位量化考核，提出“下一班即上一班的客户”理念，各班队长严格执行“三大规程”、安全生产标准化标准、上级及矿井安全规章制度、作业规程和安全技术措施要求组织施工，调动班组自主管理、主动分担、争创佳绩等积极性，就是为了激发班组安全管理的氛围活力。

3. 技能活力

新时代班组安全文化激发班组安全管理活力要以班组成员的技能活力为核心，全面提升每一位班组成员的专业技能水平和安全管理素质，尤其是安全管理水平。这不仅是提升班组安全管理水平的基本保障，也是安全管理标准化班组建设的基本要求。羊东矿制订技能达标计划，实施拜师学艺工程，要求全员参加职业技能鉴定，全面提升职工业务素质和技术水平，培养一批理论丰富、技能全面、业务精通的岗位技术能手，为激发技能活力提供了参考。

4. 创新活力

新时代班组安全文化激发班组安全管理活力，最重要的是激发每一位班组成员的创新活力，充分发挥每一位班组成员在班组安全管理实践中的积极性、主动性和创造性，全面发掘和展现其安全管理智慧和安全管理能量。这就需要新时代班组安全文化通过培训教育、安全演习、文化活动等方式激发创新活力。羊东矿进一步细化全年业务技能培训教育计划，积极开展“师带徒”活动以及金牌班组、明星班组创建活动，有效激发出基层安全自主管理的执行力、凝聚力和创新力，有力保障了矿井安全稳定发展。

二、新时代班组安全文化要激发职工活力

2023年8月15日，《工人日报》以《从点到面激发班组活力》为题报道[①]，山东能源兖矿能源兴隆庄煤矿（以下简称兴隆庄煤矿）把提升班组自主管理水平作为安全生产的重要基础，致力于让每个“小细胞”都能释放“大能量”。

兴隆庄煤矿的班组安全管理实践启发我们，新时代班组安全文化不仅要激发班组安全管理活力，更要激发职工活力，全面提升班组自主安全管理水平。尤其要激发每一位班组成员在班组安全管理实践中的积极性、主动性、创造性，既让班组“小细胞”释放“大能量”，又让每一位班组成员展现出自主安全管理的大智慧和大能量。按照中国安全生产协会发布的团体标准《安全管理标准化班组评定规范通用要求》，安全管理标准化班组要建立班组全员安全生产责任制。班组长要带领班组成员落实全员安全生产责任制，安全员和轮值安全员协助班长开展班组安全管理工作，群众安全监督员帮助班组发现安全管理方面存在的问题，临时负责人承担分散作业团队的安全责任，每一位班组成员要熟知“一岗双责”要求，在完成生产任务的同时切实履行安全责任。因此，新时代班组安全文化是以班组全员安全生产责任制为基础，以激发班组活力为目标，以班组安全管理实践经验为核心，形成的包含班组安全责任、班组安全目标、班组安全理念、班组安全宗旨等内容的思想文化体系。

1. 思想活力

新时代班组安全文化要激发职工活力，首先要激发职工思想活力。正所谓只要思想不滑坡，办法总比困难多。这就要求新时代班组安全文化要通过教育培训活动，让职工系统学习和掌握班组安全文化思想体系，增强每一位班组成员的安全意识，规范其安全行为。兴隆庄煤矿通过完善培训制度、创新培训模式，针对岗位工种以及班组的不同特点分期组织职工开展技能操作训练，由技术人员现场解答和进行实际操作指导等举措，为规范职工安全行为、提高职工

① 谢红玲：《从点到面激发班组活力》，《工人日报》2023年8月15日第8版。

安全意识奠定了基础。

2. 创新活力

新时代班组安全文化要激发职工活力，关键在于激发职工创新活力，充分发挥每一位班组成员在班组安全管理创新实践中的主体作用。新时代班组安全文化要通过班组安全管理体制机制和方式方法创新，来激发创新活力，调动每一位班组成员的创新积极性。兴隆庄煤矿积极为职工施展才能搭建平台，设立创新创效专项基金，实施基层即时奖励、矿级评审追加奖励、年度表彰奖励、推荐上级对等嘉奖的四重奖励机制；成立“创客人才库”“成果引导员”队伍，对职工申报成果进行现场指导，将技能本领化为矿井创新的内生动力等做法，为新时代班组安全文化激发创新活力提供了参考。

3. 人才活力

新时代班组安全文化要激发职工活力，本质在于激发人才活力。培养造就大批德才兼备的高素质人才，是国家和民族长远发展的大计，其中包括完善人才战略布局，坚持各方面人才一起抓，建设规模宏大、结构合理、素质优良的人才队伍等。新时代班组安全文化要在培养高素质班组安全管理人才、建设优秀班组安全管理人才队伍方面，发挥思想引领作用。兴隆庄煤矿始终把选齐配强基层管理队伍作为安全生产的重中之重，做好管理、技术、技能人才三通道发展的晋升工作，通过启动大学生培养“蒲公英工程”等做法，为新时代班组安全文化激发人才活力提供了有效途径。

三、新时代班组安全文化要让班组“活”起来

2023年9月20日，大江网以《国网会昌县供电公司：安全活动日让班组“活”起来》为题报道①，为引导职工牢固树立安全生产底线思维和红线意识，做到对自己负责、对公司负责、对岗位安全负责，国网赣州市会昌县供电公司（以下简称会昌供电公司）于9月20日开展以“我要安全”为主题的安全日活动。大家

① 大江网：《国网会昌县供电公司：安全活动日让班组“活”起来》，https://jxgz.jxnews.com.cn/system/2023/09/20/020233626.shtml，2023-09-20。

一起学习和分析事故案例，共同学习安规条款，踊跃发言谈感想，剖析、解决日常工作中的各种安全问题，让每位职工紧绷安全弦。参与人员通过“学、查、说、评”相结合的方式，集中学习配网工程安全管理“十八项禁令”和防人身事故“三十条措施”“十不干”“四个管住”等安全管理制度。同时，邀请老师傅现场讲述亲身经历的现场作业危险点和各种习惯性违章行为，剖析思想、行为、措施等方面的管理漏洞，分享安全管理经验，用身边事教育身边人，引导大家珍爱生命、遵章作业、共筑和谐。通过此次安全活动日的开展，班组人员对“班组安全日活动”重要性的认识得到提高，对凝聚班组向心力、增强人员安全意识、提升班组安全管理水平起到了促进作用，营造了良好的安全生产氛围。

会昌供电公司的班组安全活动给我们的启发是，新时代班组安全文化要让班组“活”起来。按照中国安全生产协会发布的《安全管理标准化班组评定规范通用要求》，班组长的主要职责之一是定期组织班组开展安全活动，注重人文关怀和心理疏导，提升安全文化建设水平。要提升新时代班组安全文化建设水平，首先需要让班组“活”起来。而“活”起来的动力源泉既需要新时代企业安全文化的引领，又需要新时代职工安全文化的支撑。新时代企业安全文化是“要我安全”的文化，而新时代职工安全文化是“我要安全”的文化。2023年4月21日，中华全国总工会办公厅印发《关于加强职工安全文化建设的指导意见》的通知指出[①]，职工安全文化旨在实现人人学安全、懂安全、保安全，形成“人人参与、人人建设、人人享有”的安全文化氛围，做到从“要我安全”到“我要安全”“我会安全”“我能安全”的转变。这一政策的出台为新时代班组安全文化让班组“活”起来指明了方向。

1. 思想“活”起来

新时代班组安全文化要让班组“活”起来，首先需要让每一位班组成员的思想“活”起来，其目的在于让每一位班组成员从思想上重视安全、从行动上

① 合肥大学工会：《中华全国总工会办公厅印发〈关于加强职工安全文化建设的指导意见〉的通知》，https://www.hfuu.edu.cn/gh/f2/38/c106a127544/page.htm，2024-06-11。

保证安全。新时代班组安全文化的本质是安全思想文化。这些安全思想文化来自班组成员的先进经验，又反过来影响和引导班组成员的安全行为。会昌供电公司开展以“我要安全”为主题的安全日活动，让大家一起学习和分析事故案例，共同学习安规条款，剖析并解决日常工作中的各种安全问题，让每位职工紧绷安全弦，思想也随之“活”起来。

2. 形式“活”起来

新时代班组安全文化要让每一位班组成员安全思想“活”起来，需要创造各种有效的载体和形式，例如班组安全故事、班组安全歌曲、班组安全标识、班组安全演讲、班组安全培训等活动。这就需要新时代班组安全文化的形式“活”起来，寓教于乐、寓教于景、寓教于行。会昌供电公司的安全活动让参与人员通过“学、查、说、评”相结合的方式，使形式“活”起来了。

3. 内容“活”起来

新时代班组安全文化展现了新时代班组安全管理的品牌和特色。这就需要梳理和总结新时代班组安全管理实践的丰富经验和特色案例，让内容也“活”起来，以充实其安全文化的思想体系和精神内涵。会昌供电公司邀请老师傅现场讲述亲身经历的现场作业危险点和各种习惯性违章行为，分享安全管理经验，通过身边事教育身边人，引导大家珍爱生命、遵章作业等，为新时代班组安全文化的内容“活”起来提供了参考。

4. 氛围“活”起来

新时代班组安全文化的核心是班组安全理念，最终目标是营造良好的安全氛围。新时代班组安全文化要让每一位班组成员养成良好的安全行为习惯、接受良好安全氛围的熏陶。会昌供电公司通过开展安全活动日，提高了班组人员对“班组安全活动日”重要性的认识，对凝聚班组向心力、增强人员安全意识、提升班组安全管理水平起到了促进作用，达到了营造良好安全生产氛围的目的。

四、新时代班组安全文化要激发全员安全管理动力

2024年8月9日，上游新闻以《高质量发展看山西国企：人人都是安全生产多面手 晋能控股集团实干促发展》为题报道①，装备制造集团金象公司锅炉丙班（以下简称锅炉丙班）充分发挥每个人的智慧和力量，2022年被评为晋能控股集团优秀班组。他们的主要做法包括，一是注重班组安全文化建设，始终把提升全员的综合素质作为工作的出发点和落脚点，充分发挥团结协作、勇于担当、敢打硬仗的工作作风，严守安全操作规程，出色地完成了各项工作任务；二是推动全员参与班组建设，注重民主管理，对照目标任务，以“七大员”班组管理方法为依托，即安全员、宣传员、培训员、考勤员、资料员、6S监督员和环保员，班组成员分工明确、职责分明，每个人都积极参与班组管理，打造出一个有特色、有温度的班组；三是发挥模范带头作用，尤其是充分发挥班组长“领头雁”作用，他们用自己的实际行动带动和感化班组里的每个人，证明这是一支来之能战、战之必胜的队伍。

锅炉丙班的班组安全管理实践启示我们，新时代班组安全文化要为全员安全管理注入强大精神动力。这就要求新时代班组安全文化要引导每一位班组成员对班组安全管理负责，调动每一位班组成员参与班组安全管理的积极性、主动性、创造性，展现每一位班组成员在班组安全管理中的智慧和能量，彰显每一位班组成员在班组安全管理中的主体地位和创新精神，最终实现从“要我安全”到“我要安全”“我会安全”“我能安全”的根本转变。按照中国安全生产协会发布的《安全管理标准化班组评定规范通用要求》关于“班组全员安全生产责任制”要求，班组长是班组安全生产第一负责人，安全员应协助班组长开展日常性安全管理工作，安全监督员（群众）对班组安全工作进行监督管理，职工是本岗位的安全属地管理者等。因此，新时代班组安全文化要通过人人参与、文化赋能、分工明确、模范带头等为全员安全管理注入强

① 上游新闻：《高质量发展看山西国企：人人都是安全生产多面手 晋能控股集团实干促发展》，https://www.cqcb.com/shanxisheng1/2024-08-09/5629852_pc.html，2024-08-09。

大精神动力。

1. 人人参与

新时代班组安全文化要为全员安全管理注入强大精神动力，首先需要每一位班组成员参与班组安全管理，发掘每一位班组成员在班组安全管理中的先进经验和优秀思想。传统的班组安全管理是“火车跑得快，还需车头带”，更多依靠班组长的作用。现在的“高铁”跑出风一样的速度，是因为每一节车厢都是动力。从这个意义上讲，新时代班组安全文化要打造“高铁”班组，发挥每一位班组成员在班组安全管理中的“动力”作用。锅炉丙班2022年被评为晋能控股集团优秀班组，就是因为他们做到了人人参与管理，发挥了班组每个人的智慧和力量。

2. 文化赋能

新时代班组安全文化要为全员安全管理注入强大精神动力，还需要全面深入系统构建班组安全文化体系，以此引领每一位班组成员明确班组安全管理的方向，规范每一位班组成员的安全行为，提升每一位班组成员的安全管理素质。锅炉丙班注重班组安全文化建设，始终把提升全员综合素质作为工作的出发点和落脚点，并且充分发挥团结协作、勇于担当、敢打硬仗的工作作风，严守安全操作规程，出色地完成了各项工作任务，这就是文化赋能的具体做法。

3. 分工明确

新时代班组安全文化要为全员安全管理注入强大精神动力，离不开完善的班组安全管理体制机制建设。这就要求，新时代班组安全文化要树立“全员安全管理”的理念，营造“全员安全管理”的氛围，形成分工明确的“全员安全管理”格局等。锅炉丙班通过推动全员参与班组建设，依托“七大员”班组管理方法，确保每个班组成员分工明确、职责分明，使每个人都积极参与班组管理，打造出一个有特色、有温度的班组。

4. 模范带头

新时代班组安全文化要为全员安全管理注入强大精神动力，还需要发挥模范带头作用。这些模范包括班组安全管理中的榜样职工和班组长等。新时代班组安全文化基于榜样职工的安全管理先进事迹和思想，以及班组长的安全管理先进理念，形成了班组安全管理的理念体系、行为规范及精神面貌。锅炉丙班通过发挥模范带头作用，用自己的实际行动带动和感化班组里的每个人，证明这是一支来之能战、战之必胜的队伍。

五、新时代班组安全文化要筑牢班组安全管理基石

2024年11月19日，中国能源新闻网以《国家电投内蒙古盛发热电公司：深化班组建设 筑牢安全基石》为题报道[①]，国家电投内蒙古盛发热电公司（以下简称盛发热电公司）将班组建设视为夯实产业安全发展的强基工程，构建自上而下的班组建设体系，推动班组建设迈上新台阶。

盛发热电公司的班组安全管理实践启发我们，企业安全生产的基石在于班组。班组是企业最小的行政单位，其管理水平决定了企业的整体水平。班组的安全管理水平不仅影响着企业的安全管理状况，还体现在目标、理念、风格、氛围、习惯和能力等方面，这些都是班组安全文化的重要内容。所以，新时代班组安全文化要为筑牢安全基石注入精神动力，奠定思想基础，提供基本遵循。我们从众多安全生产事故中可以看到，其发生的原因主要有4个：人的不安全行为、物的不安全状态、管理上的缺陷、不安全的环境因素。其中，管理上的缺陷和人的不安全行为是造成众多安全生产事故的首要原因。管理上的缺陷主要包括安全管理制度、安全管理培训、安全管理标识等；人的不安全行为主要包括安全意识、安全习惯、安全技能等。因此，新时代班组安全文化要从消除人的不安全行为入手，化解班组安全管理的缺陷，增强班组成员安全意识，营造班组全员安全氛围，推进安全管理标准化班组建设。

1. 增强安全意识

新时代班组安全文化体现了班组安全管理的基本理念，对于激发每一位

① 中国能源新闻网：《国家电投内蒙古盛发热电公司：深化班组建设 筑牢安全基石》，https://www.cpnn.com.cn/qiye/zggdsPD2023/202411/t20241119_1752605_wap.html，2024-11-19。

班组成员的安全意识和安全思维有重要的指导意义和教育价值。从一定意义上讲，新时代班组安全文化主要包括班组安全管理的责任、目标、理念、精神、品牌等。这些内容回答了为什么要重视班组安全管理、班组安全管理是什么、如何进行班组安全管理、班组安全管理做到什么程度以及班组安全管理要达到什么效果等根本性问题。这也是新时代班组安全文化所追求的目标——增强每一位班组成员的安全意识，并最终实现安全管理水平的整体提升。盛发热电公司通过激活安全教育“神经末梢”，增强危机意识和责任意识，深化职工安全警示教育，坚定红线意识和底线思维，班组长及时了解职工思想动态等，具体实现了增强安全意识的目标。

2. 营造安全氛围

新时代班组安全文化要增强每一位班组成员的安全意识，必须通过日常的班组安全管理教育培训和相关的班组安全管理实战操练来实现。只有这样，才能让每一位班组成员将安全理念内化于心、外化于行、固化于制、同化于魂，从而实现从“心动”到“行动”的彻底转变，营造积极向上的安全管理氛围。实际上，最好的班组安全管理氛围是每一位班组成员都能实现从“要我安全”到“我要安全”“我能安全”“我会安全”的转变，激发内在的积极性和主动性。盛发热电公司通过打通技术培训的“任督二脉”，采用自主辅导、师徒传帮带、技能竞赛等方式，提升职工的安全意识和操作技能，增强职工应对突发情况的能力，形成积极向上的学习氛围。班组长不定时推送安全生产方面的文章、安全知识及安全生产法律法规等内容，为营造安全管理氛围提供了有益参考。

3. 强化安全标准

新时代班组安全文化本质上是一种“软实力”，展现的是每一位班组成员的安全管理素质和觉悟，激发了每一位班组成员的自觉性和能动性，实际上提升了每一位班组成员的安全管理修养和境界。但是，在实际的班组安全管理实践中，仍有很多班组成员的安全管理素质及积极性、主动性需要进一步提高和激发，这就需要有健全的班组安全管理制度作为保障。没有规矩，不成方圆。新时代班组安全文化的理念和要求还需要转化为日常的班组安全管理制度，强化班组安全管理的标准化。安全管理标准化班组创建就是非常有效的方法。盛发热电公司筑牢安全生产“前沿阵地”，及时修订和完善班组管理考评标准、考核细则、奖励制度，以制度约束、规范、细化班组管理，把个人无违章、现场无隐患、班组无事故、安全生产标准化建设等内容纳入月评季奖，就是在强化班组安全管理标准。

第五节　新时代班组安全文化的新目标

新时代班组安全文化要助力科学化管理，将班组安全文化软实力转变为安全管理硬动力，加强安全管理标准化班组建设，提升班组成员安全管理素质，形成班组文化管理理念体系，推动“五型”班组建设，借鉴“枫桥经验”，彰显“一切为了群众、一切依靠群众”的安全管理理念，充分激发群众的智慧和力量，把党的群众路线贯彻落实到班组安全管理全过程、各方面，确立群众观点、发挥群众作用、激发群众智慧、维护群众利益，并以“严于律己”为要求，增强每一位班组成员的安全管理责任感和主人翁意识。

一、新时代班组安全文化要助力科学化管理

2023年10月13日，中安在线网以《芜湖市烟草专卖局江北分局“点线面”齐推进安全班组建设》为题报道①，芜湖市烟草专卖局江北分局（以下简称江北分局）推进落实企业安全生产标准化规范应用，充分激发班组活力，不断提升安全管理水平。

江北分局的安全班组建设经验启发我们，新时代班组安全文化要助力科学化管理，需要围绕班组安全目标、班组安全制度、班组安全行为等形成科学化的班组安全文化体系。按照中国安全生产协会发布的《安全管理标准化班组

① 中安在线网：《芜湖市烟草专卖局江北分局“点线面”齐推进安全班组建设》，http://ah.anhuinews.com/ahqmt/202310/t20231013_7164614.html，2023-10-13。

评定规范通用要求》，安全管理标准化班组要建立和形成安全生产长效机制，实现班组及岗位长效安全生产，做到“岗位有职责、作业有程序、操作有标准、过程有记录、绩效有考核、改进有保障”。这就要求新时代班组安全文化助力科学化管理，为班组安全生产长效机制的建立和形成，奠定思想基础、确定安全目标、营造文化氛围，最终将班组安全文化软实力转变为班组安全管理硬动力，以及每一位班组成员的安全管理硬素质，体现在安全管理的各环节之中。

1. 组织规范化

新时代班组安全文化要助力科学化管理，前提是规范化，即班组建设要规范化。没有班组就没有班组文化，没有推动科学化管理的班组就难有科学的班组文化。而科学的班组安全文化需要以安全生产标准化班组建设为基础。标准化班组建设不仅要建起来，还要活起来、响起来。建立班组要规范化，即有优秀的班组长、出色的团队等；班组活起来也要规范化，即进行规范化生产、规范化发展等；班组响起来更要规范化，即打造班组品牌、扩大班组影响等。江北分局在“点”上强源头，提升工作质效，依据市局（公司）《安全生产标准化班组建设管理办法》，结合分局实际成立4个安全班组，努力形成班组之间的良性竞争局面等，就是组织规范化的具体做法。

2. 制度标准化

新时代班组安全文化要发挥作用必须落实制度标准化。没有规矩，不成方圆。制度标准化是指新时代班组安全文化提出的班组安全管理使命、班组安全管理愿景、班组安全管理价值观等要转换为班组安全管理的各项规章制度，形成班组安全管理的规定、安全岗位的职责、安全作业的程序、安全操作的标准等。譬如，班组安全管理手册、班组安全管理规程、班组安全管理标准等。江北分局在“线”上抓落实，提升安全防范，围绕安全标准化、安全文化、安全信息化建设和安全生产责任制落实，各班组牵头开展月度安全检查，落实隐患排查治理工作，就实现了班组安全管理制度的标准化。

3. 思想统一化

新时代班组安全文化要真正助力科学化管理，最重要的是实现每一位班组成员的思想统一化，即让每一位班组成员在思想上都认同新时代班组安全文化的基本信条和主要理念，以及基本的班组安全管理规章制度，从而为每位班组成员的安全生产行为提供安全思想保障。这就需要加强班组安全培训教育工作，为每一位班组成员提升安全意识、增强安全素质等创造条件。江北分局在“面”上全覆盖，提升安全意识，以成立班组为契机，将安全培训教育活动、安全竞技类活动、安全应急演练活动等落实到组、责任落实到人，积极开展安全宣传教育工作，分班组开设安全教育大讲堂，广泛普及安全应急知识，真正实现管理抓在日常，是班组安全思想统一化的典范。

二、新时代班组安全文化要致力于打造安全管理标准化班组

2023年3月20日，煤矿安全网报道[①]，冀中能源邢矿集团金谷煤业（以下简称金谷煤业）明确班组岗位制度目标、职责分工、职责内容以及考核标准，依托班组岗位安全激励机制，不断调动班组职工安全生产的积极性，杜绝违章作业，做到班组长不违章指挥、班组成员不违章作业、所有人员不违反劳动纪律，着力营造人人遵章不违纪，个个争当安全生产排头兵的良好氛围。一方面，该公司为充分发挥班组长“兵头将尾”作用，定期对班组长进行业务培训和现场说教，对班组长权力职责进行明确划分，赋予班组长安全管理、生产组织、考核分配等权力，切实提升班组长的现场管理水平，并建立长效培训机制等；另一方面，该公司牢固树立“安全第一”的理念，引导职工深入贯彻安全生产法律法规，严格执行煤矿安全规程和标准化作业流程，通过开展技术问答、技能提升等安全文化建设，不断加强安全“零事故”目标的理念渗透。

金谷煤业的班组安全管理实践给我们的启示是，新时代班组安全文化要致力于打造安全管理标准化班组。按照中国安全生产协会发布的《安全管理标准化班组评定规范通用要求》，新时代班组安全文化要致力于打造安全管

① 煤矿安全网：《冀中能源邢矿集团金谷煤业多措并举不断提升班组管理水平》，https://www.mkaq.org/html/2023/03/20/658622.shtml，2023-03-20。

理标准化班组，就需要建立和形成班组安全生产长效机制，建立班组安全理念保障制度和班组安全激励机制，形成岗位安全职责、作业安全流程、操作安全标准、过程安全标识、绩效安全指标、安全改进思路等班组安全文化的具体内容。这就要求，以建立班组安全生产长效机制为抓手、以提高班组安全管理水平为核心、以提升班组成员安全管理素质为目标，最终形成班组安全文化管理理念体系。

1. 以建立班组安全生产长效机制为抓手

新时代班组安全文化要建立班组安全生产长效机制，重点在于建立班组安全理念保障制度和班组安全激励机制。新时代班组安全文化的灵魂是班组安全理念、支撑是班组安全激励机制。金谷煤业不断调动班组职工安全生产的积极性，杜绝违章作业，做到班组长不违章指挥、班组成员不违章作业、所有人员不违反劳动纪律，强势营造人人遵章不违纪，个个争当安全生产排头兵的良好氛围等做法，就是建立班组安全生产长效机制的具体做法。

2. 以提高班组安全管理水平为核心

新时代班组安全文化是班组成员在长期的班组安全管理实践中形成的班组安全管理思想、班组安全管理目标以及班组安全管理品牌等内容的总和，体现了班组安全管理水平。班组安全管理思想及其目标要求需要细化到班组安全管理过程的各个环节，包括岗位安全职责、作业安全流程、操作安全标准、过程安全标识、绩效安全指标、安全改进思路等。金谷煤业为充分发挥班组长“兵头将尾”作用，明确划分班组长权力职责，切实提升班组长的现场管理水平，并建立长效培训机制等做法，在全面提升班组长及其班组的安全管理水平等方面积累了较为丰富的经验。

3. 以提升班组成员安全管理素质为目标

新时代班组安全文化要打造安全管理标准化班组，就需要以提升班组成员安全管理素质为目标。这也是安全管理标准化班组建设的目标。中国安全生产协会发布的《安全管理标准化班组评定规范通用要求》提出的安全目标，要求班组成员应理解和熟记班组安全生产目标，并在班组执行全员安全生产责任制等。中国通用技术集团安全质量监督部总经理李强认为，一线职工对安全生产从“要我安全”“我要安全”向“我会安全”“我能安全”转变，把思想认识转化成学习和实际行动尤为重要。“要我安全”“我要安全”是思想、是认识，“我会安全”“我能安全”是行动。新时代班组安全文化要实现班组全员从“要我安全”“我要安全”向“我会安全”“我能安全”转变。金谷煤业牢固树立“安全第一”的理念，引导职工深入贯彻安全生产法律法规、煤矿安全规程、标准化作业流程，通过开展技术问答、技能提升等安全文化建设活动，不断加强安全“零”目标的理念渗透等，就是为了全面提升班组成员安全管理素质。

三、新时代班组安全文化要推动“五型”班组建设

2024年1月10日，河北新闻网以《激活班组细胞 护航安全生产——冀中能源股份有限公司邢台矿提升班组潜力确保安全生产》为题报道[①]，冀中能源股份有限公司邢台矿（以下简称邢台矿）持续推进“安全型、效益型、学习型、创新型、和谐型”班组建设。

邢台矿的“五型”班组建设最终体现在班组成员的安全素质、责任素质、技能素质、创新素质、心理素质等方面。除了邢台矿这“五型”，其他企业的“五型”班组建设，有的包括技能型、效益型、管理型、创新型、和谐型；有的包括安全型、学习型、节约型、和谐型、创新型；有的包括学习创新型、管理规范型、业绩效益型、清洁节约型、安全保证型；有的包括学习型、安全型、清洁型、节约型、和谐型。还有的企业建设“六型”班组，即学习型、安全型、创新型、技能型、节约型、和谐型；甚至有的企业建设“七型”班组，即学习型、技能型、创新型、质量型、安全型、效益型、和谐型等。不管是几型班组建设，最终都要落实在人的素质提升上。

---

① 河北新闻网：《激活班组细胞 护航安全生产——冀中能源股份有限公司邢台矿提升班组潜力确保安全生产》，https://m.hebnews.cn/guoqi/2024-01/10/content_9126187.htm2024-01-10。

1. 以人为本

新时代班组安全文化要助力“五型”班组建设，首先就要坚持以人为本。这就需要充分保障每一位班组成员在新时代班组安全文化特别是“五型”班组建设中的主体地位。邢台矿在安全方面坚持以人为本，创建“安全型”班组。具体做法包括让职工参与岗位责任制的修订完善、安全风险的辨识评估，协助制订安全防控措施、岗位操作规程和生产组织流程，以此绷紧职工的安全思想防线等。

2. 搭建平台

新时代班组安全文化要助力“五型”班组建设，还需要搭建平台全面提升班组成员的综合素质特别是安全管理素质。这些平台包括学习平台、晋升平台、展示平台、交流平台等。邢台矿在培养方面注重导向，创建“学习型”班组，组织职工对安全规程、技术知识进行系统学习，畅通人才职业发展通道，为职工搭建起学习技术、交流技能和展示才华的平台等，从而提升班组成员素质。

3. 激发活力

新时代班组安全文化要助力“五型”班组建设，既需要发挥班组成员的主观能动性，还需要提升班组成员的综合素质，更需要激发班组成员的创新创造活力。邢台矿在创效方面抓重点，创建“创新型”班组，激发职工技术创新的积极性和创造性，鼓励职工在岗位成才，开展技术攻关、环节改进和工艺优化等活动，以此激发班组的活力。

4. 明确目标

新时代班组安全文化要助力“五型”班组建设，需要明确班组目标，为班组安全管理实践以及“五型”班组建设确定方向。邢台矿在成本方面严管控，创建“效益型”班组。具体措施包括：实行班组材料消耗动态跟踪，对材料使用登记、交旧领新、定额考核严格管控，把材料消耗分解到班、落实到人等，从而明确了班组成本管理的目标。

5. 营造氛围

新时代班组安全文化作为一种软实力，要为班组成员安全管理思想的培养、安全管理心理的塑造等营造良好氛围，从而助力“五型”班组建设。邢台矿在营造和谐氛围方面拓载体，创建“和谐型”班组，帮助职工释放压力、消除负面情绪，倡导“人人都是班组长”的管理模式，培育安全亲情文化特色，营造积极向上的和谐氛围。

四、新时代班组安全文化要汲取“枫桥经验”

2024年10月25日，法治网以《“小茉莉女子乘警队”将“枫桥经验”带上列车》为题报道[①]，福建福州至香港西九龙的G3001/2次高铁列车，成立“福港”高铁女子乘警队（以下简称女子乘警队）6年以来，将“枫桥经验”带上列车，明确“小事不下车、大事不出站、服务不缺位、平安不出事”的建队理念与方向。

女子乘警队将“枫桥经验”带上列车的经验做法，体现了一切为了群众、一切依靠群众的安全管理理念。新时代班组安全文化也要汲取“枫桥经验”，充分激发群众的智慧和力量。2021年3月17日，光明网以《“枫桥经验”：基层社会治理的中国方案》为题报道[②]，“枫桥经验”是20世纪60年代初，浙江省诸暨县（现诸暨市）枫桥镇干部群众创造的“发动和依靠群众，坚持矛盾不上交”的经验。1963年11月20日，毛泽东同志批示学习推广“枫桥经验”，并在公安部递交的全国人大二届四次会议书面发言稿上批示：“要各地仿效，经过试点，推广去做。”1964年1月，中共中央发出了《关于依靠群众力量，加强人民民主专政，把绝大多数“四类分子”改造成新人的指示》，把“枫桥经验”推向全国。此后，全国各地掀起了学习推广“枫桥经验”的热潮。新时代班组安全文化要在班组安全管理实践中，创新群众安全工作方法理念，把党的群众路线贯彻落实到班组安全管理的全过程、各方面。

---

① 法治网：《“小茉莉女子乘警队”将“枫桥经验”带上列车》，http://www.legaldaily.com.cn/sylm/content/2024-10/25/content_9074471.html，2024-10-25。

② 光明网：《“枫桥经验”：基层社会治理的中国方案》，https://m.gmw.cn/baijia/2021-03/17/34692085.html，2021-03-17。

1. 确立群众观点

新时代班组安全文化要汲取“枫桥经验”，首先要确立群众观点，总结广大职工群众在班组安全管理实践中的先进经验和先进思想，展现群众风采，打造群众品牌，树立群众形象。按照“小事不出村，大事不出镇，矛盾不上交”的“枫桥经验”理念，新时代班组安全文化也要树立把各种矛盾和安全隐患消灭在企业最基层的思想，教育引导广大职工群众将各种矛盾和安全隐患就地解决在班组。“枫桥经验”代表的是三个层面的经验，即社会最基层的经验、广大人民群众的经验以及最基层矛盾的经验。而新时代班组安全文化体现的是企业最基层的安全管理思想，展示的是广大职工群众的安全管理经验，反映了企业最基层处理矛盾和安全隐患的基本经验等。从这个意义上讲，新时代班组安全文化与“枫桥经验”同频共振。

2. 发挥群众作用

新时代班组安全文化不仅要汲取“枫桥经验”，还要发挥群众作用，组织群众，发动群众，依靠群众，彰显广大职工群众在班组安全管理实践中的主体地位和主力军作用。与传统班组文化相比，新时代班组安全文化既要体现企业安全文化的要求，又要展现职工安全文化的诉求；既要体现班组长的安全管理思想，又要展现班组职工群众的安全管理素养等。在一定意义上讲，企业安全文化是“要我安全”的文化，体现企业安全管理水平，职工安全文化是“我要安全”的文化，展现职工安全素质。因此，新时代班组安全文化既是班组安全管理水平的体现，也是班组职工群众安全素质的展现。这就要求，新时代班组安全文化要从根本上提高班组管理水平，就必须以全面提升班组职工群众的安全素质和素养为基础和前提。“枫桥经验”之所以能够把矛盾消灭在基层和群众中，最根本的就是发挥群众的作用，依靠群众的力量等。女子乘警队发动列车客运班组、机械师、餐服人员、保洁人员及旅客群众的“5+N”群防群治举措，寻找热心乘客群众加入“平安列车志愿者团队”，并在列车醒目位置设立“茉莉倾心调解席”等，就是在发挥群众的作用。

3. 激发群众智慧

新时代班组安全文化要汲取“枫桥经验”，最关键的就是要激发群众智慧，凝聚职工力量，特别是要适应新质生产力发展要求，全面提升群众的人工智能素养，大力提高群众的安全管理智能化水平。所以，新时代班组安全文化要为班组安全管理高质量发展提供新动能，还需要激发广大职工群众的安全管理智慧和力量，一方面发挥广大职工群众的积极性、主动性、创造性，另一方面要顺应时代发展趋势，组织广大职工群众深入研发“智慧安全”平台和工具等，提高新时代班组安全管理的效率和效果。从当前来看，人工智能体现了更高水平的群众智慧和力量。新时代班组安全文化要积极引导广大职工群众将人工智能应用到班组安全管理实践的全过程、各方面。女子乘警队运用“智慧乘警”指挥系统，将大数据与实地巡防相结合，提升列车运行中的安全防范水平与应急响应速度，提前识别潜在的安全隐患，为指挥调度决策与治安管理提供科学依据，激发的就是群众更高的智慧和能量。

4. 维护群众利益

新时代班组安全文化要汲取“枫桥经验”，最终目的在于将人民内部矛盾化解在基层和萌芽状态，以维护群众利益，保障群众权益，提升群众获得感、幸福感、安全感，尤其是保证广大职工群众的人身安全，从而建设和谐型班组以及安全型班组。因此，新时代班组安全文化就要坚持对职工群众极端负责的态度，站在职工群众的角度构建班组安全管理思路，让职工群众对班组安全管理工作安心放心。“枫桥经验”就地为群众解决问题、化解矛盾，就是为了维护群众利益，将党的全心全意为人民服务的根本宗旨落到实处。因此，新时代班组安全文化作为班组安全管理的灵魂，要以广大职工群众利益的实现和保障为根本。福州乘警支队在女子乘警队感召下，深入践行“我为群众办实事”，女子乘警队将列车流动爱心茶摊与矛盾调解有机结合，打造出一个更具安全感、更富有人文关怀的列车出行环境等，这些就是维护群众利益的具体做法。

五、新时代班组安全文化要以“严于律己”为目标

2024年9月28日，上游新闻以《高质量发展看山西国企：真抓实干勇担当！晋能控股集团班组“小细胞” 激活企业“大发展”》为题报道①，在南煤集团通泰铁路公司生产二车间作业三班“杨帆班”（以下简称杨帆班），每个人都把安全时时刻刻记在心上，把严于律己真正落在实处，让安全不仅仅是一句口号。

杨帆班的安全管理实践经验启发我们，新时代班组安全文化要以“严于律己”为准则，增强每一位班组成员的安全管理责任感和主人翁意识，实现从“要我安全”到“我要安全”“我会安全”“我能安全”的根本转变。从一定意义上讲，新时代班组安全文化要以“企业安全文化”为指导，以“职工安全文化”为支撑，既要明确企业的安全管理要求和安全管理目标，又要激发每一位班组成员的安全管理积极性、主动性、创造性。企业安全文化是“要我安全”的文化，体现了企业安全管理水平的高低、职工安全文化是“我要安全”“我会安全”“我能安全”的文化，展现了职工安全管理素质水平的高低。对于企业的安全管理来讲，企业的安全管理水平和职工的安全素质水平有着同等的战略价值。为了贯彻落实中华全国总工会办公厅印发的《关于加强职工安全文化建设的指导意见》，2024年8月26日，中国劳动关系学院与浙江省绍兴市总工会联合举办了职工安全文化建设交流会，会议评选出全国职工文化建设优秀案例，为职工安全文化建设特别是新时代班组安全文化实现“严于律己”的目的，树立了典范。

1. 自律的安全理念

新时代班组安全文化要实现“严于律己”的目的，首先要树立自律的安全理念，每一位班组成员都要把安全时时刻刻记在心上，把严于律己真正落在实处，让安全不仅仅是一句口号，更是每一位班组成员发自内心的强烈愿望。这就要求新时代班组安全文化通过各种形式激发每一位班组成员内在的安全觉

① 上游新闻：《高质量发展看山西国企：实干创造精彩！晋能控股集团优秀班组长知责履责促发展》，https://baijiahao.baidu.com/s?id=1813974756265655649&wfr=spider&for=pc

悟和安全自觉。杨帆班通过保质保量运营以及完善自控互控，沉着应对季节性灾害、冻害洪水、线路隐患、无人看管道口等因素带来的“多重考验”，按照矿方销售要求，积极组织，克服困难，优化作业方案，实现作业安全与高效“双丰收”，体现的就是自律的安全理念。

2. 严格的安全制度

新时代班组安全文化要实现“严于律己”的目的，还需要将自律的安全理念外化为严格的安全制度，规范每一位班组成员的安全管理行为，使其养成良好的安全管理习惯，为安全管理标准化班组建设奠定基础。中国安全生产协会班组委秘书长康建洲提出的安全管理标准化班组创建“17要”，是落实严格的安全制度的有益参考，即岗位要职责、制度要刚性、培训要标准、过程要记录、设备要点检、岗前要巡查、班会要规范、风险要彻查、隐患要消除、行为要规范、过程要严控、现场要干净、作业要标准、活动要常态、应急要演练、持续要改进、事故要归零等。杨帆班适新应变、完善管理机制，严格管控现场安全生产等，就是执行严格的安全制度的具体做法。

3. 过硬的安全素质

新时代班组安全文化要实现“严于律己”的目的，最终还需要落实在每一位班组成员过硬的安全素质上。需要强调的是，新时代班组安全文化与班组安全知识不同。文化教人“做人”，知识教人“做事”，而做事先做人。现实中，一些班组及其单位过于重视安全知识的学习和安全制度的宣贯，更多的是外在的安全要求和安全教育，难以从根本上调动每一位班组成员及其单位职工的安全管理的自觉性和主动性。而新时代班组安全文化则强调每一位班组成员过硬的安全素质，除了安全知识的学习，更注重每一位班组成员的自我安全素质提升。杨帆班鼓励班组成员争做“业务知识复合型”员工，实现安全素质提升、党建业务融合，充分调动员工积极性等，就是在打造过硬的安全素质。

后　记

党的十八大以来，习近平总书记关于文化建设有一系列重要讲话、重要指示、重要批示等，形成了党的重大创新理论——习近平文化思想。党和国家提出的“两个结合”“四个自信”“五位一体”总体布局、中国式现代化等重大战略以及党的二十届三中全会精神等都有文化建设的重要思想。譬如，“两个结合”中的“把马克思主义基本原理同中国具体实际相结合、同中华优秀传统文化相结合”、“四个自信”中的“文化自信”、“五位一体”总体布局中的“文化建设”、中国式现代化是物质文明和精神文明相协调的现代化，以及党的二十届三中全会提出的进一步全面深化改革的总目标中“七个聚焦”中的“聚焦建设社会主义文化强国”等。

新时代班组文化是中国特色社会主义文化的重要组成部分，生动展现了我国工人阶级的伟大品格和精神面貌，是贯彻落实习近平文化思想的重要抓手，也是大力弘扬劳模精神、劳动精神、工匠精神、全面深化产业工人队伍建设改革的重要载体。班组建设是发挥我国工人阶级主力军作用和彰显我国工人阶级主人翁地位的重要平台，有着优良的历史传统。《班组天地》杂志夏晓凌主编在序言中已作了全面梳理和总结。习近平总书记在党的十八大以来发表一系列关于工人阶级特别是劳模工匠主题的重要讲话以及重要指示、重要批示等。我国工人阶级中的很多优秀分子尤其是劳模工匠，都是优秀企业班组长。2018年4月30日，习近平总书记给我们中国劳动关系学院劳模本科班学员回信强调：“希望你们珍惜荣誉、努力学习，在各自岗位上继续拼搏、再创佳绩，用你们的干劲、闯劲、钻劲鼓舞更多的人，激励广大劳动群众争做新时代的奋斗者。”劳模本科班学员中有很多闻名全国的优秀企业班组长，譬如王建清、柳祥国、蔡凤辉、杨普等。习近平总书记的回信不仅是对我国广大劳模提出的希望，也为我国广大优秀企业班组长管理班组指明了方向，即充分发挥劳模工匠班组长的示范引领作用，激励和带领广大班组成员争做新时代的奋斗者。习近平总书记对企业班组建设也高度重视。2019年11月，习近平总书记亲切勉励赵梦桃小组，把“梦桃精神”一代一代传下去。2023年9月，习近平总书记给中国航发黎明发动机装配厂“李志强班”职工回信强调，弘扬劳模精神、工匠精神，努力攻克更多关键核心技术，加快航空发动机自主研制步伐，让中国的飞机用上更加强劲的“中国心”，为建设航空强国、实现高水平科技自立自强积极贡献力量。

近年来，新时代企业班组建设受到社会各界和企事业单位以及各地工会的广泛关注和高度重视。2021年全国两会期间，我们中国劳动关系学院劳模本科班学员王建清、张金海、郭锐、王晓菲等一批全国人大代表呼吁，国家要加强企业班组建设顶层设计，出台新时代企业班组建设指导意见。2024年全国两会期间，全国人大代表黄春燕进一步提出“关于加强新时代企业班组建设”意见，指出国家有关部门要制定出台新时代企业班组建设指导意见，总结推广优秀基层班组建设工作的经验成果，加大班组长的教育培训投入力度等。

2021年，陕西省总工会、陕西省人社厅决定，在“十四五”期间共同开展全省优秀企业班组长素质能力提升示范培训，培训分年度实施，计划5年时间培训全省班组长1万名。同年，湖北省宜昌市总工会印发了《关于开展“五型”班组建设五年行动计划（2021—2025）》。2024年，湖北省总工会印发了《关于推动产业工人队伍建设改革在企业基层班组有效落地的指导意见》。同年，宁夏回族自治区总工会启动了全区优秀企业班组长培训活动。在陕西全省优秀企业班组长和宁夏全区优秀企业班组长培训活动中，本书作者都是重要参与者和新时代班组文化课程主讲专家。

本书作者常年从事企业班组和班组长以及班组文化主题的教学和科研工作，为全国很多优秀企业班组长讲授班组课程，并出版发表了一批有影响力的班组学术成果，在我国唯一国家级班组类杂志《班组天地》2018年第1期开办“乔东教授谈班组文化”专栏至今，已有7个年头，在业内也产生了广泛影响，并成为杂志品牌栏目。同时，本书作者在党建文化、企业文化、职工文化以及劳模精神、劳动精神、工匠精神等领域深耕多年，本书是其多年来上述研究成果和学术思想的集中体现。作者担任中国安全生产协会班组安全建设工作委员会副主任委员、中国企业文化研究会班组文化专家委员会副主任委员、中国职工文化体育协会企业与班组专委会副主任等职务，是全国总工会主办的首届“红旗杯”班组长管理技能大赛班组文化课程主讲专家和大赛裁判等。

本书能够顺利出版，离不开《班组天地》杂志夏晓凌主编多年的大力支持，更离不开研究出版社寇颖丹编辑的精心策划。同时，我们学习和参考了很多相关学术研究成果以及诸多优秀企业班组案例等，对此一并表示衷心感谢和诚挚敬意。我们希望本书的出版，能够成为大中院校企业管理专业学生、学术界学者以及企业班组长和企业管理者学习和研究新时代班组文化管理先进经验、掌握新时代班组文化管理方法、塑造新时代班组文化品牌、提升新时代班组文化管理水平的参考书，并为全面提升新时代企业班组长综合素质和班组管理水平、构建我国班组文化自主知识体系，助力我国世界一流企业和一流班组建设、全面推进产业工人队伍建设改革提供有益参考和帮助。

作者

2025年2月10日

参考文献

1. 本刊：《我们见证：冲波逆折70载班组巨变——新中国70年我国班组建设四个阶段的回顾与总结》，《班组天地》2019年第9期。
2. 陈金红、邬宏伟、朱军波等：《班组建设的绩效考核体系构建与应用研究——以电力企业为例》，《中国人力资源开发》2015年第4期。
3. 陈金龙：《党建文化的界定与建构：以中国共产党为视角》，《理论学刊》2012年第10期。
4. 陈俊杰、陈旭融：《巧念班组管理“三新经”》，《中国水运报》2020年10月25日。
5. 陈清泰：《适应转换企业经营机制的要求加强班组建设》，《企业管理》1992年第12期。
6. 崔政斌、周礼庆编：《班组安全文化建设100例》，化学工业出版社2021年版。
7. 邓建山、郑晓斌：《班组安全文化建设，这样做最有效》，企业管理出版社2015年版。
8. 段新伟、都阳：《高原型煤矿班组安全建设关键措施研究》，《河南理工大学学报（自然科学版）》2020年第3期。
9. ［美］弗雷德里克·泰勒：《科学管理原理》，马风才译，机械工业出版社2015年版。
10. 国共慧：《班组进化论：从细胞群到生命体》，中国工人出版社2018年版。
11. 郭秋萍、邹卫民：《我国劳动竞赛的发展历程与经验启示》，《工人日报》2023年3月27日第6版。
12. 郭芷岑：《B公司班组文化建设研究》，电子科技大学，硕士学位论文，2023年。
13. 国务院国有资产监督管理委员会：《关于加强中央企业班组建设的指导意见》，

《现代班组》2009年第4期。

14. 国务院国有资产监督管理委员会：《关于加强中央企业企业文化建设的指导意见》，《中外企业文化》2005年第8期。

15. 黄光国、胡先缙等：《人情与面子：中国人的权力游戏》，中国人民大学出版社2010年版。

16. 蒋龙珠：《让“细胞”充满活力——浅谈加强企业班组的思想政治工作》，《唯实》1998年第1期。

17. 金春华、李晓非：《新时期企业基层班组建设研究》，《企业经济》2013年第2期。

18. 雷振德编：《企业文化与班组管理》，现代教育出版社2017年版。

19. 李瑾：《新中国班组简史 1949—2019：当历史撞见未来》，《中国工人》2020年第1期。

20. 李明华主编：《新时代国有企业班组建设精细化流程管理》，中国工人出版社2021年版。

21. 李荣融：《班组是企业最活跃的细胞》，《中国企业报》2009年10月27日第7版。

22. 李生祯：《浅谈企业班组管理》，《宁夏大学学报（社会科学版）》1988年第4期。

23. 李世明：《企业班组建设的国家意义》，《中国工人》2024年第9期。

24. 林志彬、郭文亮：《党建文化与新时期党的建设生命力》，《领导科学》2013年第3期。

25. 刘佰生：《四位全国人大代表建议：加强新时代班组文化建设需国家出台指导意见》，《班组天地》2021年第3期。

26. 刘桂清：《积极探索班组建设的新路子——全国班组工作会议在北京召开》，《企业管理》1986年第11期。

27. 刘文宁：《重视班组建设　激发职工主人翁情感》，《工会理论与实践（中国工运学院学报）》1994年第6期。

28. 卢翔、李婀芬、彭云桃等：《厂长进班组“取经”，班长给厂长“上课”》，《工人日报》2019年8月26日第3版。

29. 罗仲伟：《面向未来的现代企业班组建设与管理》，《经济管理》2007年第24期。

30. 马西恒、夏军：《党建文化及其社会化——中国共产党党建文化初探》，《中国延安干部学院学报》2010年第3期。

31. 马彦涛、马修文编：《基层党建文化建设实务》，国家行政学院出版社2023年版。

32. 马玉侠：《梦桃精神 代代相传》，《中国妇女报》2023年4月25日第5版。

33. 孟令军、靳中宝：《企业文化在班组生根方得正果——关于以班组文化推进企业文化的分析与建议》，《中国劳动关系学院学报》2010年第1期。

34. 裴龙翔、陈晓燕：《代表委员针对化解产业工人队伍建设改革堵点和难点建言——打通“产改”的“最后一公里”》，《工人日报》2023年3月11日第7版。

35. 普智经盛管理咨询（中国）有限公司：《班组文化建设实践与思考》，《中外企业文化》2009年第11期。

36. 乔东：《发展新质生产力需要 加强新时代国企党建文化建设》，《中外企业文化》2024年第7期。

37. 乔东：《构建新时代国有企业党建文化体系》，《当代电力文化》2022年第6期。

38. 乔东：《乔东教授谈班组文化》，《班组天地》2018年第1期—2025年第2期。

39. 乔东：《推进中国式现代化要大力弘扬劳模精神、劳动精神、工匠精神》，《思想政治工作研究》2024年第1期。

40. 乔东：《习近平关于职工文化的重要思想及其现实意义》，《中国劳动关系学院学报》2015年第4期。

41. 乔东：《新时代国有企业党建文化建设路径》，《企业文明》2021年第7期。

42. 乔东：《新时代国有企业党建文化要为深化产业工人队伍建设改革注入强大

精神动力》,《东方企业文化》2025年第1期。

43. 乔东:《中国企业关系管理思想研究》,研究出版社2021年版。

44. 秦晨晓:《从"人人都是班组长"开始——国投大同塔山煤矿班组建设实录》,《中国人力资源开发》2013年第14期。

45. 渠宏卿:《"班组建设的摇篮"迎来60周年华诞》,《新华每日电讯》2009年4月29日第6版。

46. 沈思牧主编:《班组文化建设》,中国电力出版社2018年版。

47. 苏虹:《党建文化与国有企业融合的逻辑机制与实践创新——兼论中国特色现代国有企业制度中的党建文化建设》,《现代国企研究》2021年第12期。

48. 孙守仁:《优秀班组安全文化建设》,中国劳动社会保障出版社2013年版。

49. 唐鑛:《战略劳动关系管理视角下的企业班组建设》,《中国劳动》2012年第10期。

50. 唐文玉、马西恒、夏军:《党建文化与政党转型——中国共产党转型研究的新视野》,《理论月刊》2011年第8期。

51. 田水承、孙雯、杨鹏飞等:《煤矿班组不安全状态影响因素及评价》,《西安科技大学学报》2022年第3期。

52. 童英德:《浅谈班组思想政治工作》,《求实》1992年第6期。

53. 王家惠、张庆元、冷珂锋:《弘扬劳动精神 勇做工人先锋——记"山东省工人先锋号"青州卷烟厂卷包车间丙班班组》,《东方烟草报》2020年5月29日第5版。

54. 王娇萍、王冬梅、夏晓凌:《全国煤矿班组安全建设推进会在京举行》,《工人日报》2010年12月27日第1版。

55. 王允:《济南长途汽车总站班组文化建设研究》,山西大学,硕士学位论文,2011年。

56. 王纪年、欧阳俊:《企业班组运行机制的完善和设想》,《中州学刊》1989年第1期。

57. 新华社:《习近平在乌鲁木齐接见劳动模范和先进工作者、先进人物代表 向全国广大劳动者致以“五一”节问候》,《人民日报》2014年5月1日第1版。
58. 夏晓凌:《全国煤矿班组安全建设工作领导小组成立》,《工人日报》2010年4月24日第1版。
59. 晓凌:《职工群众的知心朋友——〈班组天地〉》,《中国记者》1996年第1期。
60. 先桁:《党建文化:基层党建的活力之源》,《人民论坛》2018年第16期。
61. 向亚云编:《如何做好现代班组文化建设与管理工作》,中国言实出版社2011年版。
62. 新华社:《习近平在乌鲁木齐接见劳动模范和先进工作者、先进人物代表 向全国广大劳动者致以“五一”节问候》,《人民日报 》2014年5月1日第1版。
63. 徐连发、刘瑞莲:《班组文化探微》,《工会论坛》1997年第4期。
64. 许浩、叶厥恭:《生产一线班组党建工作探讨》,《江西社会科学》1991年第6期。
65. 阎汝智、董兴旺:《加强工业企业班组建设之管见》,《经济问题》1992年第7期。
66. 杨佳霖、刘家辉:《班组文化建设使文化管理接地气》,《施工企业管理》2016年第9期。
67. 杨金中:《全国班组安全建设与管理优秀成果发布》,《中国安全生产报》2011 年11月10日第1版。
68. 于宛尼、王兰英、张静:《全国班组长有了安全管理工作交流新平台》,《工人日报》2012年8月27日第4版。
69. 袁宝华:《加强班组建设 推进企业改革》,《经济工作通讯》1986年第20期。
70. 赵志军、赵瀚清:《中外管理思想史》,吉林人民出版社2010年版。
71. 张平亮:《班组长管理能力提升教程系列》,中国工人出版社2024年版。
72. 张锐、王建宏、谢玲:《湖北:搭建技能人才舞台》,《光明日报》2024年12月30日第10版。
73. 张晟:《班组文化建设的融入和落地》,《企业文明》2014年第5期。

74. 张小峰：《班组：末端组织的蜕变之路》，《人力资源》2018年第1期。
75. 张小天：《班组长的行为：如何对待班组成员》，《社会学研究》1992年第5期。
76. 张逸鹤：《浅说企业班组管理的三个细节性突破》，《经济师》2019年第6期。
77. 郑海航：《我国工业企业群众性的班组管理》，《中国工业经济学报》1984年第1期。
78. 中共中央党史和文献研究院编：《习近平关于工人阶级和工会工作论述摘编》，中央文献出版社2023年版。
79. 中国煤炭工业协会、陕西省煤炭工业协会、陕西煤业化工集团有限责任公司等编：《新时代班组建设：党建与文化》，应急管理出版社2024年版。
80. 中国煤炭工业协会、陕西省煤炭工业协会、陕西煤业化工集团有限责任公司等编：《新时代班组建设：管理与创新》，应急管理出版社2024年版。
81. 周和平：《关于中国企业班组建设历程的记忆与思考（一）—（八）》，《现代班组》2021年第1—8期。
82. 周和平：《我国企业班组与国外企业"班组"的比较及思考（一）—（五）》，《现代班组》2012年第4—8期。
83. 周和平主编：《新时代班组长履职能力开发与建设》，中国工人出版社2023年版。
84. 邹汉青、彭小萍、楚宗山：《全国企业班组建设工作会在汉召开》，《湖北日报》2012年12月1日第1版。